刑法各論講義案

原口伸夫

は し が き

　この講義案は、私の担当する刑法各論の授業の講義案である。1回の授業で原則として1講ずつ進んでいく予定で書かれている。ただ、その時々のニュースに関連づけて話をしたり、その項目を理解するうえで前提的な事柄、関連する問題に話が及び、予定のところまで話が進まないこともあるかもしれない。授業の進度につきそのような場合もありうることはあらかじめ承知しておいてもらいたい。与えられた授業時間の中では話しきれないことでも、刑法各論を理解し、理解を深めるうえで必要と考えることを書いている部分もある。いずれにせよ、この講義案で、私がこの1年間の刑法各論の授業において話したいこと、理解してもらいたいこと、考えてもらいたいことを書いたつもりある。繰り返し読んで、予習・復習、授業内容の理解に役立ててもらえれば幸いである。さまざまな制約もあり、不十分な箇所、考察の至らぬ部分等々もあると思う。気づいた点につき指摘、叱正して頂けると幸いである。

2023 年 2 月 20 日

原口伸夫

目　次

凡　例

1.　本書において、刑法の条文を引用するときは、刑法という法令名を省き、単に数字に「条」をつける（たとえば、「199条」）、刑法以外の法令を引用するときは、法令名を記載する（ただし、略語を用いる場合がある。たとえば、「刑訴法204条」）。

2.　戦前の判例は、旧字体の漢字、カタカナ、句読点なしで表記されているが、引用する場合、読みやすさを考慮して、適宜新字体の漢字、ひらがな表記に改めた。なお、戦後の判例も、漢数字は、固有名詞等を除き、算用数字に改めた

3.　下記の文献は、太字の表記で引用する。

浅田和茂『刑法各論（第2版）』（成文堂、2020年）＝**浅田・各論2版**

井田　良『講義刑法学・各論（第2版）』（有斐閣、2020年）＝**井田・各論2版**

大塚　仁『刑法概説各論（第3版増補版）』（有斐閣、2005年）＝**大塚・各論3版増補**

大谷　實『刑法講義各論（新版第5版）』（成文堂、2019年）＝**大谷・各論新版5版**

斎藤信治『刑法各論（第4版）』（有斐閣、2014年）＝**斎藤・各論4版**

佐伯仁志・道垣内弘人『刑法と民法の対話』（有斐閣、2001年）＝**佐伯・民法との対話**

塩見　淳『刑法の道しるべ』（有斐閣、2015年）＝**塩見・道しるべ**

曽根威彦『刑法各論（第5版）』（弘文堂、2012年）＝**曽根・各論5版**

高橋則夫『刑法各論（第4版）』（成文堂、2018年）＝**高橋・各論4版**

只木　誠『コンパクト刑法各論』（新世社、2022年）＝**只木・各論**

団藤重光『刑法綱要各論（第3版）』（創文社、1990年）＝**団藤・各論3版**

中森嘉彦『刑法各論（第4版）』（有斐閣、2015年）＝**中森・各論4版**

西田典之（橋爪隆補訂）『刑法各論（第7版）』（弘文堂、2018年）＝**西田・各論7版**

橋爪　隆『刑法各論の悩みどころ』（有斐閣、2022年）＝**橋爪・各論**

平川宗信『刑法各論』（有斐閣、1995年）＝**平川・各論**

平野龍一『刑法概説』（東京大学出版会、1977年）＝**平野・概説**

藤木英雄『刑法講義各論』（弘文堂、1976年）＝**藤木・各論**

前田雅英『刑法各論講義（第7版）』（東京大学出版会、2020年）＝**前田・各論7版**

町野　朔『犯罪各論の現在』（有斐閣、）1996年）＝**町野・各論の現在**

松原芳博『刑法各論（第2版）』（日本評論社、2021年）＝**松原・各論2版**

松宮孝明『刑法各論講義（第5版）』（成文堂、2018年）＝**松宮・各論5版**

山口　厚『刑法各論（第2版）』（有斐閣、2010年）＝**山口・各論2版**

山口厚・井田良・佐伯仁志『理論刑法学の最前線II』（岩波書店、2006年）＝**最前線II**

山中敬一『刑法各論（第3版）』（成文堂、2015年）＝**山中・各論3版**

『最高裁判所判例解説刑事篇（○年度）』（法曹会）＝**最判解○年度**

法務省法務総合研究所編『○年版犯罪白書』（2020年）＝『**○年版犯罪白書**』

倉富勇三郎ほか監修（松尾浩也増補解題）『増補刑法沿革綜覧』（信山社、1990年）＝**刑法沿革綜覧**

佐伯仁志・橋爪隆編『刑法判例百選Ⅰ各論（第8版）』（有斐閣、2020年）＝**百選Ⅱ8版**

〔百選の前の版は、第7版（2014年）＝**百選Ⅱ7版**、第6版（2008年）＝**百選Ⅱ6版**、第5版（2003年）＝**百選Ⅱ5版**、

第4版（1997年）＝**百選Ⅱ4版**、第3版（1992年）＝**百選Ⅱ3版**、第2版（1984年）＝**百選Ⅱ2版**と引用する〕

西田典之・山口厚・佐伯仁志『刑法の争点』（有斐閣、2007年）＝**争点**

〔争点の前の版は、第3版（2000年）＝**争点3版**、新版（1987年）＝**争点新版**と引用する〕

4.　判例の略語は以下の通りである。

大判（決）　　大審院判決（決定）

最判（決）　　最高裁判所判決（決定）

高判　　　　　高等裁判所判決

地判　　　　　地方裁判所判決

支判　　　　　支部判決

簡判　　　　　簡易裁判所判決

刑録　　　　　大審院刑事判決録

刑集　　　　　大審院刑事判例集・最高裁判所刑事判例集

裁判集　　　　最高裁判所裁判集（刑事）

新聞　　　　　法律新聞

高刑集　　　　高等裁判所刑事判例集

高刑判特　　　高等裁判所刑事判決特報

高刑裁特　　　高等裁判所刑事裁判特報

東高刑時報　　東京高等裁判所判決時報（刑事）

高検速報　　　高等裁判所刑事裁判速報集

下刑集　　　　下級裁判所刑事裁判例集

刑月　　　　　刑事裁判月報

一審刑集　　　第一審刑事裁判例集

判時　　　　　判例時報

判タ　　　　判例タイムズ

裁判所 web　裁判所公式ホームページ内の裁判例情報データベース

LEX/DB　　　LEX/DB インターネット（TKC 法律情報データベース）

5.　2022 年（令和 4 年）の刑法改正により懲役刑と禁錮刑が「拘禁刑」に統一された。この改正の施行は、公布の日（2022 年 6 月 17 日）から起算して 3 年を超えない範囲内において政令で定める日からであり、まだ施行前であるが、この『刑法総論講義案』においては改正後の「拘禁刑」と表記し、改正法施行前の「懲役刑」・「禁錮刑」の表記は〔　　〕内で併記することとする。

　　（例）235 条　他人の財物を窃取した者は、窃盗の罪とし、10 年以下の拘禁刑〔懲役〕又は 50 万円以下の罰金に処する。

第1講　「刑法各論」で勉強すること

（1）刑法は、犯罪と刑罰に関する法律である。わが国の刑法典は、「第1編 総則」（1条～72条）と、「第2編 罪」（73条[1]～264条）からなっている。このうちの「第1編 総則」を刑法総論の授業で学修し、「第2編 罪」を刑法各論の授業で学修する。したがって、この「刑法各論」で学修することは、刑法典の条文によりその対象を示せば、刑法第73条から264条までの解釈ということになる。73条から264条までの条文の意味内容を明らかにし、その犯罪がどのような場合に成立し、どのような場合には成立しないのかということを明確にすることが、刑法各論の重要な課題である。

刑法典の条文を内容的にみてみると、1条から72条までの総則規定は、すべての、少なくとも、多くの犯罪（または刑罰）に関して共通するルールを定めている。わが国の刑罰制度に関する9条以下の規定、犯罪が失敗に終った場合の取扱いを規定する未遂規定（43条・44条）、複数の者が犯罪にかかわった場合の取扱いに関する共犯規定（60条～65条）などである。それに対して、「第2編 罪」では、1つ1つの犯罪の成立要件およびそれに対する刑罰を規定している。たとえば、199条は、「人を殺した者は、死刑又は無期若しくは5年以上の拘禁刑〔懲役〕に処する」と規定し、「人を殺した」といえる場合に殺人罪が成立し、その場合、重ければ死刑、軽くても5年の拘禁刑〔懲役〕が科されることを定めている。204条は傷害罪、235条は窃盗罪、236条は強盗罪、246条は詐欺罪を規定している。このように、「第2編 罪」は、犯罪となる行為を1つ1つ列挙しており、いわばわが国の「犯罪行為の一覧表」（犯罪のカタログ）になっているといえる[2]。つまり、犯罪と刑罰に関して共通するルールを扱っているのが刑法総則（第1編）、個別の犯罪の成立要件、その刑罰を定めているのが刑法各則（第2編）ということになる。

（2）「第2編 罪」の「犯罪行為の一覧表」は、立法者がまったく考えもなしに条文を並べ、あるいは、「徒

---

[1] 73条から76条（皇室に対する罪）は、1947年（昭和22年）の刑法一部改正において削除された。現行刑法は1907年（明治40年）に大日本帝国憲法（1889年＝明治22年制定）下で制定された。その後、わが国は、第2次世界大戦における敗戦、連合国による占領行政、日本国憲法の制定・施行を経験することになる。法秩序の最上位にある憲法が変わったのであれば、それに従属する下位の法律群もその理念に合わせてすべて変更するというのが、本来筋なのかもしれない。しかし、相当数の法律を短期間のうちにすべて取り替えるというのは現実的ではなく、民法や刑法という基本法に限ったとしても、その全面改正には相当の時間と労力を要するものである。そこで、新憲法たる日本国憲法の理念に合わない規定は削除し、必要な規定は追加するという「一部改正」により当座をしのぐことになった。その結果、73条から76条、83条から86条（利敵行為）、89条（戦時同盟国に対する行為）、90条・91条（外国元首・使節に対する暴行・脅迫・侮辱）、131条（皇居等侵入）、183条（姦通）が削除され、民主主義社会の形成・維持にとって基底的な権利である表現の自由をより十分に保障するために、230条の2（名誉毀損罪における公共の利害に関する場合の特例）が新設された。

[2] 厳密にいえば、わが国の犯罪行為の一覧表（犯罪のカタログ）は刑法典だけでは完結していない。軽犯罪法、銃砲刀剣類所持等取締法、ストーカー規制法、児童虐待防止法等々、特別刑法も多くあり、これら特別刑法は、犯罪行為のいわば「追加カタログ」といえよう。

然なるままに」刑法を起草した、といったものではない。もしそのようにつくられたとすれば、裁判官（裁判員）が条文を適用しようとするとき、たとえば、殺人罪が何条に規定されているのか、窃盗罪がどのあたりにあるのか見当もつかず、使い勝手の悪い法律になってしまおう。「一覧表」であるならば、条文の配列に一定の規則性が求められる。では、現行刑法典の各則の条文の配列にどのような規則性があるのだろうか。規則性ということだけで考えれば、たとえば、「あいうえお順」、つまり、犯罪名の辞書的順序で条文を配列するというのも合理的な方法の 1 つともいえなくもない。国語辞典で単語を調べるように、犯罪名がわかれば、その条文の場所を検索できるからである。しかし、わが国の刑法典各則の条文の配列はそのような方法をとっていない。現行刑法典の各則の犯罪は、保護法益という観点から、概ね、国家的法益に対する罪 ⇨ 社会的法益に対する罪 ⇨ 個人的法益に対する罪の順で配列されていると考えることができる。

（3）保護法益とは、「法」によって保護される利「益」のことである[3]。たとえば、殺人罪（199条）は、「人を殺した者は……」と規定し、殺人行為を禁止・処罰することにより、人が殺されないように、つまり、人の生命を保護している。したがって、殺人罪の保護法益は「人の生命」ということになる。窃盗罪（235条）は、「他人の財物を窃取した者は……」と規定することにより、窃盗行為を禁止・処罰することにより、他人の財物が窃取されないように、つまり、他人の財産（権）を保護している[4]。多くの犯罪において保護法益は比較的明確であるが、その理解に争いがある犯罪もある。そのような犯罪の場合、保護法益をどのように理解するかにより、その規定の処罰範囲に差異が生じうる[5]。

（4）犯罪行為は、一般に、その法益の帰属主体により 3 つのグループに分類される。上で言及した、国家的法益に対する罪、社会的法益に対する罪、個人的法益に対する罪である。

（i）「第2編 罪」において規定していることをみてみよう。現在の最初の条文は、内乱罪（77条）である。これは日本国憲法の定める統治の基本秩序を壊乱することを目的として暴動をした場合を処罰するものである。国家転覆を企てる罪、国家の存立を脅かす犯罪であり、国家的法益に対する罪の典型的なものである。公務執行妨害罪（95条）も公務の円滑な遂行を保護法益とする国家的法益に対する罪である。たとえば、警察官Aが被疑者Bを逮捕しようとしたとき、Bが抵抗し、Aの顔面を殴打した場合、Bには公務執行妨害罪が成立する。

---

[3] 法益は、ドイツ語の Rechtsgut の訳語であり、Recht は「法」（権利という意味もある）、Gut は「財」である。

[4] 窃盗罪が他人の財産（権）を保護している、という限りでは異論はないが、さらに踏み込んで考えると議論がある。窃盗罪の保護法益に関して本権説、占有説、その中間説などの対立がある。窃盗罪の保護法益について、第17講参照。

[5] たとえば、注4で言及した窃盗罪の保護法益の理解により、窃盗犯人から自己所有物を取り戻す行為の扱いが異なりうる。1つの法益を保護しているだけではなく、主たる法益、従たる法益が考えられる犯罪類型もある。各犯罪類型の保護法益を確認・確定し、それと関係づけて犯罪の成立範囲を明確化することが刑法各論において重要となる。

2

（ⅱ）106 条の騒乱罪6から後の条文において、基本的には、社会的法益に対する罪が続く。社会的法益に対する罪の中では、放火罪（108 条以下）と偽造罪7の重要性が高い。社会的法益に対する罪は、さまざまな罪質の犯罪を含んでいる。薬物の規制もその 1 つである。薬物事犯対策は、国内的にも、国際的にも重要な課題である8。刑法は、136 条以下においてあへん煙に関する罪を規定しているが、現在ではこの規定はほとんど適用されていない9。薬物の規制（取締り）に関して重要な役割を果たしているは、「覚醒剤取締法」、「麻薬及び向精神薬取締法」、「大麻取締法」、「あへん法」、そして、「麻薬特例法」10も加えた薬物 5 法である。また、社会的法益に対する罪の 1 つとして、190 条は死体遺棄罪を規定している11。その刑は 3 年以下の拘禁刑〔懲役〕であり、刑法典の犯罪の中では軽いものであるが、殺人事件の捜査において、まず死体が発見され、それにかかわった者を探し、特定し、逮捕というように発展していくことも多く、実際の捜査において重要な規定となっている。

（ⅲ）199 条の殺人罪から最後の 264 条まで、個人的法益に対する罪が置かれている。個人的法益に対する罪は、保護される個々人の利益の重要性についての立法者による序列に基づき、生命に対する罪 ⇨ 身体に対する罪 ⇨ 自由に対する罪 ⇨ 名誉に対する罪 ⇨ 財産に対する罪という順番で規定している。具体的には、生命に対する罪である殺人罪（199 条）から始まり、身体に対する罪である傷害罪（204 条）、暴行罪（208 条）、自由に対する罪である逮捕監禁罪（220 条）、略取誘拐罪（224 条〜229 条）、名誉に対する罪である名誉毀損罪（230 条）、最後に、財産に対する罪である窃盗罪（235 条）、強盗罪（236 条）、詐欺罪（246 条）などが規定され、264 条（器物損壊罪等に関する親告罪規定）が刑法典の最後の規定になっている。窃盗罪をはじめとする財産犯

6　106 条は、多衆で集合して暴行または脅迫をした場合に、首謀者、他人の指揮者・率先者、付和随行者の区別に従って処罰する。かつては「騒擾罪」とういう罪名であったが、1995 年（平成 7 年）の刑法典の平易化を行った改正の際に「騒乱罪」とう罪名に変更された。一地方における公共の静謐を害する社会的法益に対する罪である。1968 年（昭和 43 年）に発生した新宿（駅）騒乱事件を最後に適用例がない。新宿騒乱事件は、1968 年 10 月 21 日国際反戦デーの日、ベトナム戦争反対運動の一環として、1,000 人を超えるデモ隊が新宿駅構内に侵入・占拠し、数万の群衆が見守るなか、投石を繰り返して駅の各種設備・電車などを破壊し、これに対し機動隊が催涙弾を発射し排除しようとするなど、激しく衝突した事件であり、700 名を超える者が逮捕され、そのうちの 21 名が騒乱（擾）罪で起訴された。参照、最決昭和 59 年 12 月 21 日刑集 38 巻 12 号 3071 頁、松本一郎「新宿駅騒乱事件」ジュリスト 900 号〔法律事件百選〕170 頁以下（1988 年）。騒乱（擾）罪のそれまでの適用状況や現状について、町野・各論の現在 178 頁以下参照。

7　第 27 講参照。

8　規制薬物の濫用はその有害な薬理作用・依存性から個人の健康をむしばむばかりでなく、その密売利益を資金源とする犯罪組織の維持に寄与し、社会に対するさらなる脅威をつくりだすことにもなるからである。

9　あへん法がより包括的な取締規定を設けているからである。また、わが国における現在の薬物犯罪の主流が、麻薬、覚醒剤、大麻であるという事情もある。もっとも、あへん煙の吸食の規制は歴史的には意味があった。すなわち、イギリスと清とのアヘン戦争（1840 年〜42 年）とその結果としての中国の半植民地化に鑑み、わが国も同様の状況に陥らないように、明治政府はあへん煙に対し厳重な取締を行ったのである。瀧川幸辰『新版刑法講話』275 頁以下（日本評論社、1951 年）は次のように書いている。「日本は 1868 年（明治元）以来、阿片煙に関する犯罪につき一貫した厳罰主義をとっている」。「明治の新興日本は隣国〔清〕の先例にかんがみ、阿片煙の日本侵入を避けることに努力したのである。明治初年の布告は死刑を科していた。当時の事情からいって、かなりの英断であったと思うが、この威嚇主義は日本を救ったといっていえないこともない」。

10　正式名称は、「国際的な協力の下に規制薬物に係る不正行為を助長する行為等の防止を図るための麻薬及び向精神薬取締法等の特例等に関する法律」である。

11　人は死亡することによって利益の帰属（享有）主体でなくなる。また、死体は所有権の対象とならないので、死体の損壊により、たとえば、相続人の財産的利益が侵害されるのでもない。死体遺棄罪は、社会的法益に対する罪として、社会の人々の死者に対する敬虔感情（死体等に対して礼を失した扱いがなされてはならないといった感情）を保護法益としている。190 条は、死体損壊罪、死体遺棄罪、納棺物領得罪を含んでいる。

は犯罪認知件数が多い。振り込め詐欺などの特殊詐欺は被害額も多く、これらの防止対策が刑事政策上も重要な課題となっている。

　（ⅳ）刑法典第2編の条文の配列が以上のようになっていることから、新たに条文を新設する場合、それを刑法典の最後の条文（264条）のあとに、つまり、265条○○罪、266条△△罪、……というように付け加えるのではなく、法益・罪質の似ている犯罪の後に、枝番号（○○条の2）をつけて挿入するという方法がとられている。たとえば、戦後、土地の不法占拠事件が相次いだことから、不動産の窃盗もいえる不動産侵奪罪が、窃盗罪（235条）の後に、235条の2として新設された。昭和の終り頃、コンピュータを悪用した財産侵害行為に対して対処する必要が生じたため、コンピュータ詐欺、正式名称は、電子計算機使用詐欺罪が、詐欺罪（246条）の後に、246条の2として新設された。このような方法をとってきたため、刑法典制定後に、多くの一部改正を行ってきたが、刑法典の一番最後の条文は264条のままである。

刑法総論と刑法各論

刑法典 　（1907年制定＝明治40年、1908年施行）。

☞　わが国で最初の近代的な刑法である旧刑法は、1880年＝明治13年制定、1882年施行。
　　この旧刑法に続くのが現行刑法である）

── 第1編　総則（1条～72条）すべての（少なくとも多くの）犯罪・刑罰に関して共通するルールを定める。

── 第2編　罪　（73条～264条）個々の犯罪の成立要件とその刑罰を定める。
　　　　　　　　　わが国の犯罪行為の「一覧表」（カタログ）になっている。

　　　　　　── 国家的法益に対する罪（73条 ～105条など）
　　　　　　── 社会的法益に対する罪（106条 ～192条など）
　　　　　　── 個人的法益に対する罪（199条 ～264条など）

保護法益による犯罪の分類

（1）　国家的法益に対する罪

　　　（ⅰ）国家の存立をおびやかす罪

　　　　　・　内乱罪（77条。また、79条～80条）、外患罪（81条～88条）

　　　（ⅱ）国交に関する罪

　　　（ⅲ）国家の統治（立法・司法・行政）作用を妨害する罪

　　　　　・　公務執行妨害罪（95条。また、96条）

　　　　　・　司法作用を妨害する罪（逃走罪［97条～102条］、犯人蔵匿罪・証拠隠滅罪

　　　　　　　［103条～105条］、偽証罪（［169条～171条］）

　　　　　・　収賄罪（197条）・贈賄罪（198条）

（2）　社会的法益に対する罪

　　　（ⅰ）公共危険罪

　　　　　・　騒乱罪（106条。また、107条）

　　　　　・　放火罪（108条～117条の2）

　　　（ⅱ）経済的な取引手段に対する社会の信頼を保護する罪

　　　　　・　通貨偽造罪（148条～153条）

　　　　　・　有価証券偽造罪（162条～163条）

　　　　　・　支払用カード電磁的記録不正作出罪（163条の2～163条の5）

　　　　　・　文書偽造罪（154条～161条の2）

　　　（ⅲ）風俗に対する罪

　　　　　・　公然わいせつ罪・わいせつ物頒布罪（174条・175条）

　　　　　・　賭博罪（185条～187条）

　　　　　・　死体遺棄罪（190条）

（3）　個人的法益に対する罪

　　　（ⅰ）生命に対する罪（殺人罪［199条］、自殺関与罪［202条］）

　　　（ⅱ）身体に対する罪（傷害罪（［204条］、暴行罪［208条］）

　　　（ⅲ）自由に対する罪

　　　（ⅳ）名誉に対する罪

　　　（ⅴ）財産に対する罪

　　　　　・　窃盗罪（235条）、強盗罪（236条）、詐欺罪（246条）、恐喝罪（249条）、横領罪（252条）、

　　　　　　　背任罪（247条）、盗品関与罪（256条）、器物損壊罪（261条）

第2講　国家的法益に対する罪（概説）

（1）前講で学修したように、刑法典の第2編の「罪」は、概ね、国家的法益に対する罪 ⇨ 社会的法益に対する罪 ⇨ 個人的法益に対する罪の順に規定されている。

国家的法益に対する罪は、①内乱罪（77条）など、国家の存立をおびやかす罪[1]、②国交に関する罪[2]、③公務執行妨害罪（95条）、逃走罪（97条以下）・犯人蔵匿罪（103条）・証拠隠滅罪（104条）などの国家の統治（立法・司法・行政）作用を妨害する罪にわけられる。③については第25講・第26講において検討し、今回の講義では、国家的法益に対する罪のうち、関心が高く、重要性もある贈収賄罪について少し立ち入ってみてみよう。

（2）贈収賄事件、とりわけ政治家・高級官僚が関係する贈収賄罪事件は、これまでも社会の注目を引き、その関係者に対して厳しい批判が向けられてきた。ロッキード事件やリクルート事件など、その名前を聞いたことがある人もいるだろう。疑惑を報じられた政治家が、「記憶にない」、「秘書がやったことだ」、「コメントは差し控える」などと責任回避のコメントを繰り返し、国民の反感を買ったり、政治不信をひき起こすこともあった。最終的に疑惑が刑事事件として立件されなかったものも少なくはない。

ロッキード事件は、米国の航空機メーカーであるロッキード社が、大型ジェット旅客機を全日本空輸株式会社に売り込むために、1971年（昭和46年）から1974年にかけ総合商社丸紅等を介して、当時の内閣総理大臣田中角栄をはじめとする政府高官に多額の賄賂を贈った汚職事件である。わが国の刑事裁判史上はじめて「総理の犯罪」が裁かれ、「戦後最大の疑獄事件」ともいわれた。わが国の犯罪史に残る事件の1つである。この事件の背景には、わが国の経済発展に伴う航空輸送需要の増大に対処するために航空機のジェット化・大型化が求められていたという事情があった。

1976年（昭和51年）2月、米国上院外交委員会での関係者の証言からその疑惑が発覚した。わが国においてただちに疑惑解明がはじまり、国会での関係者の証人喚問[3]、検事総長の不起訴宣明、最高裁によるその確約など異例の経過を経て、カリフォルニア連邦地裁でロッキード社副社長コーチャン氏らの嘱託尋問が行われ、同年7月に田中元首相が逮捕され、そのほか関係者15名が贈収賄罪・議院証言法違反等で逮捕された。その後、裁判は、丸紅ルート、全日空ルート、児玉・小佐野ルートに分かれてその審理が進んでいった。事件の中心人物で

---

[1] 外国と通謀して日本国に対して武力を行使させた場合を処罰する外患誘致罪（81条）は、その法定刑として死刑のみを規定しており、わが国の犯罪の中で一番刑の重い罪である。83条から86条、89条は、憲法9条の戦争の放棄との関係から、1947（昭和22）年の刑法の一部改正により削除された。第1講注1参照。

[2] 外国国章損壊罪（92条）、私戦予備・陰謀罪（93条）、中立命令違反罪（94条）がある。

[3] この証人喚問の場での偽証が、後に、議院証言法違反に問われた。

あった田中元首相に対して、第1審は有罪判決を下した（懲役4年・追徴金5億円）[4]。田中はこれを不服として控訴したが、控訴棄却[5]。さらに、田中は上告したが、上告中に死去し、裁判は公訴棄却となった[6]。ロッキード事件の裁判において最後に残されていた贈賄側の者に関する最高裁大法廷判決は1995年に下され[7]、これによりロッキード事件関係のすべての審理が終了したが、このとき事件発覚から19年が経過しており、すでに故人となった被告人も多かった。迅速な裁判（憲法37条1項）という点でも考えるべきところがある。

丸紅ルートでは、田中元首相が、1972年8月、ロッキード社の代理店である丸紅の社長から、①運輸大臣に働きかけて、全日空がロッキード社のL1011型機（愛称トライスター）の選定購入することを勧めさせるように、また、②田中が直接自ら全日空にその選定購入を働きかけるように依頼され、その成功報酬として5億円を受領したという受託収賄罪に問われた。刑法の関係では、①②の行為が内閣総理大臣の職務権限に属する（197条の「その職務に関して」賄賂を収受した）のか否かが最大の争点となった[8]。

（3）贈収賄罪の特徴と要件をみてみよう。

（ⅰ）収賄罪の特徴の1つは「身分犯」であるということである。収賄罪の基本類型である単純収賄罪は（197条1項前段）が、「公務員が、その職務に関し、賄賂を収受し、又はその要求若しくは約束をしたときは、5年以下の拘禁刑〔懲役〕に処する」と規定しているように、収賄罪は、「公務員」という身分のある者ではなければ犯すことのできない犯罪である[9]。民間企業の社長が袖の下から金品を受け取ったとしても収賄罪は成立しえない。このように犯罪を犯す主体を限定している犯罪のことを身分犯という。これに対して、賄賂を贈る側の贈賄罪（198条）には、このような主体の限定はない。誰でも犯すことのできる犯罪である（これが普通の場合である）。

（ⅱ）公務員という身分のある者が第三者から金品をもらえばただちに収賄罪が成立する、というのではない。収賄罪は公務員を主体とする職務犯罪であり、公務員が「その職務に関して」賄賂を収受等することが必要である。たとえば、市役所の窓口業務を担当する公務員Aが、休日に、隣人に頼まれて庭木の剪定を行い、その御礼として1万円の商品券をもらったという場合、Aに収賄罪は成立しない。木の剪定はAの職務とまったく関係のないことであり、Aは「その職務に関して」商品券をもらったのではないからである。「職務」とは、その公務員がその地位に伴い公務として取り扱うべき一切の事務・仕事をいう。それが当該公務員の一般的職務権限に属

---

[4] 東京地判昭和58年10月12日刑月15巻10号521頁。

[5] 東京高判昭和62年7月29日高刑集40巻2号77頁。

[6] 被告人が死亡した場合、それ以降刑事裁判を続けることができず、公訴を棄却しなければならない（刑訴法339条1項4号）。なお、被告人（犯人）死亡後に刑罰を科した古来の例について、穂積陳重『続法窓夜話』73頁以下（岩波文庫、1980年）。

[7] 最大判平成7年2月22日刑集49巻2号1頁。

[8] ロッキード事件については、斎藤信治「ロッキード事件」法学教室350号12頁以下（2009年）など参照。なお、法学教室349号、350号、351号の特集「法学部生は知っておきたい！昭和・平成の法律事件(1)(2)(3)」は、刑法以外の分野も含め、特集の表題の趣旨の有名な事件が紹介されており、有益である。

[9] 身分犯に身分のない者が関与した場合の取扱いにつき、65条が規定している。

するものであればよく、現に具体的に担当している事務であることを要しない。警視庁甲警察署の交番勤務の警部補Aが、B事件につき告発状を警視庁乙警察署に提出したCから、告発状の検討、助言、捜査情報の提供、捜査関係者への働きかけなどの有利かつ便宜な取り計らいを受けたいとの趣旨で現金の供与を受けたという事案において、判例[10]は、Aが「乙警察署刑事課の担当する上記事件の捜査に関与していなかったとしても」、Aの行為は「その職務に関し賄賂を収受したものである」と判示している[11]。

　職務「に関し」賄賂を収受したといえるために、職務行為の対価として賄賂を収受する場合はもとより、職務と密接に関連する行為（職務密接関連行為）の対価として賄賂を収受する場合も含まれる。たとえば、議員が、業者から利益提供の約束のもとある法律案の賛成（反対）を依頼され、議会外で同僚議員にその表決に賛成（反対）するように働きかける場合[12]、許可申請を審査する国の審議会の委員が、申請者の求めに応じて、審査基準に従ってあらかじめ申請内容の審査をする場合[13]などである。

　（iii）「賄賂」とは、公務員の職務（関連）行為の対価としての不正な利益である。「有形なると無形なるとを問はす苟も人の需用若くは其欲望を充たすに足るへき一切の利益を包含す」る[14]。判例において賄賂にあたるとされたものとして、金銭、物品のほか、金融の利益、就職のあっせん、饗応接待、異性間の情交[15]、値上がり確実な未公開株式を公開価格で取得する利益[16]などがある。渡された金品等が社交儀礼の範囲内と認められる場合であれば「賄賂」とはいえない。

　（iv）収賄罪の実行行為は、賄賂の「収受」・「要求」・「約束」である。要求・約束は、収受の未遂段階または予備段階の行為ともいいうるが、いずれの行為がなされてもその段階で収賄罪は既遂となる。収受の前段階の行為を構成要件的行為に取り込むことにより、実質的に収受の未遂・予備が処罰されているといえる。

　警察官が、ある者に対して、たとえば、「お金を出せば見なかったことにして検挙しない」などと脅して金銭を供与させた場合、原則として、恐喝罪に加えて収賄罪も成立する（観念的競合）。恐喝罪よりも刑の重い加重収賄罪が成立する場合に実益がある。贈賄者の期待可能性（の減弱）が問題になりえよう。

　（v）贈収賄罪の保護法益は、公務員の職務の公正とこれに対する社会一般の信頼である（判例[17]・通説）。

---

[10]　最決平成17年3月11日刑集59巻2号1頁。

[11]　「その」職務に関してとは、「自己の」職務に関して、という意味である。公務員が一般的職務権限を異にする他の職務に転じた後に前の職務に関して賄賂を収受した場合、一般的職務権限のある「自己の」職務行為の対価としての賄賂を（担当の職務が変わったとはいえなお）収受時に公務員として収受したのであれば収賄罪が成立する（最決昭和58年3月25日刑集37巻2号170頁）。事後収賄罪（197条の3第3項）が成立するにすぎないとの見解もあるが、なお公務員の地位にある者を「公務員であった者」と解する点に難があろう。

[12]　最決昭和63年4月11日刑集42巻4号419頁（大阪タクシー汚職事件）など。

[13]　最決昭和59年5月30日刑集38巻7号2682頁。

[14]　大判明治43年12月19日刑録16輯2239頁。また、斎藤信治・百選II 5版204頁参照。

[15]　最判昭和36年1月13日刑集15巻1号113頁。

[16]　最決昭和63年7月18日刑集42巻6号861頁。

[17]　最大判平成7年2月22日（前掲注7）。職務の公正のみを保護法益と考える見解（純粋性説）もあるが、判例・通説によれば、①正当な職務に対する利益の提供（申し出）があった場合、②（正当な）職務の遂行後にその職務に対する利益の提供があった場合にも贈収賄罪が成立すると解されているところ、純粋性説はこのような解釈と整合しない点に難点がある。

（ⅵ）贈収賄罪は、賄賂を贈る者（贈賄者）と賄賂をもらう者（収賄者）が存在してはじめて成立しうる犯罪であり、どちらか一方の存在だけでは贈収賄罪は成立しえない。このような犯罪を必要的共犯という[18]。必要的共犯とすることの意味は、総則の共犯規定（60条〜65条）の適用が制限・排除される点にある。具体的に考えてみよう。単純収賄罪（197条1項前段）の規定は先ほどみた。その刑は「5年以下の拘禁刑〔懲役〕」である。贈賄罪（198条）は、公務員に対して「賄賂を供与し、又はその申込み若しくは約束をした者は、3年以下の拘禁刑〔懲役〕又は250万円以下の罰金に処する」と規定している。両罪の刑の重さに着目してもらいたい。賄賂を渡した者は、賄賂を受け取った者の「共犯者」ということもできる。たとえば、ある会社の社長Aが政治家Bに特別な便宜を図ってもらおうと金銭を渡した場合、総則の共犯規定を適用すれば、AはBに収賄をそそのかしたといえ、収賄罪の教唆犯となりうる。教唆犯は「正犯の刑を科する」（61条）から、収賄罪の教唆犯となるとその刑は「5年以下の拘禁刑〔懲役〕」ということになる（受託収賄罪［197条1項後段］の教唆犯であれば7年以下の拘禁刑〔懲役〕、加重収賄罪［197条の3第1項］の教唆犯であれば20年以下の拘禁刑〔懲役〕となる）。そのような法適用をするとすれば、刑法が贈賄罪の刑を「3年以下」にとどめた意味が没却され、あるいは、贈賄者はほぼ収賄罪の共犯となって、贈賄罪の規定の存在意義が失われてしまう。収賄者・贈賄者が当然に予定される贈収賄罪において、立法者が収賄罪に197条1項前段、贈賄罪に198条の規定を設けた、ということを考えれば、贈賄者には198条のみが適用され、それとは別に197条の共犯にはならない、つまり、総則60条以下の共犯規定の適用は排除されると解釈すべきことになろう[19]。これが「必要的共犯」とされることの重要な効果である[20]。

（4）贈収賄罪の諸類型をみてみよう。

（ⅰ）1907年（明治40年）に現行刑法が制定されたときは、197条が収賄罪、198条が贈賄罪というシンプルな規定であったが、その後、注目された贈収賄事件などを契機に改正が繰り返され、197条の2から197条の4まで収賄罪のバリエーションが追加され、現在では贈収賄罪の全体像がやや複雑になっている[21]。

現行の収賄罪規定は、単純収賄罪（197条1項前段。5年以下の拘禁刑〔懲役〕）を基本類型とし、請託を受け

---

[18] 必要的共犯は、犯罪類型そのものが当然に、または、当該構成要件の性質上はじめから、複数の行為者の関与を予定している場合をいう。

[19] もっとも、収賄者の側、贈賄者の側それぞれにおいて、その共犯は排除されない。たとえば、本文の例で、会社の社長Aと重役Cとが相談のうえ政治家Bに賄賂を供与したとすれば、贈賄側のAとCは贈賄罪の共同正犯となる。また、政治家Bが、その妻Dの強い要請を受けて、Aの供与した賄賂を収受した場合、BとDは共犯（共同正犯）になりうる。ややこしいと思うかもしれないが、「収賄者 ↔ 贈賄者」という（犯罪類型が当然に予定している）対向的な関係において総則の共犯規定が排除されるのであり、「収賄者側」または「贈賄者側」の内部においては、通常通り総則の共犯規定が適用されることになる。

[20] 必要的共犯に対して、総則60条以下の規定（共同正犯・教唆犯・従犯）が適用される（通常の）場合を任意的共犯という。

[21] 197条の5は賄賂の必要的没収・追徴を規定する。任意的没収・追徴を定める19条・19条の2の特則である。197条の5では、原始的に没収できない権利・財産上の利益についても追徴が可能である。なお、2000年（平成12年）に、政治家が公務員等に口利きをする見返りとして報酬を得ることの処罰等を定めた「公職にある者等のあっせん行為による利得等の処罰に関する法律」（あっせん利得処罰法）が制定されている。

たときは受託収賄罪（197条1項後段。7年以下の拘禁刑〔懲役〕）として刑が加重される。「請託」とは、ある程度具体的な職務行為を行うことの依頼である[22]。さらに、不正な行為をし、または相当な行為をしなかったときに加重収賄罪[23]（197条の3第1項。1年以上20年以下の拘禁刑〔懲役〕）として一段と刑が加重されるという構造になっている。このような、単純収賄罪 ⇨ 受託収賄罪 ⇨ 加重収賄罪、と順に刑が加重されていくのが現行の収賄罪規定の基本構造である。収賄罪は、賄賂の対象となる職務行為の正・不正を問わず成立し、賄賂の見返りに不正な職務行為がなされた場合に刑が加重されることになる。「不正な行為をし」た例として、国税調査官が、脱税が発覚しないように課税資料を隠匿・廃棄してほしい旨の請託を受け賄賂を収受し、実際にそれらの資料を隠匿・廃棄した場合[24]、「相当の行為をしなかった」例として、警察署長が、寄付金をするから寛大に扱われたいとの依頼を受け、被疑事件を検察庁に送検しなかった場合[25]、犯罪を捜査していた巡査が被疑者の要望を容れて証拠品を押収しなかった場合[26]などがある。

　（ⅱ）公務員が、職務行為の対価としての賄賂を自分で収受するのではなく、第三者に供与させる場合、第三者供賄罪（197条の2）が成立する。たとえば、国会議員が、その後援会、官庁の外郭団体など、自己の関係する団体に寄付させる場合である。第三者を経由させることによって不正な利益を得ようとする脱法行為を禁止しようとする趣旨もある。

　事前収賄罪（197条2項）は、「公務員になろうとする者」が、公務員となった場合に担当すべき職務に関し、請託を受けて、賄賂を収受等し、その後公務員となった場合に成立する。これにあたる典型的な例として、選挙に立候補した者が「選挙に当選したら……」と約束して金銭を収受する場合がある。事前収賄罪の場合には、「公務員となった場合」が処罰の条件となっている。

　事後収賄罪（197条の3第3項）は、「公務員であった者」がその在職中に請託を受けて行った職務上不正な行為に関して、退職して公務員でなくなった後に賄賂を収受等した場合に成立する。防衛庁調達実施本部に所属する事務次官Xが、在職中、請託を受け、Y社の防衛品関連契約の不正な事後処理などその便宜を図り、その見返りに、退職後、Y社関連会社に顧問として受け入れてもらい、顧問料の供与を受けたという事案において、事後収賄罪が認められたものがある[27]。

　あっせん収賄罪（197条の4）は、公務員が、請託を受け、他の公務員が職務上不正な行為をし、または相当

22　ロッキード事件では、ロッキード社の代理店である丸紅幹部から、ロッキード社の旅客機を全日空に選定購入するように働きかけてほしい旨の請託がなされ（前述、（2）参照）、リクルート事件では、当時の内閣官房長官に対して、行政機関が国家公務員の採用に関し民間企業における就職協定の趣旨に沿った適切な対応をするよう尽力願いたい旨の請託がなされた（最決平成11年10月20日刑集53巻7号641頁。なお、リクルート事件文部省ルートは最決平成14年10月22日刑集56巻8号690頁）。一般的に好意ある（便宜的）取扱いを受けたいという趣旨であれば、「請託」はなく、単純収賄罪にとどまる。

23　枉法収賄罪ともいわれる。「枉法」とは、「法をま（枉）げる」という意味である。

24　東京地判平成10年3月17日判時1647号160頁。

25　最判昭和29年8月20日刑集8巻8号1256頁。

26　最決昭和29年9月24日刑集8巻9号1519頁。

27　最決平成21年3月16日刑集63巻3号81頁。

10

の行為をしないようにあっせんすることの報酬として賄賂を収受等した場合に成立する。この場合、「職務」が金で買われたのではなく、（不正な）職務を「あっせんする行為」に対価が支払われており、他の収財罪とは異なっているが、職務の公正に対する社会の侵害を損なう行為といえよう。衆議院議員Xが、建設会社社長Yから、公正取引委員会が独占禁止法違反事件の疑いで調査している大手ゼネコンの入札談合事件に関して、公正取引委員会の委員長に対して告発しないように働きかけてほしい旨の請託を受け、その報酬を収受したという事案において、あっせん収賄罪を認めたものがある[28]。

　（iii）贈賄罪（198条）の規定はすでにみた。収賄罪は段階的に刑が加重され、また、さまざまなバリエーションがあるのに対して、贈賄罪は198条以外のバリエーションはなく、この点で贈賄者が収賄罪の共犯にならないことの法適用上の意味は大きい[29]。

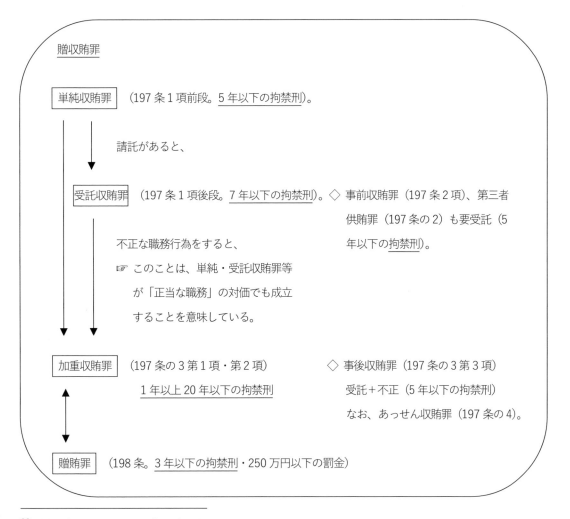

贈収賄罪

単純収賄罪　（197条1項前段。5年以下の拘禁刑）。

　　　　↓　　　請託があると、

受託収賄罪　（197条1項後段。7年以下の拘禁刑）。◇ 事前収賄罪（197条2項）、第三者
　　　　　　　　　　　　　　　　　　　　　　　　　　供賄罪（197条の2）も要受託（5
　　　　　　　　　　　　　　　　　　　　　　　　　　年以下の拘禁刑）。

　　　　　　　　不正な職務行為をすると、
　　　　　　　☞ このことは、単純・受託収賄罪等
　　　　　　　　　が「正当な職務」の対価でも成立
　　　　　　　　　することを意味している。

加重収賄罪　（197条の3第1項・第2項）　　　　◇ 事後収賄罪（197条の3第3項）
　　　　　　　1年以上20年以下の拘禁刑　　　　　受託＋不正（5年以下の拘禁刑）
　　　　　　　　　　　　　　　　　　　　　　　　なお、あっせん収賄罪（197条の4）。
　　　　↕

贈賄罪　（198条。3年以下の拘禁刑・250万円以下の罰金）

28　最決平成15年1月14日刑集57巻1号1頁。

29　「立法論としては、収賄罪の法定刑の程度に対応して、贈賄罪も個別化されるべきように思われる」（西田・各論7版532頁）との指摘もある。

第3講　社会的法益に対する罪（概説）

I　社会的法益に対する罪

（1）社会的法益に対する罪は、一方で、生命・身体・財産のような個人に帰属する利益を超え、他方で、国家を捨象しても考えられうる多数人（集団）の利益を侵害する犯罪である。放火を例に考えてみよう。XがA宅に火を放ち、それが焼失した場合、Aの重要な財産（住宅）が毀損されている。しかも、住宅の価値は一般に相当に高いといえよう。しかし、わが国の放火罪（108条以下）は、個人的法益に対する罪（Aの財産侵害）ではなく[1]、社会的法益に対する罪として位置づけられている。それは、この例でいえば、Xの放火行為がA宅焼失にとどまらず、隣のB宅、さらに、近隣のC宅・D宅へと火が燃え移っていく可能性があり、付近の人々の火傷なども含め、多くの人の生命・身体・財産を火により脅かすことになるからである。わが国は、国土（の平野部）が狭く、住居が密集し、しかも、冬季は乾燥する気候であるうえ、わが国の建造物は伝統的に燃えやすい素材（木材の柱、紙を用いた襖、障子、畳など）が多く用いられているなどの諸条件から、古くから大火に悩まされてきた。江戸の大火、それに対する防火・消火対策としての火消しの存在は有名である[2]。他方で、Xの放火行為が犯罪として強く禁圧されるべきことは、日本という国家（機構・組織）を前提としなくても、または、その立法・行政・司法という統治作用の侵害とはかかわりなく、その場所に多くの人々が生活しているという事実から基礎づけられる。つまり、多数の住宅が存在する地域において燃え広がりうる物に火を放つことは、その地域を生活圏とする複数の者の生命・財産（ほか生活上の利益）を脅かす行為となりうるからである。このような意味で、わが国の放火罪は社会的法益に対する罪に位置づけられ、また、「公共危険罪」といわれているのである。

（2）社会的法益に対する罪には、①公共危険罪のほかに、②取引の安全に対する罪、③風俗に対する罪がある。

公共危険罪には、（ア）騒乱罪（106条）、（イ）放火罪（108条以下）、（ウ）出水および水利[3]に関する罪（119条以下）、（エ）往来を妨害する罪（124条以下）、（オ）あへん煙に関する罪（136条以下）、（カ）飲料水に関する罪（142条以下）がある[4]。（ア）と（オ）は第1講において言及した。放火罪については、このあと説明する。

---

[1] 財産犯の1種とする立法例も少なくない（フランス刑法など）。ある犯罪を社会的法益に対する罪に位置づけるか、個人的法益に対する罪に位置づけるか、罪数処理に影響する。後述、II（3）（v）参照。

[2] 「火事と喧嘩は江戸の華」ともいわれた。もっとも、近時では、マンションなどにおいて不燃（難燃）性構造・耐火構造の建造物も増えてきており、事情が変わりつつある面もある。

[3] 水利妨害罪（123条前段）は水利を妨害する行為を処罰する。水利権とは、河川の流水を、かんがい・発電・水道など一定の目的のために継続的・排他的に使用する権利をいう。

[4] （オ）と（カ）は、公衆の健康に対する罪という分類も可能である。

火力を手段とした公共危険罪が放火罪であるのに対して、水力による公共危険罪が出水罪である[5]。往来を妨害する罪は、道路交通などの交通の安全を脅かす公共危険罪であり、たとえば、橋を損壊したり、大きな障害物を置いて道路を塞（ふさ）いでしまう（往来妨害罪、124条1項）、線路に置き石をして電車に脱線・転覆のおそれを生じさせる（往来危険罪、125条1項）[6]などの行為を処罰する[7]。飲料水に関する罪は、飲料水を利用する不特定・多数人の生命・身体の安全を脅かす犯罪であり、人の飲料に供する浄水に毒物や病原菌など健康を害する物を混入する行為（浄水毒物混入罪、144条）などを処罰する。

現在の社会生活は、日々の売買に用いる決済手段の信用性が保護されていなければ成り立たない。キャッシュレス化が進んできているとはいえ、決済手段の基本はやはり通貨であろう。刑法では、まず、通貨偽造罪（148条以下）が重く処罰され、次に、通貨に準ずるものとして有価証券の偽造が処罰される（162条）。商品券などもこの有価証券にあたる。2001年（平成13年）の改正において、スキミング[8]などによるクレジットカードの偽造（不正作出）に対処すべく、支払用カード電磁的記録不正作出罪（163条の2以下）が新設された。キャッシュレス化の進展とともにこの犯罪の重要度も増していくことになろう。さらに、経済的取引においては、決済手段だけでなく、文書の信頼性も維持されなければならない。そこで、公文書偽造罪（154条以下）、私文書偽造罪（159条以下）が処罰されており、これらの罪が取引の安全に対する罪を形づくっている[9]。

風俗に対する罪も社会的法益に対する罪の1つであるが、公共危険罪、取引の安全に対する罪とはかなり性格を異にしている。風俗に対する罪には、公然わいせつ罪（174条）、わいせつ物頒布罪（175条）、重婚罪（184条）などの性風俗に関する罪[10]、国民の宗教生活における風俗・習慣および死者に対する国民一般の有する敬虔・崇拝の感情を保護するものとされる礼拝所および墳墓に関する罪（188条以下）がある[11]。賭博罪（185条・186条）もその1つであり、判例は、その処罰根拠について、「勤労その他正当な原因に因るのでなく、単なる偶然の事情に因り財物の獲得を僥倖せんと相争うがごときは、国民をして怠惰浪費の弊風を生ぜしめ、健康で文化的な社会の基礎を成す勤労の美風（憲法第27条1項参照）を害するばかりでなく、甚だしきは暴行、脅迫、殺傷、強窃盗その他の副次的犯罪を誘発し又は国民経済の機能に重大な障害を与える恐れすらある」[12]点に求めているが、賭博罪の処罰根拠については議論のあるところである[13]。

---

[5] 放火罪と出水罪とはほぼ同様の構造を有しているところ、現実に発生する犯罪という意味において放火罪の方が圧倒的に重要である。出水罪の「出水させて」とは、ダム・堤防を決壊させ、水門を破壊するなど、人により管理・制圧されている水力を解放して氾濫させることをいい、「浸害した」とは、水力による客体の流出・損壊など、その効用を喪失させたことをいう。

[6] 人が乗車している電車を転覆させた場合、汽車転覆等罪（126条1項）としてより重く処罰され、その結果、人を死亡させればさらに刑が加重される（126条3項）。

[7] 交通の安全を保護するために、現在、道路交通法、道路運送車両法、鉄道営業法、航空法などの特別法が制定されている。

[8] カードの磁気情報を機械的手段によりひそかに取得する行為をいう。

[9] 偽造罪については、第27講において検討する。

[10] これに対して、176条の強制わいせつ罪、177条の強制性交等罪（2017年改正前の強姦罪）、179条の監護者わいせつ罪・強制性交等罪は、性的自己決定権を侵害する個人的法益に対する罪に分類される。

[11] 第1講注11も参照。

[12] 最大判昭和25年11月22日刑集4巻11号2380頁。

[13] 競馬・競輪・競艇は各法律に基づいて合法的に行われ、宝くじ・サッカーくじも売られている。パチンコも、景品交換という建前のもと換金が行われているのは公知の事実である。もちろん、犯罪組織の資金源になりうることは看過すべきではなく、

社会的法益に対する罪は、以上概観したように、個人の利益を超え、国家の存在を前提としなくても考えられる多数人の利益の保護がかかわっており、さまざまな罪質の犯罪が含まれ、その統一的理解は難しい。以下においては、社会的法益に対する罪の典型例の1つともいえる放火罪について、少し立ち入ってみてみよう。

Ⅱ　放火罪

　（1）放火罪は、公共危険罪であるが、副次的には、放火の客体（燃やされた物）の財産的価値も考慮し、その客体により犯罪類型をわけ、刑の重さに差を設けている。わが国の放火罪を理解する出発点として、108条の放火罪、109条の放火罪、110条の放火罪という、客体に着目した3つの類型の区別を理解しておくことが重要である。まず、108条の放火罪は「現住建造物等放火罪」といい、「現に人が住居に使用し又は現に人がいる建造物」がその客体である。単純化すれば、住宅への放火である[14]。この場合の刑が一番重く、その法定刑は、「死刑又は無期若しくは5年以上の拘禁刑〔懲役〕」であり、それは殺人罪の刑の重さと同じである[15]。次に、109条の放火罪である。これは非現住建造物等放火罪といい、「現に人が住居に使用せず、かつ、現に人がいない」建造物に放火する場合である。人が住んでいない建物、たとえば、物置を放火する場合である。109条1項の法定刑は、「2年以上の拘禁刑〔懲役〕」、すなわち、2年以上20年以下の拘禁刑〔懲役〕ということになる。注意を要するのは、現に人が住居に使用していない物置でも、その中に人がいるにもかかわらず放火した場合は、108条の放火罪になる。108条は、「現住」建造物の放火だけでなく、「現在」建造物の放火も含んでいる。たとえば、学校の校舎・体育館は、住居ではないが、中に人がいることを知って火を放てば、「現在」建造物等放火罪、108条が成立する。最後に、110条は、108条・109条に規定する物以外に放火する場合であり、建造物等以外放火罪という。建造物以外の物が客体なので、基本的にはすべての物が客体となりうるが、典型的なものとして、車やバイクがある。110条1項の刑は1年以上10年以下の拘禁刑〔懲役〕である。

　以上の燃やされる客体に応じた3類型が基本である。そのうえで、109条と110条は、他人所有物の放火（1項）と自己所有物の放火（2項）の場合を区別する[16]。当然、他人の物を勝手に燃やした方が刑は重い。自己所有物の放火を処罰するところの、109条2項の刑は6月以上7年以下の拘禁刑〔懲役〕、110条2項は1月以上

賭け事がさまざまな生活上の不幸を作り出してきたことも事実であろう。「なぜ賭博は処罰されるのか」ということは検討に値する問題である。賭博罪を検討する近時の文献として、橋爪隆「賭博罪について」警察学論集74巻9号125頁以下（2021年）。

[14]　正確には、建造物だけではなく、汽車、電車、艦船、鉱坑もその客体である。

[15]　2004年（平成16年）の改正までは、殺人罪（199条）の法定刑は「死刑又は無期若しくは3年以上の懲役」であり、1907年（明治40年）から2004年までの約100年間、現住建造物等放火罪の刑は殺人罪よりも重かったのである。

[16]　それに対して、108条は他人所有物件と自己所有物件を区別していない。したがって、自己の居住する自己所有物の住宅に放火した場合、（ア）家族など他の人も同居していれば108条が成立し、（イ）1人暮らしであれば、犯人自身は「人」から除かれるので（後述、（3）（ⅰ）参照）、109条2項が成立することになる。

1年以下の拘禁刑〔懲役〕となる[17]。108条・109条1項は、公共の危険の現実の発生を要しない抽象的危険犯であり、これらは未遂（112条）・予備（113条）も処罰される。それに対して、109条2項、110条1項・2項は、条文上、公共の危険の発生が要件とされる具体的危険犯である[18]。

　さらに、上記類型の周辺に、延焼罪と失火罪がある。延焼罪は、自己所有物を燃やしたところ、他人所有物に火を燃え移らせてしまった場合を処罰する。その場合を2類型にわけ、109条2項・110条2項所定物件に放火して108条所定物件もしくは109条1項所定物件に延焼させた場合、3月以上10年以下の拘禁刑〔懲役〕（111条1項）に、110条2項所定物件に放火して110条1項所定物件に延焼させた場合、1月以上3年以下の拘禁刑〔懲役〕（111条2項）に処する。放火の罪は重大な結果を招くものであるから、過失犯を処罰している。失火罪（116条、117条の2）である。なお、罪質が異なるが、火災の際に、消火用の物を隠匿・損壊するなどして消火を妨害する消火妨害罪（114条）も「第9章 放火及び失火の罪」に規定されている[19]。

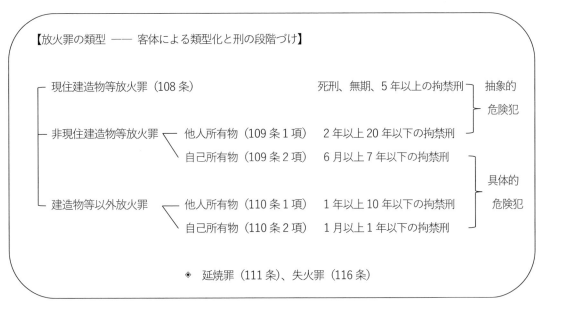

【放火罪の類型 —— 客体による類型化と刑の段階づけ】

現住建造物等放火罪（108条）		死刑、無期、5年以上の拘禁刑	抽象的危険犯
非現住建造物等放火罪	他人所有物（109条1項）	2年以上20年以下の拘禁刑	
	自己所有物（109条2項）	6月以上7年以下の拘禁刑	具体的危険犯
建造物等以外放火罪	他人所有物（110条1項）	1年以上10年以下の拘禁刑	
	自己所有物（110条2項）	1月以上1年以下の拘禁刑	

◈　延焼罪（111条）、失火罪（116条）

17　ただし、自己所有物であっても、それが差押えを受け、物権を負担し、賃貸し、配偶者居住権が設定され、または保険に付したものである場合は他人の物の焼損として扱われる（115条）。たとえば、火災保険がかけられている自己所有の物置を、その保険金を詐取する目的で放火し焼損させた場合、現に人が住居に使用していない物置であるから、109条所定物件であるが、他人所有物として扱われるため109条1項が成立する。その結果、その成立に公共の危険の発生は不要となり、未遂・予備も可罰的になる。

18　一定の法益を侵害したことが構成要件要素となっている犯罪を侵害犯といい（殺人罪や傷害罪が典型的である）、これに対して、法益侵害の危険にさらすことをその処罰の根拠とする犯罪を危険犯という。この危険犯は、さらに、「……よって公共の危険を生じさせた者」と規定する110条1項（建造物等以外放火罪）のように、法文上危険の発生を要件としている具体的危険犯と、法文上その発生を要件としていない抽象的危険犯（108条の現住建造物等放火罪など）にわけられる。

19　激発物破裂罪（117条）は、火薬、ボイラーその他激発物を破裂させて、108条・109条・110条所定の物件を損壊した場合に放火罪に準じて処罰し、ガス等漏出罪（118条1項）は、ガス、電気または蒸気を漏出させるなどして、よって人の生命・身体または財産の危険を生じさせた者を3年以下の拘禁刑〔懲役〕または10万円以下の罰金に処すると規定する。

（2）108 条は人の死の発生をその成立要件としていないにもかかわらず死刑まで規定しているなど[20]、わが国の放火罪の刑はきわめて重いといえる。確かに、諸外国でも放火に対して重い刑をもってのぞむ例もある。しかし、不燃性建造物の増加や消防体制の確立・強化もあり、立法論的には刑の重さについて再考すべきだとの意見もある。すなわち、「刑事学的にみると、一方では、放火罪には『焼き打ち』のような攻撃犯・暴力犯的なものや、保険詐欺のための放火のような知能犯的・利慾犯的なものがあると同時に、他方では、放火は郷愁犯罪（Heimwehdelikte）や女性犯罪の典型的なものであることを注意しなければならない」。つまり、犯情において斟酌すべき場合もあり、「放火罪についてつねに厳罰をもってのぞむのは、具体的妥当性を害するばあいがある」[21]との指摘である。留意すべき指摘である。

（3）放火罪の個々の成立要件をみてみよう。

（i）刑の重い現住建造物にあたるかどうかにかかわる「住居に使用し」とは、起臥寝食の場所として日常使用していることをいう。放火の時点で人が現在していることを要しない。居住者全員が旅行に行っていても、そこが住居でなくなるのではない。109 条の客体の例として、物置小屋、倉庫、体育館などがあるが、放火時にそこに人が現在していれば、現在建造物（108 条の客体）となることは先ほど確認した。「人」とは、犯人（共犯者を含む）以外の者をいう。自分だけが住居に使用する建造物は、自分自身はその「人」から除かれるので、109 条の客体となる。また、居住者全員を殺害した後でその住宅に放火した場合、殺害により「居住者」がいなくなるので、109 条が成立する[22]。110 条の客体の例として、自動車、バイク、門塀、取り外しのできる建具・家具などがある。人の現在しない汽車・電車も 110 条の客体である[23]。

（ii）放火の客体である建造物は、物理的（構造的に）1 個（1 棟）の建物ごとに考えるのが原則である。すなわち、建物が 1 個であれば、放火の客体としても 1 個と考え、その 1 個の建造物の一部が住居に使用されていれば、その建造物全体が現住建造物になる。その 1 個の建造物の非現住の部分を放火・焼損した場合に非現住建造物放火罪となるのではない。たとえば、A の大邸宅の中の物置に使っている 1 部屋に放火し、その部屋を焼損させた場合、A 宅に対する現住建造物放火罪が成立する。判例も、1 階に宿直室のある校舎の 2 階部分を放火した場合[24]に 108 条の成立を認めている。

---

[20] 後述のように、判例によれば、目的物の独立燃焼時点で既遂に達し、その既遂時点も早い。前述、注 15 も参照。

[21] 団藤・各論 3 版 189 頁。

[22] 大判大正 6 年 4 月 13 日刑録 23 輯 312 頁など。犯人が居住者を殺しておいて、成立する放火罪が軽い類型の放火罪になるというのは、どうも納得いかないと思う人もいるかもしれない。「この判例に対しては疑問がないわけではない」（団藤・各論 3 版 197 頁注 7）、「住居に対する来訪者のことも考えると疑がある」（青柳文雄『刑法通論 II 各論』165 頁注 1［泉文堂、1963 年］）と述べる論者もいる。

[23] ライト兄弟が動力機で初飛行したのが 1903 年であり、わが国で初めて動力飛行機の初飛行に成功したのは 1910 年（明治 43 年）であるとされている（代々木練習場で徳川好敏大尉らが初飛行に成功したとされる）。それは、1907 年（明治 40 年）の現行刑法典の制定後のことであり、108 条・109 条の客体として飛行機（航空機）は挙げられていない。したがって、飛行機は 110 条の客体となる。刑法典制定時の時代的な制約である。

[24] 大判大正 2 年 12 月 24 日刑録 19 輯 1517 頁。

建物と建物とが通路で連結しているような複合建造物の一部の建物に現住性が認められる場合はどのように判断されるべきだろうか。複合建造物の一体性の問題である。平安神宮においては、複数の建造物が中央の広場を囲むように方形に配置され、それらが廻廊でつながり、その一部が（現住性の認められる）社務所・守衛詰所であったところ、非現住部分である社殿が夜間放火された（平安神宮放火事件）。これに関して、最決平成元年7月14日刑集43巻7号641頁は、「右社殿は、その一部に放火されることにより〔平安神宮〕全体に危険が及ぶと考えられる一体の構造であり、また、全体が一体として日夜人の起居に利用されていたものと認められる」。「右社殿は、物理的に見ても、機能的に見ても、その全体が一個の現住建造物であつたと認めるのが相当であ」り、現住建造物放火罪の成立が認められると判示した[25]。

　マンションのような集合住宅において難燃性ないしは耐火構造となっている場合に、その一部である非現住区画に放火した場合はどうように考えるべきだろうか。物理的に1個の建造物の中で内部的な独立性を認めうるのか否かという問題である。容易に燃焼しにくい構造の鉄筋10階建マンションの1階にある医院に夜間侵入し、窃盗を行ったうえ犯跡隠蔽のため放火したという事案に関して、仙台地判昭和58年3月28日刑月15巻3号279頁は、「本件医院は、すぐれた防火構造を備え、一区画から他の区画へ容易に延焼しにくい構造となつているマンションの一室であり、しかも、構造上及び効用上の独立性が強く認められるのであるから、放火罪の客体としての性質は該部分のみをもつてこれを判断すべく、本件建物が外観上一個の建築物であることのみを理由に、右医院と右マンション2階以上に住む70世帯の居住部分を一体として観察し、現住建造物と評価するのは相当でな」く、「本件医院は非現住建造物と解するのが相当である」と判示した[26]。

　（iii）放火罪・失火罪が既遂に達するためには、所定物件が「焼損した」ことが必要である。判例は、古くから、「焼損」（1995年改正までの表記では「焼燬」[27]）とは、火が媒介物を離れて目的物が独立に燃焼を継続する状態に達したことで足りると解してきた（独立燃焼説）[28]。それに対して、学説においては、刑の重い放火罪の成立は限定的に解すべきだとの実質的な考慮を背景にして、目的物の重要部分が焼失しその効用を失ったときに「焼損」と認める見解（効用喪失説）や、損壊罪において必要とされる程度の損壊が必要であるとする見解（毀棄説）が有力に主張されてきたが、基準の明確性という点で疑問が残る[29]。なお、畳・障子・襖など、毀損しな

25　福岡地判平成14年1月17日判タ1097号305頁は、宿泊棟と研修棟という外観上2棟の建物が渡り廊下で連結されている構造の難燃性建造物について、いずれの延焼経路によっても一方から他方へ延焼する可能性を認めるには合理的疑いが残るとして、建造物の一体性を否定した。

26　これに対して、耐火構造の鉄骨コンクリート造3階建マンション（各階5室合計15室）うちの1室（空室）に放火し未遂に終った事案に関して、東京高判昭和58年6月20日刑月15巻4・5・6号299頁は、「耐火構造といっても、各室間の延焼が容易ではないというだけで、状況によっては、火勢が他の部屋へ及ぶおそれが絶対にないとはいえない構造のものであることが明らかであ」り、「各室とこれに接続する外廊下や外階段などの共用部分も含め全体として1個の現住建造物とみるのが相当である」と判示した。また、最決平成元年7月7日判時1326号157頁。

27　「焼燬」の意味について、参照、齊藤誠二「放火罪における『焼燬』と『焼損』──いわゆる『刑法の平易化』に関連して──」司法研究所紀要7巻1頁以下（1995年）。

28　大判明治43年3月4日刑録16輯384頁、最判昭和23年11月2日刑集2巻12号1443頁など。

29　独立燃焼説に対して、既遂時期が早すぎ、中止未遂の成立の余地が（ほとんど）なくなり妥当でないという批判がときになされてきた。既遂時期が早いという批判は批判としてありえようが、中止未遂の成立可能性の広狭によって既遂時点を批判することには疑問がある。なぜなら、既遂時点が決まってそれを基準点としてその前段階の介入時点＝未遂の開始時点が決ま

くても（容易に）取り外すことのできる物は、「建造物の一部」とはいえず、たとえば、放火して住宅の畳を（独立）燃焼させただけであれば、いずれの立場でも現住建造物等放火罪の未遂にとどまる[30]。

（ⅳ）109条2項・110条の既遂は、目的物の焼損に加えて、「公共の危険」の発生を必要とする（具体的危険犯）。公共の危険は、108条・109条1項所定の建造物等に延焼する危険に限られず、不特定または多数の人の生命、身体または財産に対する危険も含まれる[31]。

公共の危険の認識の要否は争われてきた。判例は不要説をとる[32]。これに対して、多くの学説は公共の危険の認識を要すると解する。自己所有物の焼損それ自体は違法行為ではなく、「公共の危険の発生」により違法行為になる（110条の場合には違法性が重くなる）。したがって、その違法性（またはその重要な部分）を基礎づける事実（公共の危険）の認識を必要と解するのが理論的には妥当であろう。ただ、延焼の認識、つまり、その認識対象の故意と公共の危険の認識との区別は微妙なものとなろう。

（ⅴ）公共危険罪としての放火罪の位置づけることは罪数の判断に関係してくる。つまり、その罪数は、発生した公共の危険の個数によって定められることになる。たとえば、複数の住宅を焼損したとしても、生じた公共の危険が1個であれば、焼損を予見していた客体のうち最も重い類型の放火罪1罪が成立する。たとえば、Xが放火しA宅を焼損したが、さらに、B所有の倉庫、C所有のバイクにも延焼させた場合、1個の現住建造物放火罪が成立する（後2者の放火罪はそれに吸収される）。Yが、D宅を焼損する目的で、それに隣接するD所有の物置に放火したところ、物置の焼損にとどまった場合、D宅に対する現住建造物放火未遂罪が成立する（物置に対する非現住建造物放火罪は吸収される）。

るのであり、未遂時点が先に固定され、そこから既遂時期を問題にするのは転倒した論理であるからである。中止未遂の成立範囲を広げるべきだというのであれば、未遂の開始時期を早める方向に議論が向かうはずであるが、既遂時期が早いとする批判は、このような方向を意図していないであろう。

30 不燃性建造物の場合、目的物が独立燃焼しえないことから、この場合に火力による目的物の損壊（コンクリート壁の剥落など）、有毒ガス発生による公共の危険の発生などに着目する見解も主張されている。しかし、独立燃焼説に立つ判例の立場からは、（不能犯に関する理解にもよるが）せいぜい未遂犯にとどまるといえよう（東京地判昭和59年6月22日刑月16巻5・6号467頁など）。

31 最決平成15年4月14日刑集57巻4号445頁。

32 最判昭和60年3月28日刑集39巻2号75頁。

第4講 個人的法益に対する罪（概説）

I 個人的法益に対する罪

（1）個人的法益に対する罪は、1人1人の個人を帰属主体とする利益を保護する。刑法典の各則は、それらの罪を、保護される利益の重要性により、生命に対する罪（199条以下）⇨ 身体に対する罪（204条以下）⇨ 自由に対する罪（220条以下）⇨ 名誉に対する罪（230条以下）⇨ 財産に対する罪（235条以下）の順序で規定している[1]。立法者がこのような価値の序列を念頭に置いて刑法を制定したことは、緊急避難に関する37条、脅迫罪に関する222条からもうかがい知ることができる。37条は「自己……の生命、身体、自由又は財産に対する現在の危難を避けるため……」と規定し、222条は「生命、身体、自由、名誉又は財産に対し害を加える旨を告知して人を脅迫した者は……」と規定している[2]からである。これら列挙事由が適当に並べられているわけではない。

（2）個人的法益に対する罪の規定は、199条の殺人罪から始まる（終りは264条である）。199条は「人を殺した者は、死刑又は無期若しくは5年以上の拘禁刑〔懲役〕に処する」と規定する。諸外国の立法例では、故殺・謀殺・毒殺・嬰児殺など、殺害の計画性の有無や動機、殺害に用いる手段や行為態様等に着目し、加重・減軽類型を設け、1つの規定の法定刑の幅があまり広がりすぎないようにするのが一般的である。わが国の旧刑法（1880年＝明治13年制定、1882年施行）もそうであった[3]。それに対して、現行刑法は、計画性の有無や行為態様等による限定・類型化をせず、包括的に「人を殺した」場合を「殺人罪」としてひとまとめにして扱い、刑についても最も重い場合に死刑、最も軽い場合に5年の拘禁刑〔懲役〕までとし[4]、酌量減軽（66条）[5]をすれば

---

[1] もちろん、このような価値の序列は（当時の）立法者の価値判断であり、どのような利益・価値に着目し、また、どのような序列・分類にするのかは別の見方もありうるであろう。

[2] 223条の強要罪も同様である。

[3] 旧刑法292条以下は、謀殺、毒殺、故殺、惨殺、便宜殺（他の罪を犯すのに都合のよい状況にするための殺人）、詐称誘導殺、誤殺の類型を設け、殺人行為を区別していた。

[4] 2004年（平成16年）改正までは、殺人罪の法定刑は、「死刑又は無期若しくは3年以上の懲役」であった。それは、「殺人」といっても、それまでの経緯など、出来事の全体（または人間関係）を考えれば、被告人がむしろ被害者的な立場に置かれていたような場合もあり、情状においてさまざまなケースを含みうるからである。

[5] 酌量減軽とは、法定刑または法律上の減軽（心神耗弱、過剰防衛・過剰避難、未遂、従犯などの各規定に基づく減軽）を施した処断刑の最下限をもってしても、犯罪の具体的な事情からみて刑がなお重すぎる場合に、裁判官の裁量によってなしうる任意的減軽である。66条は、「犯罪の情状に酌量すべきものがあるときは、その刑を減軽することができる」と規定する。なお、「減軽」とは、有期拘禁刑〔懲役刑〕の場合でいえば、法定刑の上限と下限を半分にして処断刑を形成することをいう（68条参照）。たとえば、詐欺罪の法定刑は、「1月以上10年以下の拘禁刑〔懲役〕」であるが、これに「減軽」を施す場合、「15日以上5年以下の拘禁刑〔懲役〕」という処断刑が形成され、この処断刑の範囲内で具体的な宣告刑が決められる。

罰金刑を除いてほぼすべての刑の程度をカバーするものとなっている。量刑判断についての裁判官の裁量の余地が広いのが現行刑法の大きな特徴である。

　もっとも、殺人罪の加重・減軽類型がまったくないわけではなく、減軽類型として同意殺人罪（202条）がある。これは、ある者の自殺行為に他の者がかかわる行為を処罰対象としている。現行刑法は、自殺そのものは処罰しない（自殺は犯罪ではない）としつつ、その自殺行為に周りの人がかかわった場合、たとえば、苦しまずに死を迎えることができるような薬を調達するなど、いわば自殺を側面支援し、または後ろから背中を押すなど、自殺にかかわる行為は犯罪とするのである。なぜ不可罰な自殺にかかわる行為が可罰的なのか、その理由は議論がある。いずれにせよ、同意殺人罪は殺人罪の減軽類型といえる[6]。

　そのほか、刑法制定時には、尊属殺人罪が規定されていた。「尊属」とは、血族[7]のなかで、自分より先（前）の世代の者、具体的には、父母・祖父母のことである[8]。つまり、尊属殺の典型は「親殺し」である。現行刑法は、親に手をかけるなどとんでもない、恩を仇で返すようなものだ、人倫にもとるなどとして、殺人行為のなかでも重い殺人行為として加重類型を設けたのである。すなわち、旧200条は、「自己又ハ配偶者ノ直系尊属ヲ殺シタル者ハ死刑又ハ無期懲役ニ処ス」と規定していた。その刑は死刑か無期懲役であり、当時の立法者の判断によれば、かかる者はもはや日本の中で共同生活をすることを認めない、というきわめて厳しいものであった。その後、この規定の合憲性が争われ、最高裁の大法廷は、通常の殺人罪に対する尊属殺人罪の刑の加重の程度が極端であり、法の下の平等（憲法14条1項）に反し、違憲無効であると判断した[9]。有名な尊属殺違憲判決である。この最高裁昭和48年判決以降、違憲とされた旧200条は適用されなくなったが、条文そのものが削除されたのは1995年の刑法改正のときであった。現在、六法をみると、「200条【尊属殺人】削除（平成7年法律91号）」といった記載になっている。このように尊属殺の規定が削除された結果、199条の殺人罪のバリエーションは202条の同意殺人罪だけということになった[10]。

---

[6]　ちなみに、202条は安楽死などにかかわる刑事裁判において問われることがある犯罪である。たとえば、名古屋高判昭和37年12月22日高刑集15巻9号674頁がそうであった。これに対して、東海大学安楽死事件（横浜地判平成7年3月28日判時1530号28頁）や川崎協同病院事件（最決平成21年12月7日刑集63巻11号1899頁）においては殺人罪の成否が問題になった。

[7]　血族とは血筋のつながる血縁者をいうが、法律上は、養親子のような法律上血縁者と同様に扱われる者（法定血族）も含まれる。血族は直系血族と傍系血族にわけられる。血族は血筋の連なる血縁者をいい直系血族とは、祖父母・父母・子・孫のように、ある者を中心として世代が上下に直線的に連なる血族をいう。これに対して、傍系血族とは、兄弟・おじおば・いとこのように、ある者と共同の始祖を介して連なる血族をいう。

[8]　これに対して、後の世代にある者（子・孫）を卑属という。

[9]　最大判昭和48年4月4日刑集27巻3号265頁。この大法廷判決の多数意見は、普通殺のほかに尊属殺という特別類型を設け、その刑を加重すること自体はただちには違憲ではないとしつつ、通常の殺人罪と比べて刑の加重の程度が重すぎるから違憲であるとした。そこで、この最高裁昭和48年判決後も、ほかの尊属加重規定（尊属傷害致死罪・旧205条2項、尊属遺棄罪・旧218条2項、尊属逮捕監禁罪・旧220条2項）は合憲とされ、これらの尊属加重規定は、1995年（平成7年）の刑法改正の際にようやく削除された。それに対して、最高裁昭和48年判決には尊属殺のような特別類型を設けること自体がそもそも違憲であるとする6名の裁判官の意見も付されている。

[10]　強盗罪の加重類型である強盗殺人（240条後段）は殺人罪の加重類型ということもできる。さらに、特別法もみれば、人質による強要行為等の処罰に関する法律4条の人質殺害罪、組織犯罪処罰法3条7号の組織的殺人罪がある。なお、わが国の刑法は、放火殺人という犯罪類型を設けておらず、放火を手段として殺人行為が行われた場合、殺人罪と放火罪が成立し、観念的競合（または牽連犯）となる。

包括的な規定という点では、窃盗罪も同様である。235 条は「他人の財物を窃取した者は、窃盗の罪とし、10年以下の拘禁刑〔懲役〕又は 50 万円以下の罰金に処する」と規定し、他人の財物の占有をひそかに自己の占有下に移す行為をすべて 235 条で処罰する。これも諸外国の例をみれば、わが国の窃盗にあたる行為について、侵入窃盗（空き巣・事務所荒らしなど）、スリ、万引き、ひったくり、置引き、乗物盗（自動車盗・バイク盗・自転車盗）、車上荒らしなどの犯罪類型に分けて規定する例もあり、犯罪白書・警察白書[11]では、これらの手口に分けて統計をとっている。等しく「窃盗」といっても、犯情（行為の悪質さの程度など犯罪にかかわる事情）は異なる。職業的に窃盗を繰り返す窃盗グループが宝石商から億単位の貴金属を盗んだ行為と、出来心で数百円の商品を万引きした行為とを比べれば、犯情に大きな差があることは容易に理解できよう。

　（3）このように犯罪の成立要件（犯罪類型）が包括的なものになったのは、現行刑法の制定時の事情が大きく影響していた。旧刑法施行（1882 年＝明治 15 年）後、犯罪の増加に対して刑法が有効に対処できていないなどとの批判がなされ、すぐにその改正の動きがはじまる。その後、数次の草案を経て、1907 年（明治 40 年）に現行刑法が制定されることになるのであるが、わが国が法典編纂の範としたヨーロッパ諸国において、19 世紀後半、新派刑法学が主張されるようになる。新派刑法学は、応報刑論をその基礎とする伝統的な犯罪論（旧派刑法学）に対して、犯罪対策に無力であると批判し、素質と環境に影響された犯罪者を改善・更生を図ることにより犯罪の撲滅をはかるべきだとの特別予防論を強く展開した。明治維新以降、欧米の法制度・刑法学を積極的に学んでいたわが国の刑法学も時代的にこの影響を受けることになった。明治中期以降になると、旧刑法下で、当時の中心的な刑法学者であった富井政章、古賀廉造、岡田朝太郎、勝本勘三郎らが新派刑法学の影響を受けた刑法理論を展開しはじめる。とりわけ現行刑法の立法作業にかかわった富井政章は、犯罪成立要件を細かく定めて裁判官を法規に強く拘束する旧刑法を批判し、裁判官の裁量権拡大（犯罪成立要件の包括的な規定、幅のある法定刑、執行猶予制度など）を強く主張し、これが現行刑法の中に相当程度採り入れられたのである[12]。

Ⅱ　財産犯（概要）

　この講義では、次講から、個人的法益に対する罪について、生命に対する罪から順に、身体に対する罪、自由

11　犯罪白書は、法務省の公式 web サイト、警察白書は、警察庁の公式 web サイトにおいてみることができる。この講義でも、犯罪統計等に触れることもあるが、その際に、また関心のあるデータなど、実際に犯罪白書等をみて確認してもらいたい。

12　この後、現行刑法下において、牧野英一、宮本英脩、木村亀二、正木亮らが新派刑法学の立場からの論陣を張り、大正期から昭和初期においてその権勢を誇った。とくに牧野英一は、刑罰論（特別予防論・教育刑論）にとどまらず、犯罪論（未遂論・共犯論など）においても主観主義刑法学を徹底したかたちで主張した。しかし、旧派刑法学、ないしは客観主義刑法学からの反論・厳しい批判があり、戦後の刑法学においては、客観主義刑法学が支配的になり、現在に至っている。客観主義刑法学を主張し、新派刑法学の論者と論争を繰り広げたのは、大場茂馬、小野清一郎、滝川幸辰らである。

に対する罪、名誉に対する罪、財産に対する罪と１つ１つの犯罪類型について検討していくことになるが、財産犯（235 条〜264 条）は理論的にも、実務上も重要であるので、本講においてあらかじめその概要を示しておくことにする。

　財産犯の理解にあたり、まず、財産犯の基本となる 8 類型を理解し、財産犯の全体像をイメージしておくのがよい。①窃盗罪（235 条）、②強盗罪（236 条）、③詐欺罪（246 条）、④恐喝罪（249 条）、⑤横領罪（252 条）、⑥背任罪（247 条）、⑦盗品関与罪（256 条）、⑧毀棄・隠匿罪（258 条以下）の 8 類型である。

　窃盗罪（235 条）は、他人の占有する財物を窃取する犯罪である。窃取とは、他人の占有する財物を占有者の意思に反して自己の占有下に移転させる行為をいう。財産犯の理解にとって重要なキータームがいくつかある。（ア）「財物」の意義、（イ）刑法における「占有」の概念、（ウ）「不法領得の意思」の要否、（エ）窃盗罪（財産犯）の保護法益に関する「本権説」と「占有（所持）説」の対立である。いわば財産犯の総論ともいえる問題である。強盗罪（236 条）は暴行・脅迫を用いて他人の財物を強取する犯罪である。被害者を抵抗できないようにして無理やり財物を奪い取る凶悪犯罪である。強盗罪の認知件数は、殺人罪のそれとともに、その国（地域）の治安の良し悪しを図るバロメーターでもある。事後強盗罪（238 条）や強盗殺人罪（240 条）などのバリエーションも重要である。詐欺罪（246 条）と恐喝罪（249 条）は、被害者が──瑕疵ある意思に基づいてであれ──交付することを必要とする交付罪といわれる。恐喝は、脅して財物を交付させる犯罪であり、俗に「カツアゲ」などともいわれる。詐欺罪は、人を欺いて財物を交付させる犯罪である。振込め詐欺など特殊詐欺が社会問題化して久しい[13]。横領罪（252 条）は、自己の占有する他人の財物を横領する犯罪である。人から預かった物を着服するなどの行為である。横領罪には単純横領罪（252 条 1 項）、業務上横領罪（253 条）、遺失物横領罪（254 条）がある。業務上横領罪は、他人の物を「業務上占有する者」が着服等をする場合に刑を加重している。たとえば、会社で経理を担当している者が、その管理しているお金を自己の借金の返済に充てるような場合である。遺失物横領罪は落とし物の「ネコババ」であり、その刑は軽い。背任罪（247 条）は、財産犯の 8 類型のなかではわかりづらい犯罪であるといえよう。会社等の事務を処理している者が、その任務に背いて会社等に財産上の損害を与える犯罪である。ホワイトカラー犯罪（white-collar crime）[14]の 1 つである。盗品関与罪（256 条）と

---

[13] 特殊詐欺の被害は、2003 年（平成 15 年）半ば頃から、オレオレ詐欺の手口で目立ちはじめ、翌平成 2004 年に、架空請求詐欺・融資保証金詐欺の手口が加わって被害額が急増し、警察庁は、2004 年に、オレオレ詐欺・架空請求詐欺・融資保証金詐欺を「振り込め詐欺」と総称することとし、2007 年にこれに還付金詐欺を含めた。2011 年に、金融商品等取引名目の詐欺・ギャンブル必勝法情報提供名目詐欺・異性との交際あっせん目的の詐欺を「振り込め詐欺以外の特殊詐欺」とし、全体を「特殊詐欺」と呼ぶことにした。この過程で、預貯金口座や携帯電話の不正流通を防止するための法整備や、ATM での現金振込み限度額の引下げなどの対策がとられ、それらの対策が奏功し、一時的な被害の減少はあったものの、犯罪者側の手口の変更や巧妙化などもあり、その被害額は依然として深刻な状況で推移している（これまで実質被害額が最も多かったのは 2014 年で、それは約 560 億円にのぼった。2022 年のそれは約 360 億円［暫定値］である）。また、詐欺グループがその集めた被害者情報をもとに強盗にも及んでいるのではないかということが社会的に懸念されており、その実態解明・組織摘発に関心がもたれている。

[14] ホワイトカラーとは「白い襟」の意味であり、ワイシャツを着て仕事をする事務系の職種に従事する労働者を指し、その対義語はブルーカラーである。「ホワイトカラー犯罪」とは、経営者・管理者など、社会において指導的地位など一定の職業的地位にある者が、その地位を濫用して職務遂行過程において行う犯罪（経済犯罪など）のことをいい、犯罪の分析・対策に 1 つの視座を提供する概念である。すなわち、伝統的な犯罪学は、アウトロー、ならず者、貧困者など社会生活に順応できない者の逸脱行為に着目して、その原因・対策を考えてきたが、アメリカの犯罪社会学者サザランド（Edwin H.Sutherland,1883-

毀棄・隠匿罪（258条以下）は、財産犯全体の中で周辺に位置する犯罪類型であるが、財産犯の重要な一角を形づくっている。盗品関与罪は、盗品を譲り受けるなど、盗品の処分に事後的に関与する犯罪であり、窃盗罪などの本犯を助長するところにその犯罪性の重要部分がある。256条には、盗品の処分へのかかわり方（行為態様）により、盗品等無償譲受け罪（256条1項）、盗品等有償譲受け罪、盗品等運搬罪、盗品等保管罪、盗品等有償処分あっせん罪（256条2項）がある。毀棄・隠匿罪は、物を壊し、物を隠すことによって、その利用を妨げる犯罪である。いくつかの類型があるが、毀棄罪の中で適用対象が一番広いのは器物損壊罪（261条）である。

Ⅲ　個人的法益に対する罪の罪数関係

個人的法益に対する罪における罪数関係の考え方について最後に触れておきたい。前講において、社会的法益である放火罪の場合、罪数は、焼損された1つ1つの建造物ごとに考えられるのではなく、公共の危険の数により判断されることを学修した。それは放火罪が公共危険罪として位置づけられるからである。罪数は法益の帰属主体ごとに考えられる。個人的法益に対する罪の場合には、個々の人ごとに1個の罪が成立するというのが原則である[15]。1人殺せば殺人罪1罪が成立し、2人殺せば殺人罪2罪が成立する。1人に傷害を与えれば傷害罪1罪が成立し、2人に傷害を与えれば傷害罪2罪が成立する。したがって、たとえば、1個の爆弾を爆発させて複数の者を殺害した場合、殺害された者の数だけ殺人罪が成立することになる。そして、この場合は、それら複数の罪は「1個の行為」によるものとして観念的競合（54条前段）という罪数処理がなされる。

1950）は、ホワイトカラー階層も犯罪と無縁でなく、むしろ、その被害額などを考えればより重大であるともいえ、これらの者が犯す犯罪に目を向けることの重要性を説いた。なお、ホワイトカラー犯罪（の定義）について、それを社会的経済的に上層階級に属する者に限定すべきか否かなど議論がある。

15　例外的な場合として、街頭募金詐欺の場合に複数の募金者からの募金の詐取につき包括一罪を認めたものがある（最決平成22年3月17日刑集64巻2号111頁）。保護法益の理解とも関係するが、たとえば、ひったくった鞄の中に複数の所有者の財物が入っていたとしても、1個の窃取行為で1個の占有を侵害した場合、1個の窃盗罪が成立する。

第5講　生命に対する罪1（殺人罪・堕胎罪）

Ⅰ　人の生命のプロセスと刑法による生命の保護 ── 「人」の始期・終期

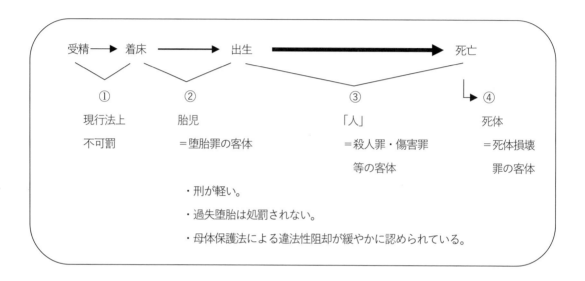

（1）人の生命のプロセスは、精子と卵子の結合によって受精卵が形成されることからはじまり、その受精卵が子宮内膜に着床した段階から「胎児」として堕胎罪の客体となる[1]。その後、器官が分化するなどして発育し、出生により、殺人罪（199条）等の「人」として保護されることになり、死亡により「人」としての保護が終る。

　このような人の生命のプロセスにおいて、刑法における保護、言葉を換えれば、侵害に対する刑法の介入が同じ程度でなされるわけではない。まず、①受精から着床までは、その生命の萌芽への攻撃に対して、刑法は関与しない。子宮着床前の受精卵（胚）は、現行刑法のもとでは保護されない。たとえば、人工授精された受精卵の入った試験管を持ち出し、それを壊した場合、試験管を保管していた部屋への正当な立ち入りが認められていない者であれば建造物侵入罪（130条）が成立し、試験管を破壊すれば器物損壊罪（261条）が成立する。しかし、通説は受精卵の毀滅それ自体に対しては犯罪は成立しないと考える[2]。受精卵それ自体の保護が必要であると考

---

[1] 受精後約8週までは諸器官の分化が終わるまでの期間であり、これまでを胚芽（embryo）といい、これ以後は胎児（fetus）と呼ばれるが、刑法においては着床以降を「胎児」として堕胎罪の客体とされる。

[2] 受精卵の毀滅について「他人の物を損壊し」たとして器物損壊罪の成立を認めうると考える見解もある。たとえば、石原明「体外受精の法的視点と課題」ジュリスト807号31頁（1984年）、佐伯仁志・最前線Ⅱ4頁以下、辰井聡子「生命の保護」法学教室283号58頁（2004年）。しかし、通説は、生成中の生命の萌芽を「他人の所有物」と考えて、財産犯の対象として扱うのは妥当ではないとする。

えるならば、立法的な対応を検討する必要があろう[3]。

（2）受精卵が子宮に着床した時点から、刑法上、「胎児」として保護されるが、「人」として保護されるのではない。具体的には、殺人罪（199条）の「人を殺した者」の「人」にあたらず、傷害罪（204条）の「人」にはあたらない。胎児の生命の毀滅は殺人罪にはならないのである。それでも、その場合には堕胎罪が成立するからよいのではないかとの考えもあるかもしれない。しかし、堕胎罪の刑が軽く、また、その保護が包括的なものではない、ということを確認する必要がある。

現行刑法は、堕胎行為の主体により類型をわけている。すなわち、妊娠中の女子が行う自己堕胎罪（212条）、女子の嘱託を受け、または同意を得て第三者が行う同意堕胎罪（213条）、その第三者が医師・助産師等である場合の業務上堕胎罪（214条）である[4]。そして、同意なしで行われた場合には不同意堕胎罪（215条）となる。自己堕胎罪の刑は1年以下の拘禁刑〔懲役〕であり、非常に軽い。同意堕胎の刑は2年以下の拘禁刑〔懲役〕である。業務上堕胎罪の刑は3月以上5年以下の拘禁刑〔懲役〕となる。比較の対象として適切かどうかは問題になりうるが、物を壊す罪である器物損壊罪（261条）の刑は、3年以下の拘禁刑〔懲役〕または30万円以下の罰金・科料である。自己堕胎罪・同意堕胎の刑は器物損壊罪よりも軽く、業務上堕胎はそれよりもわずかに重い程度である。不同意堕胎罪（215条）はやや刑が重くなるが、それでも6月以上7年以下の拘禁刑〔懲役〕であり、殺人罪（199条）の刑と比べればはるかに軽い。また、過失によって人の生命・身体の侵害した場合には過失致死罪（210条）・過失傷害罪（209条）が成立するが、過失による堕胎行為は処罰されていない。堕胎未遂も、不同意堕胎の未遂（215条2項）を除いて、処罰されない。

さらに、この領域において、母体保護法が大きな役割を演じてきた。母体保護法によれば、①社会経済的理由を考慮した医学的適応事由（同法14条1項1号）、倫理的適応事由（同項2号）を充たす場合で、②「母体外において、生命を保続することのできない時期」（同法2条2項）[5]に、③医師会の指定する医師により当該手術が行われる場合、適法な人工妊娠中絶として許容される。堕胎行為の違法性阻却事由である。この母体保護法の運用は、とりわけその14条1項1号の適応事由が緩やかに解釈・運用され、妊娠の早い段階で妊娠中の女子が望めば許容されているというのが実情のようであり、堕胎行為の摘発・取締りも事実上ほとんど行われず、その結果、不同意堕胎を除けば、妊娠初期の段階に関して堕胎罪は事実上空文化しているとしばしば指摘されてきた。

---

3 佐伯仁志・最前線II7頁は、立法論として考えた場合でも、「胚の刑法的保護は、胚の生命それ自体を保護するというものではなく、処分権者の意思に反した占有奪取、領得、毀損を処罰することになる」とする。

4 第2講において学修した「身分犯」である。妊娠中の女子Xが医師Yに堕胎手術を行うように依頼した場合、Xは業務上堕胎罪の教唆となるのではなく、Xの行為は212条の「その他の方法」に含まれ、Xには自己堕胎罪（212条）が成立する。

5 厚生事務次官通知（平成2年3月20日厚生省発健医第55号）により受胎後満22週未満とされている。この「生命を保続することのできない時期」は、「一般の水準をはるかに越えた高度医療が実施された場合でかつ、生後6か月まで生存する症例が一例でも存在する限界として得られた結論」であり、「当該時期以降のすべての胎児が生育することを必ずしも意味しない」（厚生省保健医療局精神保健課長通知平成2年3月20日健医精発第12号）とされている。佐伯仁志「はじめに・生命に対する罪(1)」法学教室355号80頁（2010年）も参照。

堕胎に関する法規制のあり方[6]は検討を要する点があるように思われるが、いずれにせよ、現行法において、「人」に対する刑法の保護は厚く、包括的であるのに比して、「胎児」に対する保護はきわめて限定的なのである。つまり、その生命体が「人」として扱われるのか、「胎児」として扱われるのかにより、刑法上の保護が決定的に異なってくる。この点に刑法上「人の始期」（どの時点で「胎児」と「人」を区別すべきか）を論ずる重要な意味があるのである。

（３）「人」の始期に関して、刑法において、通説・判例[7]は一部露出説をとる。これは、胎児の身体が一部でも母体から露出すれば、その露出した部分に対して、母体から独立して直接の攻撃が可能となることを理由に、母体外に一部露出した時点以降「人」にあたると解する。この一部露出説に対して、全部露出説は、直接の攻撃可能性ということから胎児か人かという客体の性質を決めるのは適切ではなく、「人」であるかどうかは、そのものの価値自体によって決すべきだと批判する[8]。客体の性質を問題とすべきだとの指摘自体は理由のあることであるが、一部露出段階と全部露出段階とで客体の価値が異なるとは思われず、かかる批判から一部露出時点よりも「人」としての保護を遅らせる（全部露出説をとる）理由が導かれるとも思われない。刑法上の「胎児」の保護と「人」の保護の決定的な違いを考えれば、むしろ、刑法の解釈において「人」の始期を早期化し、そのことにより、より早い段階での生命の保護を厚くすべきだという主張がその限りでは重みをもつ。この趣旨を極端なかたちで主張をするのが独立生存可能性説である。これは、母体外において独立して生存可能な程度にまで生育していれば、具体的には、妊娠満22週以降の時期まで成熟していれば、母体内にあっても、「人」として保護するべきであるとする見解である[9]。しかし、生存（生育）できるかどうかにより「人」か否かが決まる——その可能性がなければ「人」ではない——という考え方にも疑問が残る。厳密な線引きについて一部露出時点か全部露出時点等で争われている[10]ものの、学説の多くは胎児が母体から分離独立する前後のわずかな時間的な範囲内

---

[6] 堕胎行為の処罰の有無・程度は、宗教的な背景や人口政策等の影響を大きく受けてきた。たとえば、キリスト教倫理が強い影響力をもつ国（地域）では堕胎に対して厳しい対応がとられてきた。それに対して、わが国で堕胎行為が公式に処罰されるようになったのは、旧刑法の制定以降、つまり、キリスト教倫理の影響を受けてきた西欧法を採り入れて以降であり、江戸時代までは、生まれたばかりの赤ちゃんを口減らしのため間引きすることも広く行われていたと指摘される。胎児の生命の保護を重視し、現状よりも厳格に規制すべきだとの考えもあり、考慮に値するが、その場合、高額または粗悪な闇堕胎の増加・それによる被害など、規制強化に伴って予想される弊害も十分に考慮しなければならない。いずれにせよ、出産・育児に対する社会保障制度の充実（不備の是正）が不可欠である。芝原邦爾『刑法の社会的機能』16頁（有斐閣、1973年）は、「解決されるべきなのは『倫理的にみて胎児の生命は保護されるべきか』という哲学的問題ではなく、この点に関する個人の倫理観が鋭く対立し、一致した世論が形成されえない現代社会において、その一方に加担したかたちで行使される刑事制裁は果たして有効に作用しうるかという実証的問題なのである」と指摘する。

[7] 大判大正8年12月13日刑録25輯1367頁（「胎児か未た母体より全然分離して呼吸作用を始むるに至らさるも既に母体より其一部を露出したる以上母体に関係なく外部より之に死亡を来すへき侵害を加ふることを得へきか故に殺人罪の客体となり得へき人なりと云ふを妨けす左れは原判決に於て被告か殺意を以て産門より其一部を露出したる胎児の面部を強圧したる所為を殺人行為の一部と認めたるは相当なり」）。

[8] 平野・概説156頁。

[9] 伊東研祐『現代社会と刑法各論（第2版）』22頁（成文堂、2002年）。

[10] ほかに、分娩（出産）開始した時点で「人」になると主張するのは、井田・各論2版17頁、岡上雅美「人の始期に関するいわゆる陣痛開始説ないし出産開始説について」筑波法政37号78頁以下（2004年）、辰井・前掲注(2)52頁。なお、塩見淳・

で考えており、胎児が母体内にある段階で、しかも出生時期よりも数か月前の時点で「人」になるという独立生存可能性説の主張は、現行刑法の解釈として、さらに一般の社会意識に照らしても無理があろう[11]。胎児の生命の保護のあり方は堕胎法制そのものを直接に問題にすべきであって、「出生」時期、つまり、「人」の始期の前倒しには限界があろう。そして、法適用の基準の明確性も考慮すれば、通説である一部露出説を支持することができる。一部露出後は、生育能力を有しない新生児や余命わずかな者であっても「人」であり、ひとしく生命・身体等に対する罪により保護されるべきことになる。

　なお、「人」の始期・終期の問題を考える際に、ここでの議論は、あくまで現行刑法における人の始期・終期を問題にしているにすぎないということに留意しておくべきである。生物学的な意味における「ヒト」を問題にしているのではないということである。ある生命観から「受精によって人が誕生する」といった別の見方がありうることを決して否定するものではない。かかる理解が現行刑法の解釈としてはとりえないということにすぎない。なぜなら、現行刑法が堕胎罪（212条以下）と殺人罪（199条）等を区別して規定しているにもかかわらず、そのような理解をするとすれば、堕胎罪の適用範囲がなくなり、堕胎罪を規定した意味が失われてしまうからである。したがって、もし刑法において堕胎罪の規定が削除されたとすれば、そのことは殺人罪等の「人」の範囲に影響を及ぼしえよう。実際に、相続などの権利義務関係の解決が重要な民法（民法3条1項参照）と、生命・身体等に対する攻撃的な行為からの生命の保護に重要な関心がある刑法とでは「人の始期」の解釈は異なるとされていることや、殺人罪等の「人」から行為者自身は除かれる[12]ということなど、決して生物学的意味における「ヒト」や「普遍的な」人の概念を問題にしているのではなく、現行刑法199条等における「人」にあたる範囲（その解釈）を問題にしていることが理解できよう。

　（4）人は、死亡によって「人」として刑法上保護されなくなり、殺人罪等の客体から死体損壊罪（190条）の客体へと変わる。死体損壊罪は、個人的法益に対する罪ではなく、その刑は3年以下の拘禁刑〔懲役〕にとどまる[13]。

　人の死亡時期は、伝統的に、心拍停止・呼吸停止・瞳孔反応消失を判定して認定されてきた（三徴候説・総合判断説）。しかし、医療技術の進展にともない、脳の機能が停止した場合にも、人工呼吸器の装着等により呼吸機能を維持し、心臓が動き続けるという状態が生じることになった。臓器移植[14]の要請ともあいまって、1980年

　法学教室223号117頁（1999年）。これに対して、山口厚・最前線II35頁。

[11] われわれは、母体から出てきた日をもって「誕生日」としている。

[12] 第3講において学修した放火罪においても「人」から行為者は除かれる（第3講II（3）（ⅰ））。

[13] 死者に対する犯罪として、ほかに、死者の名誉毀損罪（230条2項）がある。なお、この罪の保護法益について、死者の名誉そのものとみるか、死者に対する遺族の敬愛感情とみるかは対立がある。

[14] 1968年、わが国における最初の心臓移植が行われた（世界初の心臓移植は1967年12月のことであった）。この移植に対しては移植後にさまざまな疑念が提起され、その後のわが国の脳死移植医療に大きな（ネガティブな）影響を及ぼすことになった。その概要は次の通りである。1968年8月、札幌医科大学において、和田医師らの外科チームは、入院していた心臓弁膜症の患者に、海で溺れた大学生の心臓を移植した。わが国で初めての心臓移植手術であり、手術当初は画期的な医療の時代に

代から90年代にかけて、脳死、すなわち「脳幹を含む全脳の機能が不可逆的に停止したこと」[15]をもって人の死とすべきか否か、ということが活発に議論された。1985年に、厚生省の「脳死に関する研究班」による脳死判定基準、いわゆる竹内基準が公表され[16]、1992年に、内閣総理大臣の諮問機関である臨時脳死及び臓器移植調査会（脳死臨調）が、社会的合意の存在を前提に、脳死は人の死であるとの答申をした。1994年以降、国会において臓器の移植に関する法律案が審議されたが、継続審議・廃案になるなどの曲折を経て、1997年に臓器の移植に関する法律（臓器移植法）が賛成多数で可決され、成立した。その後、2009年に、本人が臓器移植を拒否する意思表示をしていない場合には家族の書面による承諾によって脳死判定・臓器摘出をなしうるとの同法の改正がなされた[17]。この間、移植医療が着実に重ねられ[18]、脳死説に対する理解は徐々にではあれ深まってきているように思われる。

II 殺人罪（199条）、堕胎罪（212条以下）

（1）「人を殺した者」（199条）のうち「人」については前述した。「殺した」とは、故意に（殺意をもって）自然の死期に先立って、他人の生命を断絶することをいう。手段・方法を問わない。間接正犯の方法での殺害、不作為による殺害も可能である。これらについては刑法総論での検討対象である。未遂（203条）、予備（201条）も罰せられる。

（2）堕胎罪の類型・刑の重さにつき、前述 I（2）において説明した。「堕胎」は、古くから、「自然の分娩

入ったものとして大きく注目された。しかし、手術後83日してレシピエントが死亡して以降、この移植手術に対する評価の雲行きが変わっていく。一方で、心臓を提供したドナーの大学生が本当に脳死状態であったのか疑問が投げかけられるようになった。他方で、レシピエントの患者に心臓の疾患があったのは確かであるが、それでも心臓移植を、しかも、わが国でそれまで1例も行われたことのない医療行為を行う必要があったのかどうかも問題にされ、手術を担当した医師が、心臓の摘出につき殺人罪で告発されることにもなった。しかし、札幌地検は、摘出時にドナーの呼吸機能が不可逆的に停止していたか否かを認定することは困難だとして不起訴処分とした。手術等の一連の出来事に関する資料について組織的な証拠隠滅が行われたのではないかとの疑いも指摘された。しかし、刑事裁判において証明できるだけの証拠がない以上、不起訴処分はやむをえないものであっただろうが、この事件をきっかけに移植医療に対する拭いがたい不信感が形成され、その後、1997年の臓器移植法の制定までの約30年間、わが国の脳死移植医療は大きく足踏みすることになってしまったのである。札幌医大心臓移植事件については、宮野彬「心臓移植」ジュリスト900号〔法律事件百選〕166頁以下（1988年）参照。

15 参照、臓器移植法6条2項。脳死判定・臓器摘出の要件について、同法6条1項・3項参照。

16 この竹内基準は、①深昏睡、②自発呼吸の消失、③瞳孔の固定、④脳幹反射の消失、⑤平坦脳波、の各条件が充たされた後、⑥6時間経過をみて変化のない場合に「脳死」と判定されるとした。

17 この2009年の改正により脳死説がとられることになったと理解するのは、井田・各論2版22頁、中森・各論4版7頁。それに対して、この改正も三徴候説（心臓死説）を前提としつつ、臓器移植の場合に限って脳死を人を死と認める考え方に立っていると理解するのは、西田・各論7版12頁。

18 脳死をめぐる議論について、参照、町野朔・秋葉悦子編『脳死と臓器移植（第3版）』（信山社、1999年）、町野朔ほか編『臓器移植法改正の論点』（信山社、2004年）。

期に先立って人為的に胎児を母体外に排出すること」[19]と定義されてきた。一部露出をとったうえで、これを定義通りに適用すれば、自然の分娩期に、かつ一部露出前になされた胎児の殺害行為は、堕胎にも、殺人にもあたらないことになってしまう[20]。しかし、それは明らかに不合理である。そこで、通説は、前記定義の場合に加え、端的に胎児殺も堕胎に含まれると解している。ただし、堕胎の結果、生きて生まれた子に対しては、人に対する罪が成立しうる[21]。

　堕胎罪の保護法益は、第 1 次的には胎児の生命・身体の安全である[22]が、不同意堕胎致死傷罪（216 条）が、不同意堕胎（215 条）の罪を犯し、「よって女子を死傷させた者は、傷害の罪と比較して、重い刑により処断する」と規定していることからも明らかなように、第 2 次的には妊娠中の女子の生命・身体の安全も含んでいる。

　216 条の「傷害の罪と比較して、重い刑により処断する」というのは、傷害罪の法定刑と比較し、上限・下限とも重いものによるということである[23]。具体的には、215 条（不同意堕胎罪）の刑が「6 月以上 7 年以下の拘禁刑〔懲役〕」、204 条（傷害罪）の刑が「1 月以上 15 年以下の拘禁刑〔懲役〕」（ここでは罰金刑は省略する）、205 条（傷害致死罪）の刑が「3 年以上 20 年以下の拘禁刑〔懲役〕」であるから、不同意堕胎致「傷」の場合には 6 月以上 15 年以下の拘禁刑〔懲役〕（215 条と 204 条参照）、不同意堕胎致「死」の場合には 3 年以上 20 年以下の拘禁刑〔懲役〕（215 条と 205 条参照）となる。同様の処断方法は、遺棄等致死傷罪（219 条）、逮捕監禁等致死傷罪（221 条）、建造物等損壊致死傷罪（260 条）にもみられる[24]。

　（3）過失により胎児に傷害を与え、その傷害が出生後に及び、さらに、その傷害がもとでその子が死亡した場合（いわゆる胎児性致死傷）、（業務上）過失致死傷罪（211 条前段）が成立するか。妊婦が有機水銀で汚染された魚介類を食べたために、母体を通じて胎児が胎児性水俣病に罹患し、出生後死亡したという熊本水俣病事件において、最決昭和 63 年 2 月 29 日刑集 42 巻 2 号 314 頁は、「胎児に病変を発生させることは、人である母体の一部に対するものとして、人に病変を発生させることにほかならない。そして、胎児が出生し人となった後、右病変に起因して死亡するに至った場合は、結局、人に病変を発生させて人に死の結果をもたらしたことに帰す

19　大判明治 42 年 10 月 19 日刑録 15 輯 1420 頁など。

20　この点につき、佐伯・前掲注(5)法学教室 355 号 81 頁注 26 は、「このような問題が生じたのは、ドイツでは、堕胎の概念と人の始期がセットで論じられているのに、日本の学者がドイツの学説を学ぶ際に、堕胎の概念と人の始期を別々に輸入してしまったためではないかと思われる」と指摘している。外国法の当時の摂取の仕方・外国法との向き合い方に関して興味深い。

21　医師が妊娠 26 週の胎児の堕胎を行い、出生した未熟児を放置し、約 54 時間後に死亡させたという事案につき、最決昭和 63 年 1 月 19 日刑集 42 巻 1 号 1 頁は、医師に業務上堕胎罪および保護責任者遺棄致死罪を認めている。

22　堕胎行為の結果、胎児が生きてうまれてきても、堕胎未遂ではなく、堕胎罪が成立する。

23　「傷害の罪と比較して、重い刑により処断する」の解釈について、団藤・各論 3 版 126 頁は「旧刑法（299 条以下）では傷害罪の規定が煩雑で法定刑も複雑になっていたため、このような規定の仕方をすることにも理由があったが、現行法ではつねに傷害罪が重いので（194 条は例外）、比較の余地がなく、単に傷害罪の刑によって処断するものと規定するべきであったともいえるのである。しかし、単純傷害罪の法定刑の下限はきわめて低い。そこで、この規定は、傷害の罪……の法定刑と比較して、上限・下限ともに重い方によるべきものとする趣旨と解するが正当である」と論ずる。

24　ほかに、ガス漏出等致死傷罪（118 条 2 項）、往来妨害致死傷罪（124 条 2 項）、浄水汚染等致死傷罪（145 条）、特別公務員職権濫用等致死傷罪（196 条）。

る」として業務上過失致死罪の成立を認めた[25]。しかし、これに対して、①胎児の生命は堕胎罪によって保護されているから、実行行為時に胎児であったものに対して堕胎罪以外の「人」に対する罪は成立しえない、②過失で胎児の生命を奪っても不可罰である以上、過失で胎児に傷害を与えた場合なおのこと不可罰であるはずである、③実体として過失胎児致死傷にしか相当しない行為を「人」に対する罪で処罰することは、「人」の中に胎児を含める「類推解釈」にほかならない、④胎児を母体の一部とみることはできない、等の批判も向けられてきた。学説においてはこのような消極説が多数説である。

---

25 第1審の熊本地判昭和54年3月22日刑月11巻3号168頁、第2審の福岡高判昭和57年9月6日高刑集35巻2号85頁も業務上過失致死傷罪の成立を認めたが、その理由づけは異なっている。熊本水俣病事件最高裁決定の後、交通事故により妊婦に傷害を負わせ、胎児A（緊急帝王切開により出生）にも重傷を負わせた事案について、鹿児島地判平成15年9月2日LEX/DBは同様の理由づけでAに対する業務上過失傷害罪を認めた。また、岐阜地判平成14年12月17日研修664号129頁/警察学論集56巻2号203頁。なお、秋田地判昭和54年3月29日刑月11巻3号264頁も参照。

第6講　生命に対する罪2（自殺関与罪・同意殺人罪）

（1）前講の「人」の始期・終期に関する検討の際に学修したように、199条の「人」には行為者自身は含まれないから[1]、自殺者の自殺行為は「人を殺した者」という殺人罪の構成要件に該当しない。また、自殺それ自体を処罰する規定もない。もちろん、自殺してしまったら処罰のしようがないと思うかもしれない。確かにそうである。しかし、それが理由であれば、自殺「未遂」の場合には、自殺を企て、失敗した者を刑事裁判で裁くことは可能である。自殺行為が道徳的にまたは宗教的信条から「悪い行為」だと考える立場はありうるだろう。むしろ、そう考える人が多いかもしれない。しかし、立法者は自殺の処罰規定を設けなかった。刑法の基本原則である罪刑法定主義から、その行為の処罰規定がない以上、現行法上自殺は犯罪ではないことになる[2]。しかし、その不可罰な自殺行為に他の者がかかわる場合、その者は 202 条により犯罪として処罰される。犯罪でない行為にかかわることが、なぜ犯罪になるのか。難しい問題を含んでおり、その理由について見解も対立している。しかし、まず先に、202条の成立要件を整理し、現行法上処罰対象となる行為を確認しておこう。

（2）202 条は、「人を教唆し若しくは幇助して自殺させ、又は人をその嘱託を受け若しくはその承諾を得て殺した者は、6月以上7年以下の拘禁刑〔懲役又は禁錮〕に処する」と規定している。この202条は、自殺教唆、自殺幇助、嘱託殺人、承諾殺人という4つの類型を含んでいる。前2者をまとめて（狭義の）自殺関与罪、後2者をまとめて同意殺人罪という。前2者は被害者が自ら生命を絶つ行為を行い、それに他の者がその周りからかかわる場合であり、後2者は被害者からの嘱託・同意に基づき行為者が殺害行為を行う場合である。誰が命を絶つ行為を直接行うのかにより区別される。「嘱託を受け」とは「依頼されて」ということである。「教唆」、「幇助」というのは、刑法総論の共犯論において出てくる概念であり、刑法総論における教唆（61条）とは、まだ犯罪の行う意思を有していない者をそそのかして、犯罪を実行する決意を生じさせることをいい、これに相応して、自殺教唆は、まだ自殺を決意していない者をそそのかして自殺を決意させる場合をいう。妻の不貞を邪推した夫が、連日妻に対して常軌を逸した虐待・暴行を加え、不貞の事実を認める書面や自殺する旨の書面を強制的に作成さ

---

[1] 第5講 I（3）参照。

[2] 諸外国の状況について次のようにいわれている。「自殺は、かつては国家に対する義務の違反という見地（たとえばローマにおける兵士の自殺）、あるいは社会的秩序という見地（たとえば徳川時代における男女の相対死）から処罰されたことがある。宗教的見地も重要な役割をもっており、ことにキリスト教の影響で自殺を犯罪とする考え方は根強い。イギリスのコモン・ローでは自殺は犯罪とされていたが（刑罰は不名誉な埋葬と財産の没収）、1961年の自殺法（Suicide Act）によって犯罪ではなくなった……。アメリカでも、自殺は州によっては犯罪とされていたが、現在では自殺未遂を罰する若干の州があるにとどまり、それも1961年以降は訴追された例はないようである。ヨーロッパ大陸では、第19世紀以来自殺そのものは罰しないのが一般であり、ただ、自殺関与罪だけを処罰するという形の立法例がかなりみられる。わが刑法もこの系統に属する」（団藤・各論3版400頁注4）。

れるなどしていた結果、妻が自殺するに至ったという場合に自殺教唆罪を認めたものがある[3]。刑法総論における幇助（62条）とは、正犯者の実行を容易にさせることをいう。いわば犯罪の側面支援・後方支援である。これに対応して、自殺幇助はすでに自殺を決意している者に自殺を容易に（または苦痛なく）行う方法を教えたり、その手段を提供する（器具・薬の調達）など、自殺の遂行を手助けする場合である。江戸時代に近松門左衛門の曽根崎心中などいわゆる心中物が人気を博したとされる[4]が、合意による同死（共同自殺、心中）の場合、自らの自殺行為は犯罪にはならないが、他方の者の自殺行為を幇助した（精神的にサポートした）ことになり、自殺幇助罪が成立するというのが通説であり[5]、現在の実務もそのような法適用をしている。近時の例としては、駐車中の自動車内で一緒に練炭自殺を図ったが、（幸いにして）死に至らなかった場合に、他人の自殺行為に対する自殺幇助罪を認めたものがある[6]。ちなみに、無理心中といわれる場合は、同意しない相手を殺して自分も自殺する場合をいい、たとえば、Xが将来を悲観して自殺しようと考え、その際、後に1人残されるわが子Aを不憫に思い、Aを殺し、自ら自殺しようとした（が自殺は未遂にとどまった）ような場合であるが、この場合——かわいそうな事件ではあるが——Xには、Aに対する殺人罪が成立する[7]。

　自殺関与罪は未遂も処罰している（203条）。本罪が、総則の教唆・幇助とは異なり、他人の死にかかわる行為形態を独立に処罰するものであるから、自殺を教唆・幇助する行為に着手すれば未遂が成立するとの見解もある。しかし、既遂時点は「自殺させ」た時点であり、202条の目的は生命の保護にあるから、既遂時点との近接性を問うことなく（常に）教唆・幇助行為への着手時に未遂の成立を認めるのは適当とはいえない。殺害行為への着手時点で未遂となる同意殺人罪の場合の着手時期と不均衡も問題である。被害者の自殺行為への着手により202条の実行の着手（未遂罪の成立）を認められるべきである。

3　広島高判昭和29年6月30日高刑集7巻6号944頁。この事案のように、残忍かつ執拗な迫害によって予定通り自殺に追い込んだ場合、自殺教唆にとどまらず、殺人罪を認めるべきであろう。参照、斎藤・各論4版16頁。Xを極度におそれて服従し、Xの命令以外の行為を選択することができない精神状態に陥っていたAに対して、車ごと海中に飛び込むように命じ、それを行わせた場合に、最決平成16年1月20日刑集58巻1号1頁はXに殺人未遂罪の間接正犯を認めたが、「この事案と広島高判の事案を比較すると」、「被害者の意思の自由が失われている程度は、両者であまり変わらない（むしろ広島高判の事案の方が著しい）ようにも思われる。そうだとすれば、広島高判の判例は」、最高裁平成16年決定によって、「実質的には先例としての価値を失ったというべきかもしれない」（佐伯仁志『刑法総論の考え方・楽しみ方』216頁［有斐閣、2013年］）との見方が示されている。

4　松尾浩也・百選II4版4頁は、「心中とは、もともと男と女とがお互いの堅い愛情を相手に示す証拠のことであった（誓紙、切指など）。その極地は死であるから、やがて心中は相愛の男女が合意して同死することを指すようになる。江戸中期には、浄瑠璃や歌舞伎の題材として華やかに使われ、ことに、近松門左衛門の『曾根崎心中』の大ヒット以来、心中死は流行の兆しさえ見せた。幕府は、享保年間にこの種の作品を禁圧し、心中を企てた者に対しても厳しい措置をとった（『心中』ということばも禁じられ、相対死と称された）。明治初年の新律綱領が、密通した男女の『同死商謀罪』を規定したのは、右のような伝統を反映したものであろう」とする。

5　もっとも、期待可能性の減弱は考えられ、また、実際に訴追を必要とするかどうかは事案ごとの判断となろう。

6　東京高判平成25年11月6日判タ1419号230頁など参照。

7　安楽死、すなわち、不治の病におかされ死期が切迫し、耐え難い肉体的苦痛にさいなまれている者の嘱託を受け、またはその承諾のもと、その者に死をもたらす措置を施す場合（そのような行為）に202条の成否が問題になってきた。第4講注6参照。さらに、生命維持装置の取り外しの可否などの問題もある。

（3）「自殺」についても確認しておこう。自殺とはその者自身の自由な意思決定に基づき自己の生命を絶つことをいう。自殺の決意・殺人の同意は、自殺（死）の意味を理解し、自由な意思決定に基づいてなされたのでなければならない。たとえば、死の意味を理解する能力のない子供が、表面上、言葉では「承諾」を口にしたとしても、それは無効なものであり、殺人罪が成立する。前述の無理心中の例において、このような場合もありえよう[8]。脅迫などにより強制されて自殺を決意した場合も同様である[9]。

追死の意思がないにもかかわらず追死すると相手に誤信させ、その者に自ら命を絶たせた場合（いわゆる偽装心中）、202条が成立するのか、殺人罪が成立するのかが争われてきた。一般化すれば、欺罔によって得られた同意が有効であるのかどうかという問題である。偽装心中の事案として、とりわけ最判昭和33年11月21日刑集12巻15号3519頁の事案が議論されてきた。次のような事案である。Xは、料理屋の接客婦A女と馴染みとなり、遊興を重ねるうち、Aとの間に夫婦約束までした。しかし、多額の借財を負い、両親からもAとの関係を断つように迫られたことから、XはAとの関係を断って過去の放縦な生活を一切清算しようと考え、Aに対し別れ話を持ちかけた。しかし、Aはこれに応じず、むしろ心中することを申し出たため、Xは心中の相談にしぶしぶ乗ったものの、数日後には気が変わり心中する気持ちは消えていた。しかし、Xは、追死するかの如く装い、あらかじめ買い求めて携帯していた青化ソーダ致死量をAに与えてこれを嚥下させ、もって、Aを死亡させた、というものであった。この場合に、Xには殺人罪が成立するのか、殺人罪よりは相当に刑の軽い自殺関与罪が成立するにすぎないのかが争われた。

1つの考え方は、この場合、Aは、死ぬこと（自己の生命の放棄）の意味ついては十分理解していたのであり、だまされていたのはXが追死してくれることにすぎない、つまり、動機に関して錯誤（思い違い）があったにすぎないのだから、死への同意そのものは有効であると考えるべきであり、202条が成立するとする。近時有力な法益関係的錯誤説も同じように考える。法益関係的錯誤説は、法益（この場合、生命）にかかわる錯誤であれば同意は無効であるが、それ以外の付随事情（この場合、追死）にかかわる錯誤は同意の有効性に影響しないと考える。この見解からも、追死という付随事情に関して錯誤をしているにすぎないから、やはり202条が成立する場合ということになる。しかし、最高裁はXに殺人罪（199条）の成立を認めた。すなわち、所論は「Aは自己

8　大判昭和9年8月27日刑集13巻1086頁（5歳11か月の子供は「自殺の何たるかを理解するの能力を有せず」）。なお、176条の13歳未満の者に対する強制わいせつ、177条の13歳未満の者に対する強制性交等罪もかりに「同意」があったとしても、同じような理由からその同意は無効である。

9　Xは、66歳のA女から、事業投資目的で750万円借り受けたが、返済が立ち行かなくなったことから、Aを自殺させ、借金の返済を免れようと考えた。Xは、Aがほかの者にも金員を貸し付けていたことから、その貸付けが出資法違反にあたり、その容疑で警察がAを探している、逮捕されれば間違いなく刑務所に入れられるだろうなどと虚構の事実を述べ、不安と恐怖におののくAを、警察から逃がしてやるとの口実で17日間にわたり諸所を連れまわし、その間、体力も気力も弱ってきたAに、身内の者にも迷惑がかかるなどと執拗に自殺を勧めて心理的に追いつめ、遂にはもはや逃れる方法はないと誤信したAをして自ら農薬を嚥下せしめ、もってAを死に至らしめたという事案において、福岡高宮崎支判平成元年3月24日高刑集42巻2号103頁は、「その自殺の決意は真意に添わない重大な瑕疵のある意思であるというべきであって、それが同女の自由な意思に基づくものとは到底いえない。したがって、被害者を右のように誤信させて自殺させた被告人の本件所為は、単なる自殺教唆行為に過ぎないものということは到底できないのであって、被害者の行為を利用した殺人行為に該当する」と判示した（本件の場合、殺害により借金の返済を免れているので、結論的に、2項強盗殺人罪、240条後段が成立する）。なお、出資法（出資の受入れ、預り金及び金利等の取締りに関する法律）は、出資金以上の額の払戻しを約してする不特定多数の者からの出資の受入れの禁止、業としてする預り金および浮貸し等の禁止、金銭貸借の媒介手数料の制限、高金利の処罰等を定めている。

の死そのものにつき誤認はなく、それを認識承諾していたものであるが故に刑法上有効な承諾あるものというべく」、Ｘに殺人罪が成立するとした原判決は法律の解釈を誤っていると主張するが、「ＡはＸの欺罔の結果Ｘの追死を予期して死を決意したものであり、その決意は真意に添わない重大な瑕疵ある意思であることが明らかである。そしてこのようにＸに追死の意思がないに拘らずＡを欺罔しＸの追死を誤信させて自殺させたＸの所為は通常の殺人罪に該当する」と判示した。先の見解のいう動機であったり、付随事情にかかわる事項であっても、その同意が「真意に添わない重大な瑕疵ある意思」に基づいてなされたと考えられる場合、言葉を換えれば、本当のことを知っていたなら、死を決意することはありえなかったであろうといえるほど重要な事柄についても思い違いがあった場合にはその「同意」は無効であり、その生命の断絶は「本人の意思に反する」ものとして殺人罪（199条）が成立すると判断したわけである。法益そのものにかかわる錯誤でなくても、その者にとって法益の維持・存続と強く結びついている事情について欺かれてなした承諾も無効であると考えるべきであるように思われる。

（4）自殺が不可罰な理由、そして、自殺関与行為が処罰される理由について見解は一致していない。1つの見解は、自らの生命はその者自身に属するのであり、その放棄は適法である（または法的に放任されている）と考える。この見解は自殺が処罰されない理由については明快であるが、一方で、自殺が適法であるとするならば、適法な行為にかかわることがなぜ違法になるのかということの説明がどうしても問題になる。この立場から、自殺関与罪が処罰される理由について、生命に対するパターナリズム的な配慮[10]として、本人の利益のために、他の者が干渉することを禁止していると説明されることが多い[11]。自殺が適法であるとすると、それを止める行為が（その手段によっては）強要罪にならないのかは問題になりうる。これに対して、自殺は違法な行為であると理解し、しかし、自殺を企てようとする者は精神的に追い込まれるなど適法行為の期待可能性を欠き、責任（非難可能性）がないと考える見解もある。このように考えれば、自殺に関与する者については、自殺を企てる者のように責任を減少させる事情がないのが通常であろうから、共犯論における制限従属性説[12]からは違法な行為への関与を理由としてその処罰を説明できることになる。しかし、この立場は、本人自身の利益放棄を違法であるとする根拠が問われることになろう。別の見解は、生存の希望を失った者が、その生命を絶つ行為には、行為者に対する非難を躊躇させるということにとどまらず、刑法秩序の範囲内において不問に付してよいとするのが刑

10　パターナリズム（paternalism）は「恩情的干渉主義」などと訳される。親が子に対して干渉して面倒をみるようなやり方で、国家や法がその者利益のために私人の行動に介入・干渉・支援することをいう。自動車・バイクの危険な運転等により死に至るのは自己責任であるともいえるが、道路交通法が、死亡事故に至らないようにシートベルトやヘルメットの着用を義務づけ、罰則を設ける場合などがその例である。麻薬・覚醒剤などの薬物の自己施用の処罰もこれにあたる。

11　中森・各論4版10頁以下、西田・各論7版14頁など。

12　共犯（教唆犯・従犯）が成立するためには、正犯者の行為が、構成要件に該当し、違法であることを要するが、正犯行為が有責に行われたことまでは要しないという立場を制限従属性説（制限従属形式）という。通説的な見解である。

法の趣旨であるとして、可罰的違法性を有しないと説明する[13]。相対的に、最後の見解が問題が少ないようには思われるが、この立場も、可罰的違法性のない行為にかかわる行為が、なぜ可罰的になるのかのという問題が残る。自殺関与行為の可罰性は、最初の見解のように、パターナリズム的な配慮も考慮せざるをえないように思われる。すなわち、現代の社会において十分に自己決定権は尊重されなければならないが、生命の放棄のように、「自己決定権そのものの行使を不可能にするような自己決定権の行使」に対しては慎重な配慮が必要であり、本人自身の行為はともかく、少なくとも他の者がそれにかかわることに刑事的に対応することは許されよう。

---

[13] 大塚・各論3版増補18頁など。

第7講　身体に対する罪1　（暴行罪・傷害罪）

　暴行・傷害の概念は刑法各論の基本的なキーワードの１つである。というのは、強盗罪（236条）、強制性交等罪（177条）、公務執行妨害罪（95条）など「暴行」を手段とする犯罪、そして、遺棄等致死傷罪（219条）、逮捕等致死傷罪（221条）、強盗致死傷罪（240条）など「傷害」の発生により刑を重くする犯罪が少なくないからである。もちろん、等しく「暴行」という言葉が用いられていても、各犯罪類型によりその内容に違いがある場合もある。それでも基本となる部分は同じである。基本となる部分を前提にして、各犯罪類型の特徴等から違いが生じる。本講では、このような「暴行」、「傷害」の概念を次の事例を用いて検討し、確認したい。

　【事例】　Xは、それ以前にトラブルのあったＡに復讐しようと、Ａに再三にわたり無言電話をかけてＡを悩ませていた。さらに、某日、Xは、下校途中のＡの子であるＢ（7歳）に近づき、その頭髪をハサミで切除したところ、Ｂが抵抗したため誤ってハサミでＢの頭部に加療10日間を要する傷害を負わせた。

　Ａは、無言電話やＢへの加害が続くなかで、心労と不安から、病院での診断・治療を要する程度に至るほど精神的にまいってしまった。

Ⅰ　暴行罪

　（1）暴行罪（208条）における暴行とは、人の身体に対する物理力の行使である。殴る、蹴る、たたく、押す、引っ張るなど、相手の身体に対して物理的な力をおし及ぼすことであり、音による暴行も認められる。判例により認められたものとして、被害者の身辺近くでブラスバンド用の大太鼓・鉦等を連打した行為[1]、耳もと近くで携帯用拡声器を通じていきなり大声で怒鳴りつけた行為[2]がある。暴行概念についてかつては「有形力の行使」といわれることが多かったが、音や熱による暴行も認められることから、近時では、「物理力の行使」という表現が用いられることが多い。もっとも、発せられた音が空気を物理的に振動させて相手の鼓膜に伝わったというような場合がすべて「物理力の行使」として暴行にあたるわけではない。もしそうであれば、あまりに「暴

---

[1]　最判昭和29年8月20日刑集8巻8号1277頁。これは労働争議に際しての事件であった。最高裁は、「刑法208条にいう暴行とは人の身体に対し不法な攻撃を加えることをいう」とし、本文記載の行為をし、「同人等をして頭脳の感覚鈍り意識朦朧たる気分を与え又は脳貧血を起さしめ息詰る如き程度に達せしめたときは人の身体に対し不法な攻撃を加えたものであつて暴行と解すべきである」と判示した。

[2]　大阪地判昭和42年5月13日下刑集9巻5号681頁。これも職員組合と当局との労働条件改善の交渉中の事件である。

行」の範囲が広がってしまおう。判例も、近所付き合いのトラブルがこじれて、隣の家に向けて、約1年半にわたり、連日連夜ラジオ・目覚まし時計のアラーム音を大音量で鳴らし続け、隣人に慢性頭痛症等の傷害を負わせたという事案につき「暴行によらない傷害」を認めている。つまり、このケースでは「音による暴行」にはあたらないとしている[3]。「暴行」は、その言葉が意味しうるところの「暴力的な行為」ないしは「乱暴な行為態様」であることを要し、そのような態様とはいえない軽微な、または、社会通念上犯罪行為とするほどのものとはいいがたい程度の物理力の行為は「暴行」から除かれるべきである。音による暴行が認められるのは、被害者の体（とくに耳）の近くで大音量を発するような場合といえよう。暴行とすべきかどうかが議論されてきたものとして、相手に対する嫌がらせのため、お清めと称して塩を振りかけた行為がある。1粒は小さいとはいえ、物が体に接触しているのだから「物理力の行使」であるとはいえよう。これを暴行とした判例がある[4]が、暴行罪ではなく、侮辱罪（231条）とすべきだとの見解もある[5]。

　腐敗物を食べさせる行為や病気を感染させる目的での接触行為が「暴行」と認められるかも議論されてきた。病原菌の入った飲み物を飲ませたが、相手が発病しなかったような場合も物理力の行使といえるとし、暴行罪が成立するとの見解もある。確かにこのような場合も微視的にみれば「物理的な作用」を認めうるとしても、前述の場合と同様に、「暴行」という言葉のもつ意味、および、当罰性の点から傷害（腹痛や病気感染）を生じた段階で暴行によらない傷害として傷害罪（または過失傷害罪）に問えば足りるように思われる[6]。消極に解すべきであろう。判例も、詐言を弄して性病を感染させた場合に「傷害罪は他人の身体の生理的機能を毀損するものである以上、その手段が何であるかを問わないのであり、本件のごとく暴行によらずに病毒を他人に感染させる場合にも成立する」[7]と判示し、このケースで「暴行によらない傷害」としている。

　暴行はその性質上傷害をひき起こしうるものであることを要しない。過失による暴行は処罰されておらず、たとえば、不注意で他人の足を踏んでしまった場合、不可罰である。

　（2）暴行罪における「暴行」は、前述のように、「人の身体に対する物理力の行使」と定義されるが、その物理力が相手の身体に接触しなかった場合にも「暴行を加えた」といえると解されている（判例・多数説）。た

---

[3] 最決平成17年3月29日刑集59巻2号54頁。起訴状の公訴事実の記載内容は、「ラジオ等の音を大音量で鳴らし続ける暴行を加え、よって、同人に……傷害を負わせた」というものであったが、1審判決は無形的方法による傷害にあたるとし、控訴審・上告審もこれを是認した。それゆえに、傷害の故意の存否が争われた。

[4] 福岡高判昭和46年10月11日刑月3巻10号1311頁。

[5] 「たんやつばを吐きかける行為も物理力の行使である以上暴行たりうることになるが、このように軽微な物理力の行使は、侮辱罪（231条）を構成することはあっても208条にいう『暴行』にはあたらないと解すべきであろう」とするのは、西田・各論7版39頁。ただ、侮辱罪は公然性も要件となり、他罪に問えない場合も生じ、一方で、暴行罪の刑の下限は低く、本文でしたような相手に対する粗暴な態様と認められる限りで「暴行」にあたりうるとしてよいように思われる。参照、斎藤・各論4版21頁以下。

[6] もちろん、暴行によらない傷害の場合、傷害の故意が必要になる。前述、注3、後述、Ⅱ（3）参照。

[7] 最判昭和27年6月6日刑集6巻6号795頁。

とえば、被害者を驚かす目的で同人に向かってその数歩手前を狙って投石する行為[8]、被害者を脅かすために4畳半の室内で日本刀の抜き身を振り回す行為[9]、危険な方法で併走中の自動車に幅寄せ行為を頻繁に行い、被害車両を追い越してその前に割り込み進路妨害を行うなどした行為[10]について暴行にあたるとされている。物理力が相手方の身体に接触したことを要しないとされることの重要な意味は、傷害の故意がなくても、その行為の結果、相手に傷害を負わせた場合、暴行の結果的加重犯である傷害罪が、死に至らしめた場合、傷害致死罪が成立する点にある[11]。前述の投石の事例では、石が結果的に被害者にあたり怪我させており、判例は傷害罪の成立を認め、日本刀を振り回した事例では、刀が相手に刺さり死に至らしめており、判例は傷害致死罪の成立を認めている。もし日本刀を振り回す行為が暴行にあたらなければ、この場合にせいぜい脅迫罪（222条）と過失致死罪（210条）の成立ということになるからである。判例の立場を支持しえよう。

（3）本講の冒頭で言及したように、刑法において「暴行」という言葉は多くの犯罪で用いられていると同時に、その内容は多義的に用いられる（暴行概念の相対性・多義性）。暴行罪における暴行（狭義の暴行）が基本であり、まずこれを理解することが重要である。「暴行」は、広義では、人に向けられた暴行（間接暴行）を含む。公務執行妨害罪（95条1項）の場合、当該公務員の身体に暴行が加えられる場合だけでなく、たとえば、覚醒剤取締法違反の現行犯逮捕の現場において、警察官が証拠物として差し押さえた覚醒剤注射液入りアンプルを足で踏みつけて損壊したという場合でもよい。この場合、公務員が職務を執行するに当たり、「これに対して暴行又は脅迫を加えた者」（95条1項）にあたる[12]。騒乱罪（106条）の場合、さらに広く、物理力が不法に行使されるすべての場合を含み、器物損壊など物に対する暴行（対物暴行）を含む（最広義の暴行）。これらの犯罪類型では集団による暴動が問題となっているからである。他方で、強盗罪（236条）の場合には、「暴行」は強い程度であることを要し、被害者の反抗を抑圧する程度の物理力の行使でなければならない（最狭義の暴行）。これは、強盗という行為が、被害者を力でねじ伏せ、抵抗できないようにして財物を奪い取っていくという犯罪であるから、その手段たる暴行は、被害者をねじ伏せるに足る、つまり、被害者の反抗を抑圧するに足る程度の暴行であることが要求されるわけである。「物理力の行使」という中核部分をおさえ、各犯罪類型の特徴等を考慮してその広狭を理解しよう。

---

8 東京高判昭和25年6月10日高刑集3巻2号222頁。

9 最決昭和39年1月28日刑集18巻1号31頁。

10 東京高判平成16年12月1日判時1920号154頁。並進走行中の幅寄せ行為について、すでに東京高判昭和50年4月15日刑月7巻4号480頁。この事案では、被害者がそれにより運転を誤って事故を起こし、死傷結果が生じており、傷害罪・傷害致死罪が成立している。2020年に、あおり運転等の妨害運転を（厳正に）処罰する目的で、自動車運転死傷行為処罰法（危険運転致死傷罪）および道路交通法が改正法された。

11 後述、II（3）（4）参照。

12 最決昭和34年8月27日刑集13巻10号2769頁。公務執行妨害罪の保護法益が、公務員の身体の安全ではなく、公務の円滑な執行である（国家的法益に対する罪）ことから、それを害するような物理力の行使であればよいと解されている。

Ⅱ　傷害罪

（1）傷害罪における「傷害」とは、身体の生理的機能に障害を与えることをいう。健康状態の不良な変更という定義も実質的には同義である。これに対して、傷害とは身体の完全性を侵害すること（外貌の重大な変更）をいうとする立場もある。他人の髪・ひげ等を勝手に切り落としてしまう行為をめぐって見解が対立してきた。勝手に頭髪を切除する場合、身体の完全性侵害説によれば、この場合も「身体の完全性」を損なっており、傷害罪が成立することになる。それに対して、生理的機能障害説によれば、髪の切除により人の生理的機能が損なわれるわけではないから、傷害罪は成立しないことになる。

ただ、この場合に注意すべきことが2点ある。第1に、髪の毛を切ることによりその被害者に対して物理的な力をおし及ぼしているから、生理的機能障害説からも暴行罪は成立するということである。第2に、頭髪・ひげ等を勝手に切除されたことを気に病んで精神的にまいってしまった場合には、その精神的なダメージを受けた点において傷害罪が成立しうる。したがって、身体の完全性侵害説が妥当なのか、生理的機能障害説が妥当なのかは、頭髪の切除そのものを傷害罪として「15年以下の拘禁刑」に値すると考えるか、暴行罪として「2年以下の拘禁刑」でよいと考えるか、その当罰性の評価によるともいえる。

判例は生理的機能障害説に立っている。古い判例であるが、剃刀により女性の頭髪を切断した行為につき、大判明治45年6月20日刑録18輯896頁は、傷害罪は「生活機能の毀損即ち健康状態の不良変更を惹起することに因りて成立する」とし、暴行罪とした。もっとも、頭髪の切除につき傷害罪を認めた戦後の下級審判決もある[13]。しかし、最上級審（大審院）の方が重みがあり、最高裁も、——頭髪の切除の事例ではないが——傷害とは生理的機能障害（健康状態の不良な変更）であると繰り返し判示している。近時の判例では、被告人が、大学病院内において、睡眠薬の粉末を混入した洋菓子を勤務していた被害者に提供し、これを食べた被害者に約6時間にわたる意識障害および筋弛緩作用を伴う急性薬物中毒の症状を生じさせるなどした事案において、最決平成24年1月30日刑集66巻1号36頁は、「被害者の健康状態を不良に変更し、その生活機能の障害を惹起したものであるから……傷害罪が成立する」と判示している[14]。頭髪の切除の場合、暴行罪を問うことで足り、立法の経緯[15]も踏まえれば生理的機能障害説を支持することができる。ただし、日常生活において看過される程度のものは、刑法上の「傷害」から除かれる。

（2）生理的機能の障害が「傷害」であるから、切り傷・すり傷・打撲傷のような外傷を生じさせた場合はも

13　東京地判昭和38年3月23日判タ147号92頁、さいたま地判平成14年3月26日裁判所web。

14　古くから、大判明治43年4月4日刑録16輯516頁〔「身体の生理的機能を毀損するの謂にして身体に於ける生理状態を不良に変更することを汎称する」〕、性病を感染させた事例に関する最判昭和27年6月6日（注7）など。

15　現行刑法の制定過程において、明治35年の刑法改正案240条が「人の身体を傷害したる者は5年以下の懲役又は100円以下の罰金若しくは科料に処す。婦女の頭髪を切断又は毀損したる者は1年以下の懲役又は50円以下の罰金若しくは科料に処す。」と規定していたが、審議の過程で後段が削除された。その際、後段を削除した場合、頭髪の切断が前段の傷害に含まれるかとの質問に対して、政府委員の古賀廉造は含まれないと答えている。参照、刑法沿革綜覧1164頁。

とより、身体の外貌に変化がなくても、病気の感染のほか、精神衰弱症、抑うつ状態、慢性頭痛症、意識障害、心的外傷後ストレス障害（PTSD＝Post-Traumatic Stress Disorder [16]）のような精神的機能の障害も「傷害」にあたる[17]。身体の完全性侵害説をその言葉通りに適用すれば、外貌に変化のない精神的機能の障害は「傷害」にあたらないことになってしまおう。

（3）傷害罪には、傷害の故意で傷害を負わせた場合のほか、暴行の故意で傷害を負わせた場合も含まれる。

　この議論の出発点は故意犯処罰の原則である。38条1項本文は「罪を犯す意思がない行為は、罰しない」と規定する。「罪を犯す意思」とは「故意」のことをいうから、「故意のない行為は、罰しない」ということを意味しており、刑法は「犯罪として処罰されるのは故意で行った場合だけである」という原則を明らかにしている。もちろん、「ただし、法律に特別の規定がある場合は、この限りではない」（38条1項ただし書）とし、過失犯を処罰する旨の明文の規定を設ければ、過失犯を処罰できることも規定している。たとえば、「過失により人を死亡させた者は、50万円以下の罰金に処する」と規定している210条（過失致死罪）がその例である。過失行為を処罰する場合には、このように「過失により」というような過失犯処罰を明示する必要があるとするのが、38条1項ただし書の趣旨である。そうすると、「人の身体を傷害した者は、15年以下の拘禁刑〔懲役〕又は50万円以下の罰金にする」（204条）という規定をみる限り、過失犯処罰を明示する文言はみいだせず、故意犯、つまり、傷害の故意をもって傷害を負わせた場合を処罰する規定と解するのが素直なように思われる。このように解する学説もある。しかし、判例・通説はそのように解していない。

　暴行の故意で傷害を負わせた場合、つまり、怪我をさせるつもりはなかったが、押したところ相手がバランスを崩して転倒し、手首をねん挫したといった場合、どのような法適用が考えられるだろうか。順を追って考えてみよう。暴行するつもりで暴行したのだから暴行罪（208条）が成立し、怪我を負わせるつもりがなく（傷害の故意なく）結果的に傷害を負わせてしまった点については過失傷害罪（209条）が成立する、というのがまず考えられるように思われる。しかし、ここで、暴行罪（208条）の規定をよくみてみる必要がある。208条は「暴行を加えた者が人を傷害するに至らなかったときは、2年以下の拘禁刑〔懲役〕若しくは30万円以下の罰金又は拘留若しくは科料に処する」と規定している。「暴行を加え、人を傷害するに至った場合」をこの208条の「暴行を加えた者が人を傷害するに至らなかったとき」にあたるとするのは、その文言上無理があるといわざるをえず、そうすると、暴行罪は成立しえず、過失傷害罪のみが成立するにとどまることになろう。しかし、そのように解釈する場合、「30万円以下の罰金・科料」（209条）となり、暴行の故意で暴行にとどまった場合には「2年

---

[16] これは、精神医学上の概念であり、戦争の現場での体験や、強制性交・強盗など犯罪の被害やその目撃などにより、強い精神的ショックを受け、その後、再体験症状、回避症状や過覚醒症状などが一定期間継続するといった精神疾患をいう。最決平成24年7月24日刑集66巻8号709頁は、被告人が、1年余りの間、4回にわたり、各被害者（女性）をホテルの客室や被告人方居室等に監禁し、各被害者に重篤な外傷後ストレス障害を発症させたという事案において、「精神疾患の一種である外傷後ストレス障害（以下「PTSD」という。）の発症が認められ」、このような「精神的機能の障害を惹起した場合も刑法にいう傷害に当たると解するのが相当である」と判示し、最高裁判例としてはじめてPTSDを「傷害」にあたるとした。

[17] ただし、精神的機能の障害が当該構成要件においていわば織り込み済みと評価できる程度のものは除かれよう。

以下の拘禁刑〔懲役〕」になるのと比べて、より重い傷害結果が生じさせた場合の方が、逆に刑が軽くなるという刑の不均衡が生じてしまう。

　そこで、判例・通説は、208条の「暴行を加えた者が人を傷害するに至らなかったとき」という文言をもって、38条1項ただし書の過失犯処罰の「特別の規定」と解し、この規定は、「暴行を加えた者が傷害するに至ったとき」は204条の傷害罪が成立することを指示していると解するのである。208条と204条とを合わせて考える技巧的な法解釈であることは否めないが、故意犯処罰の原則という総則のルールをクリアするためには、解釈として、38条1項ただし書の求める過失犯処罰の「特別の規定」をあげなければならない。また、204条・208条の沿革からは理由のない解釈とはいえず、また、暴行の多くは傷害をひき起こす危険を内在しており、現実の心理状態において暴行の故意と傷害の（未必の）故意との区別が必ずしも截然とできないという実態を考慮に入れる必要もあろう[18]。

　このような解釈により、判例・通説は、204条の傷害罪には、①傷害の故意で傷害を負わせた場合（これが原則的な場合である）とともに、②暴行の故意で傷害を負わせた場合（いわば暴行致傷＝暴行の結果的加重犯）を同時に含むことになる。傷害の手段に限定はなく、「暴行によらない傷害」も認められるが、その場合には、傷害の故意が必要である（傷害の故意が認定されなければならない）ということには注意しなければならない。

　（4）傷害または暴行の故意で他人の身体を傷害し、よって死に至らしめた場合、傷害致死罪（205条）が成立し、3年以上20年以下の拘禁刑〔懲役〕となる（結果的加重犯）。暴行の故意で傷害を生じさせただけにとどまらず、致死結果を生じさせてしまった場合は二重の結果的加重犯ということなる。結果的加重犯の加重結果に対して過失が必要であるというのが通説であるが、判例はそのようには解しておらず、責任主義の観点から批判されてきた。

Ⅲ　冒頭の事例の解決

　最後に、冒頭の事例におけるXの刑事責任（罪責）を考えてみよう。

　まず、個人的法益に対する罪は、法益の主体である被害者1人1人について犯罪の成否を考える必要がある[19]。つまり、この事例では、Aに対して成立しうる罪とBに対して成立しうる罪とを別々に考えなければならない。

---

[18]　青柳文雄『刑法通論Ⅱ各論』312頁注1（泉文堂、1963年）は、「暴行は殆んど常に生理機能の障礙を伴い勝ちで相手方の人格を尊重しない態度の中には少なくとも意識の深層に傷害についての未必の故意があるといえる」とし、藤木・各論195頁は「暴行は、常に傷害の結果を惹起する危険性を内包しており、暴行には、少なくとも潜在的には傷害に対する未必的意識をともなうといわねばならない……。したがって、暴行の故意と傷害の故意とを峻別することは理論だおれのきらいがある」とする。もっとも、理論的には、両者の故意は区別されなければならない。

[19]　第4講Ⅲ参照。

検討の順序として、一方の罪責によって他方の罪責も変わってくるような場合には、その一方の罪責を先に論ずる必要があろう（たとえば、ある事例で、正犯と共犯の罪責が問われている場合、正犯を先に論じ、そのうえで、共犯を論ずるのがよい）。本問のAに対する罪とBに対する罪のどちらを先に論ずるかは、どちらでもよいだろう。ここでは便宜的にBに対する罪から検討しよう。

　Bに対する罪として、①頭髪の切除が暴行罪にとどまるのか、傷害罪になるのかが問題になり、また、②誤って頭部に傷害を負わせた行為にどのような法適用がなされるべきかが問題になる。Aに対する罪として、③無言電話やBへの加害行為により精神的にまいらせた行為が傷害罪になるのかどうかが問題になる。この事例のXの刑事責任が問われた場合、この3点について論じられていればよい[20]。

　①頭髪の切除については、身体の完全性侵害説（傷害罪）、生理的機能障害説（暴行罪）を検討し、判例の立場に言及し、結論を示せばよい（前述、Ⅱ（1）参照）。②誤って頭部に傷害を負わせた行為については、暴行の故意で傷害の結果を負わせてしまった場合（暴行致傷）の法適用を検討し、それを当てはめればよい（前述、Ⅱ（3）参照）。③精神的にまいらせたことに関しては、精神的機能に障害を与えた場合に傷害の定義をあてはめて結論を示せばよい（前述、Ⅱ（2）参照）。この場合、暴行によらないで傷害結果を生じさせた場合であり、傷害の故意が認められなければならない。

　判例・通説の立場に立って結論を示せば、①は暴行罪、②は傷害罪であるが、②は①の結果的加重犯（暴行致傷）であるから、結局、Bに対する関係では傷害罪が成立することになる[21]。③も傷害罪が成立する。Bに対する傷害罪（204条）と、Aに対する傷害罪（204条）は併合罪（45条以下）[22]となる。

---

[20] 特別法の関係は論じなくてよい。特別法を問題にするとすれば、この問題では、ストーカー行為等の規制等に関する法律違反が問題になりうる。

[21] 判例と異なり、①の頭髪の切除について傷害罪の成立を認めるならば、②の頭部の傷害は「具体的事実の錯誤」の併発事実の処理が問題になるといえよう。

[22] 「併合罪」とは「確定裁判を経ていない2個以上の罪」（45条）のことをいう。行為者が複数の罪を行った場合の原則的な処理である。併合罪とされた場合、「その最も重い罪について定めた刑の長期に2分の1を加えたものを長期とする」（47条）。併合罪加重である。

第8講　身体に対する罪2　（凶器準備集合罪・同時傷害の特例など）

　前講において暴行・傷害の学修をした。人を殴ったり、蹴ったりすることが暴行罪（208条）にあたる典型的な行為であるが、刑法では、これを「人の身体に対する物理力の行使」と定義する。この定義により、大きな音を耳の近くで発する場合もこれに含まれることになる。傷害について、判例・多数説は「生理的機能に障害を与えること」と定義し、擦り傷・切り傷を負わせた場合だけでなく、意識障害やPTSDに罹患させる場合なども含ませている。暴行を加えた結果、傷害を負わせることはしばしばあるだろう。傷害罪（204条）には、傷害の故意で傷害を負わせた場合とともに、暴行の故意で傷害を負わせた場合（暴行致傷）も含まれる。暴行を加え、また、傷害を負わせた結果、さらに被害者を死に至らしめた場合、傷害致死罪（205条）が成立する（その死について故意があれば殺人罪が成立する）。傷害致死罪のように、ある基本的な犯罪（傷害罪など）から行為者の意図していなかったより重い結果（死傷結果）を発生させた場合、基本的犯罪より重い刑で処罰する犯罪を結果的加重犯という。傷害罪の刑の上限は「15年の拘禁刑」、下限は「1万円の罰金」であるが、傷害致死罪となるとその刑の上限は「20年の拘禁刑」、下限は「3年の拘禁刑」に引き上げられる。傷害罪の中に含まれる暴行致傷も結果的加重犯であり、傷害の故意なく、暴行の故意で暴行を加え、その結果、傷害を負わせ、さらに、死に至らしめた場合の傷害致死罪は二重の結果的加重犯ということになる。本講は、これら暴行罪（208条）、傷害罪（204条）、傷害致死罪（205条）の周辺にある規定について検討する。206条、207条は傷害事案における共犯にかかわる特別ルール、そして、208条の2は刑法の介入時期の問題（事前規制）にかかわっている。

> 第27章　傷害の罪
>
> 　　204条　　傷害罪
>
> 　205条　　傷害致死罪
>
> 　206条　　現場助勢罪
>
> 　207条　　同時傷害の特例
>
> 　208条　　暴行罪
>
> 　208条2　凶器準備集合罪
>
> 第28章　過失傷害の罪
>
> 　209条　　過失傷害罪
>
> 　210条　　過失致死罪
>
> 　211条　　業務上過失致死傷罪

Ⅰ　現場助勢罪（206条）

　傷害罪・傷害致死罪の犯罪が行われるに当たり、現場において勢いを助けた者は、自ら人を傷害しなくても、1年以下の拘禁刑〔懲役〕または10万円以下の罰金・科料に処する（206条）。これを現場助勢罪という。喧嘩の現場での野次馬的行為を罰する趣旨であり、刑が軽いことが特徴である。「現場において勢いを助け」とは、争闘者に対し声援を送ったり、はやし立てたりし、喧嘩を煽る言動が考えられている。本規定は傷害の従犯にあたらない野次馬的、扇動的な助勢行為を処罰するものだとの理解もある。この理解の背後には「促進した」ということの認定が難しいとの考慮もあるのかもしれない。しかし、正犯行為（暴行・傷害）を促進したといえない場合、つまり、62条の「正犯を幇助した」といえない場合まで処罰を広げることは妥当ではないように思われ、また、その場合「勢いを助けた」という要件を充足しているといえるのか疑問も残る[1]。傷害罪の従犯にあたりうるもののうち傷害現場での群集心理に基づく野次馬的な行為態様（その場の雰囲気に流されて行った無責任な行動）につき、とくに刑の上限を限定する趣旨であると解すべきであろう[2]。この犯罪の適用件数は少ない。

Ⅱ　同時傷害の特例（207条）

> 【事例】　屋外で生活していたAのことを快く思っていなかったXは、某日、河川敷の某所で寝ていたAを激しく殴ったり、蹴ったりした。Xが去った後でそこにやってきたYは、むしゃくしゃしていたので、うずくまっていたAを激しく殴ったり、蹴ったりした。Aは、それら殴打によって傷害を負ったが、その傷害がXの暴行によって生じたものか、Yの暴行によって生じたものかわからなかった。

　（1）事例の場合、XとYが、事前にAに対して暴行を加えることを示し合わせていたならば、XとYは傷害罪の共同正犯（60条）になる。しかし、両者に意思連絡がなければ、60条は適用できない。XとYは同時犯となる。同時犯とは、2人（以上）の行為者が、意思の連絡なしに、ほぼ同時に、同一の行為客体に対して、同一の犯罪を実行する場合をいう。同時犯は単独正犯がたまたま同時に行われただけであり、刑法の基本原則である個人責任の原則により、各行為者は自己の暴行によって生じさせたと証明された結果についてのみ責任が問われ、その証明がなされなければ、暴行の限度で責任を問われるべきことになる。

　ここで刑事裁判における証明の問題が関係するが、その出発点として無罪推定の原則（presumption of

---

[1]　特定の正犯者を幇助する場合が傷害罪の従犯、一方に加勢するわけでなくはやし立てる場合が現場助勢罪だとの理解もある（大判昭和2年3月28日刑集6巻118頁参照）が、一方であれ双方であれ、正犯行為の促進的効果があれば、それは（精神的）幇助にあたるというべきであろう。

[2]　このような理解に対して、「群集」の存在は要件となっておらず、従犯にあたる行為をとくに減軽する理由はないとの批判がむけられている。

innocence）が重要である。無罪推定の原則とは、犯罪の嫌疑をかけられている被疑者、公訴を提起されて刑事裁判の審理を受けている被告人は、裁判所が「有罪」という判決を下すまでは、無罪として扱われなければならないという原則である[3]。無罪と推定されるわけだから、訴追官たる検察官が犯罪事実について積極的に（合理的な疑いを容れない程度に）証明しなければならない。つまり、犯罪事実についての挙証責任は検察官が負うべきことになる。挙証責任があるということは、立証に失敗した場合の不利益をその者が負うことを意味し、検察官が犯罪の立証に失敗すれば無罪になるということ意味する。このことから「疑わしきは被告人の利益に」の原則（in dubio pro reo）も導かれる。「疑わしきは被告人の利益に」の原則とは、犯罪事実の証明に関して、最終的に真偽不明である場合、その事実は被告人に有利な認定がなされるべきであるという原則をいう。

（2）207条は、「2人以上で暴行を加えて人を傷害した場合において、それぞれの暴行による傷害の軽重を知ることができず、又はその傷害を生じさせた者を知ることができないときは、共同して実行した者でなくても、共犯の例による」と規定する。

　207条の適用は、①「2人以上で暴行を加えて人を傷害した場合」に問題になるが、この規定の効果として、「共同して実行した者でなくても、共犯の例による」とされていることから、207条が適用されるのは「2人以上」の者が「共同して実行し」ていない場合、つまり、意思の連絡なしに同一の被害者に対して暴行を加えた場合である[4]。共同正犯関係にあるのであれば総則60条の適用を受けるからである[5]。そして、②「それぞれの暴行による傷害の軽重を知ることができず、又はその傷害を生じさせた者を知ることができないとき」に適用される。複数の者の暴行により傷害が生じたが、その傷害が誰の暴行によって生じたのか判明しない場合、または、複数の者の暴行がいずれも傷害を生じさせたことは明らかであるが、各人の暴行がそれぞれどの程度の傷害を生じさせたのか判明しない場合である。その傷を生じさせた者がわかるのであれば、その者にその傷害の責任が問われるべきことになる。

　これら①②の要件が充たされる場合に、「共同正犯」として扱われることになる。つまり、その傷害を生じさせる可能性のある暴行を加えた者全員に、その傷害の責任を負わせるものである。207条は、2人以上の者が暴行を加えた事案において、生じた傷害の原因となった暴行を特定することが困難な場合が多いことに鑑みて、その場合の暴行と傷害との間の因果関係の証明について特例を定めたものであり[6]、通説は、暴行と傷害結果の間の因果関係を推定（挙証責任を被告人に転換）するものであると解する[7]。これに対して、無罪推定の原則、「疑

---

[3] 世界人権宣言11条1項、市民的及び政治的権利に関する国際規約（人権B規約）14条2項参照。

[4] 共同正犯関係にある場合にも207条の適用を認めうるのかということについて、後述、（4）参照。

[5] 共同正犯（60条）と認められれば、各共同正犯者は、一部実行の全部責任の法理により、他の共犯者の行った行為およびその結果も含めて責任を問われることになる。

[6] 207条が適用される場合は、実は共同正犯関係があった（意思を通じていた）けれども、刑事裁判においてそのことを立証できないという場合も少なからずあると考えられ、207条はこのよう場合の立証上の救済という意味合いももっていよう。

[7] 共同正犯関係（意思疎通）の推定を認めたものだとの理解もある。なお、207条は、たとえば、「同時傷害罪」とか「加重暴行罪」といった犯罪類型を定めたものではなく、207条の要件を充たす傷害に関して暴行と傷害結果の間の因果関係の証明の

わしきは被告人の利益に」の原則の観点から憲法違反の疑いがあるとの見方も示されてきた。たとえば、「傷が1つであるにもかかわらず、共犯と『みなす』ことによって、2人ともこの傷害について処罰するのは、2人のうちのどちらか1人は『むじつの罪』を負わされることになるのであって、このような規定はおそらく憲法に反するというべきであろう」[8]といった見方である。しかし、通説は207条を憲法違反の規定とまではいえないとする。

　通説の立場によれば暴行と傷害結果の間の因果関係について挙証責任が被告人に転換されるが、検察官は傷害をひき起こす危険のある暴行を行ったことまでは立証しなければならない[9]。これは検察官がいわば「傷害未遂」までは立証しなければならないと考えることができ、したがって、この場合、実質的には「傷害未遂」か、「傷害既遂」かのいずれかにあたることになる。現行法は、未遂行為には既遂と同じ刑を科することができ（43条は任意的減軽）、207条を44条の要求する各則の未遂処罰を認める規定と同等のものであると理解すれば、当該暴行を加え、その証拠に近接しうる立場にある行為者に傷害に対する因果関係の存在に反証を求めること（それに失敗した場合に傷害「既遂」の責任を負わせること）は、立法論としてはともかく、違憲とまではいえないように思われる。もちろん、立法論としては、集団暴行罪や加重暴行罪といった犯罪類型を規定する方が望ましいといえ、現行法の解釈においても、無罪推定の原則、「疑わしきは被告人の利益に」の原則との関係から、その適用は厳格になされるべきである。

　（3）暴行と傷害結果の間の因果関係について被告人に挙証責任が転換されるとの通説の立場によれば、行為者は、その傷害結果に関する責任を免れるためには、その傷害が自己の暴行によるものでないこと（因果関係がないこと）を立証しなければならない。しかし、挙証責任が転換されるのは暴行と傷害結果の間の因果関係だけであるから、因果関係の判断の前提となる暴行については検察官が立証しなければならない。すなわち、検察官は、（ア）その者が暴行を加えたこと、しかも、その暴行が当該傷害を生じさせうる危険性を有するものであることを立証する必要がある[10]。たとえば、ナイフによる傷害結果が問題となっている場合、行為者がナイフをも

特別ルールを定めたものであり、成立する犯罪は傷害罪（204条）である。

8　平野・概説170頁。また、浅田・各論47頁。渥美東洋『全訂刑事訴訟法（第2版）』413頁（有斐閣、2009年）は、「自己負罪拒否特権に由来する弾劾主義の表現の1つである無罪仮（推）定の原則（憲38条1項）は、公訴事実の全要素、つまり犯罪成立要件事実はすべて検察官が合理的な疑いを容れない程度に立証する責任を負い、被告人には一切主張、証明上の責任を負担させてはならないことを求める。つまり、犯罪の成立要件たる事実について被告人に挙証責任を負担させること――挙証責任の転換――は、憲法上許されないことになる」とする（同書417頁、421頁も参照）。古く、嫌疑刑を科すものだとするのは、大場茂馬『刑法各論上巻』241頁以下（中央大学、1918年）、宮本英脩『刑法大綱』289頁（弘文堂書房、1935年）。なお、山口・各論2版50頁は、「憲法違反……かどうかは別にしても、その合理性は疑問である。立法論としては廃止されるべきであり、解釈論としてはその適用範囲を制限する方向での解釈が採られるべきであろう」とし、中森・各論4版18頁は、「立法論としては、それぞれの者が傷害を生じさせる危険のある行為をした責任を問う限度に止めるべきであろう」とし、松宮・総論5版44頁は、「ヨーロッパ諸国では、『集団暴行』という特別の構成要件を用意し、その法定刑も傷害罪のそれより低くしているところが多い」。「現行207条の規定も、その方向で見直される必要があろう」と指摘する。

9　後述（3）参照。

10　最決平成28年3月24日刑集70巻3号1頁。これは次のような事案であった。飲食店での支払のトラブルから店員X・Y

っていたことまでは検察官が証明しなければならない。硬膜下血腫などの頭部障害が死因を形成した場合には重大な頭部外傷を生じさせるに足る暴行を加えたことを検察官は証明しなければならない。

　また、本特例は共犯に類似する事象を問題にすべきであるから、検察官は、（イ）2人以上の者の各暴行が外形的には共同実行に等しいと評価できるような状況において行われたこと、すなわち、同一の機会に行われたものであることを証明しなければならない[11]。この（ア）（イ）を検察官が立証した場合に、暴行と傷害の間の因果関係の存在について挙証責任が行為者に転換されることになる。

　（4）207条の適用範囲について争いがある。判例は、一貫して、傷害罪だけでなく、傷害致死罪にも適用されると解している[12]。しかし、通説は、207条が例外的規定であることから、「傷害した場合」という文言に照らして傷害罪にしか適用されないと解している。もっとも、文言という点だけでいえば、「死」は「生理的機能の障害（＝傷害）」の究極的な場合といえるから、判例の解釈も可能であろう[13]が、実質的にそれが妥当であるかどうかがまさに問題である。

　XがAに暴行を加えていたところに、Yが情を通じて加わり、X・Yが共同してAに暴行を加え、Aに傷害を負わせたが、その傷害がYの関与前に生じたか、関与後に生じたのかが明らかにならなかったという場合に207条が適用できるのかどうかも争われてきた。積極説は、X・Yに意思連絡がなかったとすれば、207条の適用により後行者Yは傷害の責任を負うのに、意思連絡があり、より悪質と考えられる場合にそれが適用されず、Yが暴行にとどまるというのは不均衡であるということを理由にその適用を肯定する。それに対して、消極説は、先行者Xには傷害罪が成立し、誰も傷害の責任を負わないという場合ではないのだから、例外規定と考えられるべき207条の適用は厳格に解すべきであると論ずる。近時、最決令和2年9月30日刑集74巻6号669頁は、中

が客Aに激しい暴行を加え（第1暴行）、しばらくした後、逃げ出そうとしたAに対して（Xらの知り合いの）Zがさらに激しい暴行を加えた（第2暴行）。Aは病院に救急搬送されたが、急性硬膜下血腫に基づく急性脳腫脹のため死亡したが、Aの急性硬膜下血腫が第1暴行と第2暴行のいずれによって生じたのかは明らかにならなかった、というものである。この事案において、(a)Z自身の暴行により急性硬膜下血腫を生じさせた場合でも、そうではなく、(b)X・Yの暴行により急性硬膜下血腫を生じさせたが、その後のZの暴行により、その血腫を悪化させた場合でも、Zの行為とAの死の結果の間の因果関係が認められ、Zに傷害致死罪が成立する。このことから、本件の第一審判決（名古屋地判平成26年9月19日刑集70巻3号26頁）は、「死亡させた結果について、責任を負うべき者がいなくなる不都合を回避するための特例である同時傷害致死罪の規定（刑法207条）を適用する前提が欠けることになる」と説示して、207条の適用を否定した。これに対して、控訴審判決（名古屋高判平成27年4月16日刑集70巻3号34頁）はこれを破棄し、さらに、最高裁も、「本件のようにいずれかの暴行と死亡との間の因果関係が肯定されるときであっても」、「同条の適用は妨げられないというべきである」と判示した。

11　最決平成28年3月24日（前掲注10）。機会の同一性を要求するのは妥当であるが、具体的にどの場合にこの要件を充たすと考えるべきかはなお検討を要しよう。橋爪・各論56頁以下は、「同一機会性の要件についても、個別の暴行の内容の立証が困難になる外形的状況として理解すべきである」とし、「原則として時間的・場所的な近接性が必要であり、これが不十分な場合については、暴行関与者が被害者を継続的に支配していたり、犯行現場が外界から遮断されているなどの事情によって、第三者が犯行の状況を現認することが類型的に困難といえる状況に限って、機会の同一性を肯定することができる」とする。なお、山口・各論2版50頁以下。

12　最判昭和26年9月20日刑集5巻10号1937頁など。

13　強盗致死・強制性交等致死については、判例（東京地判昭和36年3月30日判時264号35頁〔強盗致死傷罪〕、仙台高判昭和33年3月13日高刑集11巻4号137頁〔強姦致傷罪〕）は207条の適用を消極に解するが、町野朔（小暮ほか）『刑法講義各論』有斐閣、1988年）44頁はこれを積極に解する。

途から意を通じて関与したケースに関して、207条を適用しないとすれば「共謀関係が認められないときとの均衡も失する」として積極に解すべきであると判示した。

Ⅲ　凶器準備集合罪（208条の2）

　昭和30年頃、暴力団の勢力争いに際して、殴り込みのために相当数の人数が日本刀などの凶器を準備して集合し、近隣の人々の生命・身体・財産に危害が及ぶのではないかという著しい社会不安を生じさせ、治安上憂慮すべき事態をもたらす事件が相次いで発生したが、当時、このような集合段階においてただちにその参加者を検挙・処罰できる適切な規定がなく、その取締りに困難をきたしたことから、1958年（昭和33年）に、凶器準備集合罪（208条の2）が新設された。暴行や殺傷行為の事前規制（予備的行為の処罰）が考えられたわけである。同時に、この罪は公共危険罪的な性格も併有している[14]。予備行為が処罰されていない傷害や器物損壊の予備的行為までをも処罰対象とし、複数の個人的法的に対する予備的行為でも本罪一罪しか成立せず、本罪が「人身に著しく不安の念を抱かしめ」たことへの対応として制定されたからである。その後、この規定は、昭和40年代にかけて学生運動の際の過激派集団相互間での抗争・機動隊との衝突に関して多く適用されることにもなった。

　本罪は、公共危険罪的性格も併有する継続犯であり、集合状態が続いている限り、その一部が加害行為（乱闘・小競り合いなど）に出ていたとしても、その集合体に共同加害目的をもち凶器を準備して加われば本罪が成立することになる。「凶器」は、日本刀・銃などの性質上の凶器だけでなく、用い方によっては凶器になりうるもの、「用法上の凶器」も含むが、それを多数の者が所持している状態が一般の人をして不安感を抱かしめるようなものであることを要する。

Ⅳ　過失傷害罪（209条）・過失致死罪（210条）・
業務上過失致死傷罪・重過失致死傷罪（211条）

　（1）刑法において故意犯処罰が原則であり（38条1項）、ただし、過失犯処罰規定を設ければ過失犯の処罰が可能になる（38条ただし書）。その過失犯処罰の代表例が過失傷害罪（209条）・過失致死罪（210条）である。しかし、故意犯処罰が「原則」であるため、「例外」として処罰される過失犯も刑はきわめて軽い。致傷の場合「30万円以下の罰金又は科料」[15]、致死の場合でも「50万円以下の罰金」である。もっとも、業務上過失致死傷罪・重過失致死傷罪（211条）となれば、「5年以下の拘禁刑〔懲役〕若しくは禁錮又は100万円以下の

---

[14]　最決昭和45年12月3日刑集24巻13号1707頁。斎藤信治・百選Ⅱ6版16頁参照。
[15]　209条は親告罪でもある（209条2項）。

罰金」まで法定刑が引き上げられている。業務上過失致死傷罪は、2007年（平成19年）の刑法の一部改正による自動車運転過失致死傷罪の新設まで、 自動車運転中の人身事故の場合に適用されてきた[16]。タクシーの運転手やバスの運転手が仕事で運転中事故を起こした場合、それを「業務上」の過失ということは、言葉のうえで特段問題はないだろうが、たとえば、大学生のドライブ中の事故、または、家族で買い物に行く際の事故の場合も「業務上」の過失によるものといってよいのかどうかは文言上疑問がないではなかった[17]。ただ、前述のように、単純過失（209条・210条）ということになるとその刑が軽すぎるということもあり、「職業」として行うのではない危険な行為（自動車の運転）にも「業務」の範囲を広げてきたというのが実情であったいえよう。その意味で、2007年改正は、自動車事故の関係において「業務」に関する文言上の疑義を解消する改正であった[18]。

（2）故意とは「わざと」行った場合、過失は「うっかり」行ってしまった場合である。より正確にいえば、過失とは、注意義務違反であり、それは、きちんと注意を払っていれば結果（たとえば、人の死傷）の発生を予見することができ（＝予見可能性）、その予見に基づいて結果を回避する措置をとるべきであったにもかかわらず、それを怠り（＝回避義務違反）結果を発生させた場合に認められる。したがって、刑事裁判での過失の認定は、その結果が予見可能なものであったのかどうか、予見できたとしても、その結果を回避することができたのかどうかが問われることになる。業務上過失致死傷罪における「業務」とは、人が社会生活上の地位に基づき反復継続して行う行為であって、その行為が他人の生命・身体等に危害を加えるおそれがあるもの[19]、または、人の生命・身体の危険を防止することを義務内容とするものをいう[20]。「職業」であることや、「対価を得て」ということは必ずしも必要ではない。重大な過失（重過失）とは、注意義務に違反する程度が著しい場合をいう。つまり、行為者がわずかな注意を払いさえすれば結果発生を容易に予見することができ、その結果を回避することができたであろう場合の過失である。

---

16 その後、自動車運転過失致死傷罪は、危険運転致死傷罪ともに、2013年（平成25年）に制定された自動車運転死傷行為処罰法の中に移された。自動車運転死傷行為処罰法については、次講を参照。

17 曽根・各論5版34頁など。

18 松原・各論2版71頁は、「本罪の適用例の大半を占めていた自動車事故が過失運転致死傷罪の対象に移された現在、本罪の「業務」を日常用語に即して職業ないしそれに準ずる社会的活動に限定することを考えてもよいのではないだろうか」とする。

19 最決昭和33年4月18日刑集12巻6号1090頁。

20 最決昭和60年10月21日刑集39巻6号362頁。近時、ロードバイク型の自転車により有償の食品配達業を営んでいたXが、夜間降雨中、自転車により配達中、前照灯の装備がなく、眼鏡への雨摘の付着により前方左右が見えにくい状態にあったにもかかわらず、時速約20ないし25キロメールで走行し、歩行中のAに自車を衝突させてAを路上に転倒させ、死亡させたという事案において、東京地判令和4年2月18日裁判所webはXに業務上過失致死罪の成立（禁錮1年6月執行猶予3年）を認めている。（高速度の出るロードバイク型の）自転車の事故に211条前段を適用した点で注目されるが、本件では、対価を得て（宅配ビジネスとして）自転車による食品配送を行っていたケースであることに留意を要しよう。

第9講　生命・身体に対する罪（その他）

I　遺棄罪

（1）遺棄とは「捨てること、置き去りにすること」であり、遺棄罪は扶助を要する者を遺棄することにより保護のない状態に置き、その生命・身体を危険にさらす罪である。

日本各地にはさまざまな棄老伝説があるという。和歌に、「わが心　なぐさめかねつ　さらしなや　をばすて山に　てる月をみて」[1]という歌がある。母代わりの伯母に育てられた甥が嫁の重なる訴えに、伯母をだまして山に捨てるが、夜更け月に照らされた山を見て深く悔い、連れ戻して以後孝養を尽くした、等々。生まれたばかりの赤ちゃんを、その後育てることができないと考えて、施設の前に手紙を添えて毛布に包んで置き（捨て）、遠くから誰かが拾ってくれるのをみとどけ、後ろ髪を引かれながら去っていく。社会が貧しかった頃、また、福祉・介護といった言葉（観念）がない頃の話といえるかもしれない。しかし、少なくとも物質的には豊かになった現代において、実質的に同様のことがもはやなくなったといえるのかどうか。孤独死、赤ちゃんポスト……。

社会政策・福祉政策の問題[2]はこの講義で扱う範囲にはない。217条は「老年、幼年、身体障害又は疾病のために扶助を必要とする者を遺棄した者は、1年以下の拘禁刑〔懲役〕に処する」と規定し、218条は「老年者、幼年者、身体障害者又は病者を保護する責任のある者がこれらの者を遺棄し、又はその生存に必要な保護をしなかったときは、3月以上5年以下の拘禁刑〔懲役〕に処する」と規定している。217条を（単純）遺棄罪、218条を保護責任者遺棄罪という。そして、218条の後段を、その前段と区別して保護責任者不保護罪ともいう。遺棄・不保護の結果、死傷結果を生じさせた場合、結果的加重犯である遺棄致死傷罪（219条）が成立する[3]。

遺棄罪の保護法益について、生命に対する抽象的危険犯[4]と解する見解もあるが、生命・身体に対する抽象的危険犯（身体も保護法益）と解すべきであろう。なぜなら、刑法典において、「第30章 遺棄の罪」は、「第26章 殺人の罪」の後ではなく、「第27章 傷害の罪」より後に置かれていること、傷害罪より軽い法定刑を定めていること、219条が結果的加重犯として遺棄「致死」だけでなく、遺棄「致傷」も規定していること、実質的に、遺棄の被害にあう者が弱者（扶助を要する者）であり、身体も含めその保護の必要性が認められることから、危険犯としてであれ「生命」に対する危険にその保護を切り詰める必要はないと考えられるからである。

---

[1]　『古今和歌集』巻第17雑上よみ人しらず。『今昔物語集』や『大和物語』にも棄老にまつわる話があるとのことである。

[2]　遺棄罪は、刑事学的には、経済的な困窮から犯される無力的困窮犯であるともされてきた。もっとも、必ずしも困窮に起因するわけではない児童虐待のケースなども保護責任者遺棄罪が問題になる場合である

[3]　軽犯罪法1条18号は、自己の占有する場所内に、老幼・疾病等のため扶助を必要とする者のあることを知りながら、速やかにこれを公務員に申し出なかった場合に、拘留または科料に処すると規定している。

[4]　第3講注18も参照。

（2）217 条は誰でも犯すことのできる（主体を限定していない）犯罪であるのに対して、218 条は、その主体を「……を保護する責任のある者」に限定している。このように主体を限定した犯罪を身分犯という。主体を「公務員」に限定している収賄罪（197 条）のところで出てきた犯罪の分類である[5]。また、218 条後段の保護責任者不保護罪は、「保護しない」という不作為を条文上明確に規定している真正不作為犯である[6]。

遺棄罪は、その客体（被害者）として、身体的な事情等から日常生活において人の扶助を必要とする者を限定列挙している。すなわち、217 条は「老年、幼年、身体障害又は疾病のために扶助を必要とする者」とその客体を規定し、218 条は「老年者、幼年者、身体障害者又は病者」と規定する。後者において、「扶助を必要とする」との文言がないことをどのように解するかが問題となる。その表現だけをみれば 218 条は、扶助の要否を問わず、「老年者」等にあたればよいと読むことも可能ではある。しかし、実質的に、遺棄罪として保護されるべきものを考えた場合、217 条の客体と 218 条の客体で異なるべき理由はなかろう（通説）。負傷者、高度の酩酊者は「病者」に含まれると解されている[7]。

（3）実行行為は、「遺棄し」（217 条・218 条）、「保護しなかった」（218 条）であるが、その意義について争いがある。通説は、まず、「遺棄」と「不保護」とを扶助者と要扶助者の間に場所的離隔を伴うか否かにより区別し、場所的離隔を伴う「遺棄」を、その中で「移置」と「置去り」とに区別する。すなわち、要扶助者を危険な場所に移転させることを意味する移置（たとえば、赤ちゃんを家から連れ出して路上に棄てる場合）と、要扶助者を放置したまま立ち去る置き去り（たとえば、赤ちゃんを自宅に放置したまま家を立ち去り、戻らない場合）とを区別する。それに対して、「不保護」とは、たとえば、自宅にいるが赤ちゃんに食事を与えないなど、場所的離隔を伴わないで、要扶助者に対して必要な保護をしない場合である。そして、置き去りは不作為であり、作為義務がなければ不作為犯は成立せず、作為義務は事実上保護義務と重なるから、218 条の保護責任者「遺棄」にのみ含まれると考える[8]。

---

[5]　第 2 講（3）参照。

[6]　これに対して、殺人罪のように、条文上は、一般には作為によって構成要件を実現することを予定しているとみられるが、それを不作為によって実現する場合を不真正不作為犯という。たとえば、生まれたばかりの赤ちゃんに栄養を与えず餓死させたような場合である。殺人罪の「人を殺」す行為は、刃物で刺す、物でたたく、首を絞める、毒を盛るなど、一般的には積極的な行動により行われるであろうが、餓死させた例は、栄養を「与えない」という不作為によって「人を殺した」と評価される場合である。

[7]　負傷者につき、最判昭和 34 年 7 月 24 日刑集 13 巻 8 号 1163 頁、高度の酩酊者につき、最決昭和 43 年 11 月 7 日判時 541 号 83 頁。14 歳・6 歳・3 歳・2 歳の子供を家に放置したまま家出した場合に、14 歳の子どもについて「扶助を必要とする」「幼年者」にあたるかが問題となった事案において、東京地判昭和 63 年 10 月 26 日判夕 690 号 245 頁は「学齢に達したにもかかわらず、小学校の入学手続もとらず就学させなかった」など、未就学・社会的適応能力が乏しいといった特殊事情も考慮し、積極に解した。また、緘黙症という病気のため衰弱した 13 歳の子供を置き去りにして死亡させた事例において、大分地判平成 2 年 12 月 6 日判時 1389 号 161 頁は積極に解している。

[8]　（ア）通説の概念整理を前提としつつ、「移置」は作為、「置き去り」は不作為とする点は正確ではないところがあるとし、たとえば、要扶助者が立ち去るのに任せておく場合は不作為による移置であり、要扶助者が保護者に接近するのを妨害する行為は、作為であるが、置き去りと考えるべきであり、217 条の「遺棄」は作為による移置および作為による置き去りであり、218条の「遺棄」には、それに加えて、不作為による移置および不作為による置き去りも含むとする見解がある。この理解の方が

「遺棄した」といえるためには、移置の場合、要扶助者がそれまで置かれていた場所よりも、扶助者との場所的な離隔を生じさせるによってより危険であると考えられる場所に移動させる行為が必要であり、「保護しなかった」といえるためには、それまでの保護状態よりも悪化させることが必要である。抽象的危険犯であると解される遺棄罪にあっても、このような意味で危険を伴うと判断される行為でなければならない。そして、遺棄罪の故意が認められるためには、このような危険を伴うと判断される行為であることの認識が必要である[9]。

通説の理解	遺棄	不保護
場所的離隔の有無	有	無
217 条（作為のみ）	移置（作為）	──
218 条（不作為も含む）	移置（作為）　＋　置去り（不作為）	不保護

　（4）保護責任が、実質的に作為義務と同様の考え方から認められるとすると、刑法総論における不作為犯の場合の作為義務の議論と同様に、形式的には、法令・契約・条理という観点（形式的三分説）、実質的には、先行行為、事実上の引き受け、排他的支配などの観点を考えて、個々のケースごとに判断すべきことになる。

　同居している家族のように継続的に共同生活を送っている（継続的な保護関係のある）場合の老親とその子、赤ちゃんとその親などが、保護責任が認められる典型的な場合である[10]。ほかに、ホテルの部屋で被害者に覚醒剤を注射したところ、頭痛や胸苦しさ、吐き気をもよおし、錯乱状態になるなどした被害者を放置して立ち去り、死亡させた場合に保護責任者遺棄致死罪を認めたもの[11]、業務上堕胎により出産した未熟児を放置して死亡させた場合に、その処置をした医師に保護責任者遺棄致死罪を認めたもの[12]、手の平で患者の患部をたたいてエネルギーを患者に通すことにより自己治癒力を高めるという「シャクティ治療」を施すなどしていたXが、Yから、Yの親Aの治療を頼まれたが、必要な医療措置を受けさせずにAを死亡させたという事案において、Xに不作為による殺人罪を、殺意のなかったYに保護責任者遺棄致死罪を認めたもの[13]、糖尿病の子供Aの両親Y・Zから治療を依頼されたXが、インスリン投与が必要であるのに、Xを信頼して指示に従っている母親Zに対し、医学的根拠なしに、インスリンの不投与を執ようかつ強度の働きかけを行い、父親Yに対してもインスリン不投与を

正確であろう。さらに、（イ）場所的離隔の有無を問題にせず、「遺棄」とは 217 条・218 条ともに作為形態の遺棄を意味し、不作為による置去り・不保護は 218 条にいう「不保護」にあたるとする見解もある。これらの見解は、「遺棄」、「不保護」に含める行為の範囲に違いはあるが、作為義務と保護責任を同視し、217 条は不作為犯を含まず、218 条は不作為犯も含むとする点で同じである。これに対して、（ウ）作為義務と保護責任を同視する通説に反対し、作為義務はあるが保護責任はないという場合に、不真正不作為犯として 217 条の遺棄罪が成立しうるとし、217 条の遺棄も 218 条の遺棄も作為・不作為ともに含んだ同じ概念として理解する見解もある。

[9]　東京高判昭和 60 年 12 月 10 日判時 1201 号 148 頁。なお、最判平成 30 年 3 月 19 日刑集 72 巻 1 号 1 頁。

[10]　注 7 も参照。

[11]　最決平成元年 12 月 15 日刑集 43 巻 13 号 879 頁。

[12]　最決昭和 63 年 1 月 19 日刑集 42 巻 1 号 1 頁。

[13]　最決平成 17 年 7 月 4 日刑集 59 巻 6 号 403 頁。

指示し、Y・Zをして、Aへのインスリン投与をさせず、その結果、Aを死亡するに至らしめたという事案において、Xに（Zの不作為を利用した）殺人罪の間接正犯、Yに保護責任者遺棄致死罪の共同正犯を認めたもの[14]がある。

　ひき逃げの場合に、保護責任者遺棄（致死傷）罪が成立するのか否かが議論され、これを認めた裁判例もある[15]が、道路交通法の累次の改正により、救護義務（「交通事故があったときは、当該交通事故に係る車両等の運転者……は、直ちに車両等の運転を停止して、負傷者を救護し、道路における危険を防止する等必要な措置を講じなければならない」〔道交法 72 条 1 項〕）違反の罪の法定刑が引き上げられ、「人の死傷が当該運転者の運転に起因するものであるときは、10 年以下の拘禁刑〔懲役〕又は 100 万円以下の罰金に処する」（道交法 117 条 2 項）と規定されるに至っている。したがって、先行する事故に関する過失運転致死傷罪（自動車運転死傷行為処罰法 5 条。7 年以下の拘禁刑〔懲役・禁錮〕または 100 万円以下の罰金）と救護義務違反罪とが併合罪となるから、15 年の拘禁刑〔懲役〕までの科刑が可能となり、実務上、ひき逃げの場合に保護責任者遺棄罪を適用する意義は減少しているといえよう[16]。

Ⅱ　交通事故と犯罪 ── 危険運転致死傷罪など

　（1）わが国は、戦後、急速に自動車の利用・保有が増えていき、それに伴い、交通事故、とりわけ死亡事故も増加し、1970 年（昭和 45 年）には交通事故による死亡者数が 16,765 人にまで達した[17]。2021 年（令和 3 年）の殺人罪の認知件数は 874 件であり[18]、これには未遂の場合も含まれるから、殺人行為によって命を奪われた者の数はこれより少なくなる。当時、交通事故で命を落とした者の数は、殺人事件で命を奪われた者の数よりも相当に多かったのである。このような交通事故を防止するために、さまざまな交通対策や道路交通法の改正など繰り返されてきたが、刑法上は、自動車事故に関して、長い間、業務上過失致死傷罪（211 条前段）が適用さ

---

[14]　最決令和 2 年 8 月 24 日刑集 74 巻 5 号 517 頁。

[15]　最判昭和 34 年 7 月 24 日（注 7）（交通事故を起こした後、被害者を救助のためにいったん車に乗せたが、別の場所で下して立ち去った）など。

[16]　もちろん、保護責任者遺棄致死罪が成立すれば 20 年の拘禁刑〔懲役〕までの科刑が可能となり、さらに、ひき逃げが不作為による殺人となれば、死刑・無期拘禁刑〔懲役〕の科刑も可能になる。なお、ひき逃げの事案において不作為による殺人を認めたものとして東京地判昭和 40 年 9 月 30 日下刑集 7 巻 9 号 1828 頁があるが、その宣告刑は懲役 12 年であった。

[17]　『令和 4 年版犯罪白書』の〔資料編〕資料 4-1「交通事故 発生件数・死傷者数・死傷率等の推移」参照。なお、犯罪白書のこの死亡者数は、交通事故発生から 24 時間以内に死亡した者の数を示している。24 時間を過ぎて死亡した者はこの数字に入っていないから、交通事故が原因の実際の死亡者数はもっと多いことになる（1993 年以降は「30 日以内死亡者」の数もあわせ示している）。ちなみに、交通事故による死亡者数は昭和 45 年をピークにその後少しずつ減少していき、2022 年（令和 4 年）のその数は 2,610 人にまで減少している。歩道と車道の分離・信号機の増設等々の交通インフラの整備、シートベルト着用の義務づけなどの法改正、エアバックの装備などの自動車の安全性の向上など、この限りでは、さまざまな対策があいまって功を奏してきたといえよう。

[18]　『令和 4 年版犯罪白書』4 頁。

れてきた[19]。

　平成の時代になると、被害者・遺族などの厳罰要求の強まりを背景に、自動車事故に関する刑事的対応が大きく動いていく。悪質な運転による事故をきっかけにその厳罰化を求める署名運動が行われるなどし、2001年（平成13年）の刑法の一部改正により、危険運転致死傷罪が新設された（当時の208条の2）[20]。2004年（平成16年）に法定刑を引き上げる法改正、2007年（平成19年）にその対象を「四輪以上の自動車」から「自動車」と改める（バイクも含める）法改正がなされた。この改正では、同時に、自動車運転過失致死傷罪（当時の211条2項）が新設され、その法定刑が業務上過失致死傷罪の5年以下から7年以下の懲役・禁錮に引き上げられた。そして、2013年（平成25年）の法改正により、「自動車の運転により人を死傷させる行為等の処罰に関する法律」（＝自動車運転死傷行為処罰法）が新たに制定され、この法律に交通事故関係の罰条がまとめられ、それに伴い、危険運転致死傷罪および自動車運転過失致死傷罪は刑法典からは削除された。これらは、現在、自動車運転死傷行為処罰法の中に規定されている。

　（2）自動車運転死傷行為処罰法をみてみよう（以下、本節において、条文数のみの表記は、自動車運転死傷行為処罰法の条文である）。この法律は6か条からなる小さな法律である。1条において、この法律における「自動車」、「無免許運転」の定義規定を置いたうえで、2条から5条まで自動車事故に関する犯罪類型を規定している。すなわち、2条が危険運転致死傷罪、3条が準危険運転致死傷罪、4条が過失運転致死傷アルコール等影響発覚免脱罪、5条が過失運転致死傷罪を規定する。そして、6条において以上の罪を無免許運転で犯した場合の刑の加重規定を置いている。

```
　　　　自動車運転死傷行為処罰法
　　　　　1条　定義
　　　　　2条　危険運転致死傷罪
　　　　　3条　準危険運転致死傷罪
　　　　　4条　過失運転致死傷アルコール等影響発覚免脱罪
　　　　　5条　過失運転致死傷罪
　　　　　6条　無免許運転による加重
```

　自動車運転死傷行為処罰法の中心にあるは、危険運転致死傷罪と過失運転致死傷罪である。前述のように、危険運転致死傷罪は、2001年に新設された後、2013年に自動車運転死傷行為処罰法2条に移された。通常の自動

19　第8講Ⅳ（1）参照。
20　この改正では、過失による軽傷事犯における刑の裁量的免除の規定が設けられた（当時の211条2項）。

車事故には業務上過失致死傷罪（211 条）が適用されてきたが、2007 年に自動車運転過失致死傷罪が新設され、さらに、自動車運転死傷行為処罰法 5 条に、過失運転致死傷罪と名称を改め、規定された。2021 年（令和 3 年）の検挙人員をみると、自動車運転死傷行為処罰法による検挙人員は 291,095 人であり、そのうちの 99.3％の 289,204 人が過失運転致死傷罪である。危険運転致死傷罪（2 条）は 388 人、準危険運転致死傷罪（3 条）は 255 人である[21]。

危険運転致死傷罪（自動車運転死傷行為処罰法 2 条）

危険運転行為　　　　　　　　　　　　　　　　致死傷結果

① 酩酊運転（正常な運転が困難な状態）〔1 号〕　　⇒ 致傷＝1 月〜15 年の拘禁刑

② 制御困難高速度運転〔2 号〕　　　　　　　　　　　致死＝1 年〜20 年の拘禁刑

③ 未熟運転〔3 号〕

④ 妨害運転〔4 号・5 号・6 号〕

⑤ 赤信号無視運転〔7 号〕

⑥ 通行禁止道路通行運転〔8 号〕

　危険運転致死傷罪は、一定の危険運転行為を行い、それによって死傷結果が発生した場合に成立する。その刑は、致傷結果を生じさせた場合には 1 月以上 15 年以下の拘禁刑〔懲役〕、致死結果を生じさせた場合には 1 年以上 20 年以下の拘禁刑〔懲役〕である。危険運転行為として、改正を経て、現在、次の 8 つの類型の運転行為を規定している。すなわち、①酩酊運転（「アルコール又は薬物の影響により正常な運転が困難な状態で自動車を走行させる行為」〔2 条 1 号〕）、②制御困難高速度運転（「その進行を制御することが困難な高速度で自動車を走行させる行為」〔2 条 2 号〕）、③未熟運転（「その進行を制御する技能を有しないで自動車を走行させる行為」〔2 条 3 号〕）、④妨害運転（「人又は車の通行を妨害する目的で、走行中の自動車の直前に侵入し、その他通行中の人又は車に著しく接近し、かつ、重大な交通の危険を生じさせる速度で自動車を運転する行為」〔2 条 4 号〕）、⑤妨害運転（「車の通行を妨害する目的で、走行中の車（重大な交通の危険が生じることとなる速度で走行中のものに限る。）の前方で停車し、その他これに著しく接近することとなる方法で自動車を運転する行為」〔2 条 5 号〕）、⑥高速道路上妨害運転（「高速自動車国道……又は自動車専用道路……において、自動車の通行を妨害する目的で、走行中の自動車の前方で停車し、その他これに著しく接近することとなる方法で自動車を運転することにより、走行中の自動車に停止又は徐行……をさせる行為」〔2 条 6 号〕）、⑦赤信号無視運転（「赤色信号又はこれに相当する信号を殊更に無視し、かつ、重大な交通の危険を生じさせる速度で自動車を運転する行為」〔2 条

21　『令和 4 年版犯罪白書』162 頁（4-1-2-4 表 危険運転致死傷・過失運転致死傷等 検挙人員）参照。

7号〕）、⑧通行禁止道路進行運転（「通行禁止道路……を進行し、かつ、重大な交通の危険を生じさせる速度で自動車を運転する行為」〔2条8号〕）である。

　個々の危険運転行為における要件を少しみておこう。2条1項は、飲酒運転というだけではこれに該当せず、アルコール等の影響により「正常な運転が困難な状態で」自動車を運転することがその要件となっている。「正常な運転が困難な状態」とは、前方注視や、ハンドル・ブレーキの操作などにより、道路交通の状況に応じた運転操作を行うことが困難な心身の状態をいう。このような状態での運転が問われる酩酊運転型危険運転致死傷罪と、それに至らない過失運転致死傷罪（5条）との間の法定刑の差異が大きいため、3条は、その中間に位置する準危険運転致死傷罪を設け、「アルコール又は薬物の影響により、その走行中に正常な運転に支障が生じるおそれがある状態で、自動車を運転し、よって、そのアルコール又は薬物の影響により正常な運転が困難な状態に陥り、人を負傷させた者は12年以下の拘禁刑〔懲役〕に処し、人を死亡させた者は15年以下の拘禁刑〔懲役〕に処する」と規定している。また、酩酊運転型危険運転致死傷罪にあたりうる行為を行ったが、重い刑を避けようと、いったん現場から逃走し、酔いを醒ましてから警察に出頭し、その結果、「アルコール又は薬物の影響により、その走行中に正常な運転が困難な状態で自動車を走行させ」たのかどうかが立証できず、過失運転致死傷罪にしか問いえない[22]といった、いわば「逃げ得」が問題にされた。そこで、これに対処すべく、アルコール等の影響についての証拠収集を妨げる行為自体を処罰する「過失運転致死傷アルコール等影響発覚免脱罪」（4条）が設けられた。この保護法益は人の生命・身体であるが、副次的には刑事司法作用の妨害を処罰する面もある。

　「重大な交通の危険を生じさせる速度」とは、危険運転行為の結果、相手方と接触すれば大きな事故を生じることとなるような速度をいう。妨害運転型危険運転致死傷罪が認められた例として、後方から高速度で追い上げた結果、先行者に衝突事故を起こさせた場合[23]、被害車両の前方に割り込もうとして被害車両を転把させ、歩道の支柱に衝突させた場合[24]などがある。赤信号無視運転型危険運転致死傷罪が認められた例として、赤信号を殊更無視し対向車線にはみ出し、時速20キロメートルで右折しようとし、その際左折してきた車と衝突した場合[25]がある。

　危険運転致死傷罪の共犯を認めたものとして次の判例が注目される。（ア）X・Yが、それぞれ運転する自動車で速度を競うように走行し、交差点の信号機の赤色表示を殊更無視し、X車が先行し、Y車が後続し、時速100キロメートルを超える速度で交差点に進入したところ、左方道路から信号に従い進行してきたA運転の普通貨物自動車とX車が衝突し、その結果、4名死亡、1名重傷の事故を起したという事案において、最決平成30年10月23日刑集72巻5号471頁は、A車と衝突したのではないYについて、「意思を暗黙に相通じた上、共同して危険運転行為を行ったものといえるから」、「危険運転致死傷罪の共同正犯が成立する」と判示した。また、（イ）X・Yは一緒に長時間飲酒していたZの高度の酩酊を認識していたにもかかわらず、自動車の運転席に座ったZ

22　道交法上の救護義務違反に問いうる場合は多いであろう。
23　静岡地判平成18年8月31日判タ1223号306頁。
24　佐賀地判平成19年5月8日判タ1248号344頁。
25　最決平成18年3月14日刑集60巻3号363頁。

から「1 回りしてきましょうか」といわれ、「そうしようか」などと答えたため、Z が自動車を発進させ、時速 100 キロメートル以上の速度で走行し、対向車と衝突し、2 名死亡・4 名傷害の事故を起こしたという事案に関して、最決平成 25 年 4 月 15 日刑集 67 巻 4 号 437 頁は、X・Y の罪責について、「62 条 1 項の従犯とは、他人の犯罪に加功する意思をもって、有形、無形の方法によりこれを幇助し、他人の犯罪を容易ならしむるものである」としたうえで、X・Y の「了解とこれに続く黙認という行為が、Z の運転の意思をより強固なものにすることにより、Z の危険運転致死傷罪を容易にした」のであり、X・Y に危険運転致死傷幇助罪が成立すると判示した。X・Y と Z との人間関係（職場の先輩・後輩）、運転するに至った経緯等、この事案における事情にも留意する必要がある[26]。

26　なお、道路交通法上の禁止規定として、飲酒運転をするおそれのある者への車掌等の提供の禁止（道交法 65 条 2 項）、飲酒運転をするおそれのある者への酒類の提供の禁止（同 3 項）、運転者が酒気を帯びていることを知りながら運送を要求・依頼して同乗することの禁止（同 4 項）もある。

第10講　自由に対する罪1（逮捕監禁罪・略取誘拐罪）

　自由は、個人的法益の中で、生命・身体に次いで重要な利益として位置づけられている。しかし、「自由」という利益の内容は必ずしも明確ではなく、また、犯罪類型によりその「自由」の内容は異なりうる。刑法は「自由」を断片的に保護しているにすぎず、自由に対する罪として扱われる犯罪は、その保護法益について議論があり、その位置づけ自体が明確に定まっていないものもある。

　自由に対する罪は、次のようにわけることができる。第1に、身体的移動の自由を侵害する犯罪であり、逮捕・監禁罪（220条）、略取誘拐罪（224条以下）がこれにあたる。第2に、意思決定・意思活動の自由を侵害し、またはそれを脅かす犯罪であり、強要罪（223条）がこれにあたる。脅迫罪（222条）は強要罪の前に規定され、その成立要件に共通性のある部分もあるが、脅迫罪の罪質・法益のとらえ方には議論がある。第3に、強制わいせつ罪（176条）、強制性交等罪（177条）などが性的（自己決定の）自由を侵害する犯罪として位置づけられている。

I　逮捕監禁罪

　（1）逮捕監禁罪は、人の身体的移動の自由を奪う（身体的に拘束する）犯罪である[1]。220条は「不法に人を逮捕し、又は監禁した者は、3月以上7年以下の拘禁刑〔懲役〕に処する」と規定する。逮捕とは、手錠で拘束する、ひもで縛る等、直接的に強制することによって移動の自由を奪うことをいう。多少の時間的継続を要し、その程度に至らなければ暴行にとどまる。逮捕（監禁）の手段としての暴行は逮捕監禁罪に吸収されて別罪を構成しない[2]。監禁とは、一定の場所からの脱出を不可能または著しく困難にすることによって移動の自由を奪うことをいう[3]。逮捕にひき続き監禁が行われたときは、全体として220条が成立する。

　本罪の保護法益の観点から、客体は身体的移動の自由を有する自然人に限られ、場所的に移動する能力を有し

---

[1]　逮捕監禁罪で保護される「移動の自由」は、今いる場所から「立ち去る自由」であり、任意の場所に移動する自由を保護しているのではない。たとえば、ある場所に拘束するという方法を用いずに、その者が行きたい場所に行くことを妨害しても、逮捕監禁罪は成立しない。また、そこに滞在したいと思ってる者をそこから退去させた場合も、逮捕監禁罪は成立しない。移動の自由の保護といっても、それは限定的・断片的である。

[2]　逮捕監禁行為を行う場合に物理力の行使（暴行）は当然に予想される行為であり、逮捕監禁罪の構成要件的評価においてそれも含んでいると考えられるからである。

[3]　自己の管理する倉庫に閉じ込められている者のいることを知ったその管理者が、それにもかかわらずそのまま放置しておく場合のように、不作為による監禁も認められうる。情を知らない者を利用して監禁を行う場合（監禁の間接正犯）もある（大判昭和14年11月4日刑集18巻497頁）。

ない者は本罪の「人」から除かれる[4]。たとえば、まだ自力で移動できない生まれたばかりの赤ちゃんがその例である[5]。移動の自由は、もし移動しようと思えば移動しうる自由（可能的自由）を意味するので、睡眠中の者の部屋に鍵をかけた場合にも監禁罪が成立する。これに対して、監禁罪が保護しているのは、現実に移動しようと思ったときに移動しうる自由（現実的自由）であるとの理解から、自己が監禁されていることを意識していることが必要であるとする見解もある。しかし、この見解によれば、前述の睡眠中の者の例では監禁罪が成立しない（監禁中に被害者が眠ったらその間は監禁罪が成立していない）ことになってしまい、疑問である。

（2）逮捕・監禁致死傷罪（221条）は、逮捕・監禁罪の結果的加重犯であり、どのような原因から生じた死傷結果まで含まれるのかが問題になる。逮捕・監禁罪の手段たる暴行・脅迫から生じた致死傷は当然含まれる。また、被害者が監禁場所から逃亡しようとして生じた致死傷も同様である。Xが被害者Aを普通乗用自動車後部のトランク内に押し込めて（監禁し）発進したのち路上で停車していたところ、別の車が前方不注意により後方からX車に追突し、これによりトランク内にいたAが死亡したという場合に、最決平成18年3月27日刑集60巻3号382頁は監禁致死罪を認めている。これに対して、監禁中の被害者の言動に腹を立てて暴行し、傷害を負わせた場合は含まれない。逮捕・監禁行為のもつ危険（その行為から死傷結果が発生するリスク）が現実化したかどうかが重要だからである。

（3）逮捕監禁罪は継続犯の代表例である[6]。継続犯の場合、既遂に達した後も法益侵害の状態が継続し、その継続中は犯罪も成立し続け、それに関与する者はその共犯となり、監禁行為に対して正当防衛で対抗することができる。犯罪継続中は公訴時効は進行しはじめない[7]。Xが被害者Aを拘束しはじめた時点で監禁罪は既遂と

---

[4] 刑法において問題になる「人」が生物学的意味における「ヒト」を問題にするものではないことは第5講Ⅰ（3）において論じた。各条文の解釈の問題である。

[5] 京都地判昭和45年10月12日刑月2巻10号1104頁は、1歳7か月の幼児について、監禁罪の法益である行動の自由は、「自然人における任意に行動しうる者のみについて存在するものと解すべきであるから、全然任意的な行動をなしえない者、例えば、生後間もない嬰児の如きは監禁罪の客体となりえないことは多く異論のないところであろう」。しかし、本件幼児の場合、「自力で、任意に座敷を這いまわったり、壁、窓等を支えにして立ち上り、歩きまわったりすることができた事実は十分に認められ」、「自然的、事実的意味における任意的な歩行等をなしうる行動力を有して」おり、監禁罪の客体としての適格性を備えていると解すべきであると判示している。なお、生まれたばかりの赤ちゃんが逮捕監禁罪の客体にならないとしても、その子を連れ去った場合には未成年者拐取罪（224条）が成立する。

[6] 構成要件的結果の発生（既遂）とその後の法益侵害（その危険も含む）との関係から、即成犯、状態犯、継続犯という犯罪類型の区別がなされてきた。即成犯の代表例は殺人罪であり、構成要件的結果（被害者の死）の発生によって法益侵害も完成・終了し、それ時点以降共犯は成立せず、その時点から公訴時効が進行する。状態犯の代表例は窃盗罪である。状態犯は、既遂後も法益侵害は継続しているが、それは当該構成要件充足の判断によって評価されている（既遂後の行為は犯罪を構成しない）と考えられる犯罪類型である。たとえば、窃盗罪は占有の取得によって既遂に達し、その後も被害者の占有は侵害され続けているが、窃盗犯による当該物の処分は他の財産犯を構成しない（不可罰的事後行為）。既遂後には共犯は成立せず、既遂時点から公訴時効が進行すると解するのが一般的である。ただ、この即成犯、状態犯、継続犯という分類・概念内容はなお検討を要すべきところがある。

[7] 公訴権（公訴を提起し追行する検察官の権能）は時効によって消滅する。「時効は、犯罪行為が終った時から進行し」（刑訴法

なるが、Aの拘束中監禁罪は成立し続け、たとえば、翌日、仲間Yを呼んでAが逃げないように見張らせておいた場合、Yも監禁罪の共犯（共同正犯）になる。その後、Aが監禁場所から逃げ出した時点で監禁罪は終了し、その時点から公訴時効が進行しはじめる。ちなみに、逮捕監禁罪は「3月以上7年以下の拘禁刑〔懲役〕」なので、公訴時効期間は5年である（刑訴法250条2項5号）。

> 【事例1】　Xは、道を歩いていたAに、性的に乱暴する意図を秘して、「家まで乗せてあげるよ」と声をかけ、運転するバイクの後部座席にAを乗せた。XがAの自宅付近を過ぎても走行し続けたため、Aはおかしいと感じ、「降ろして。とめて」と叫んだが、Xは走行し続けた。身の危険を感じたAは、やや低速になったとき思い切ってバイクから飛び降り、Xから逃れたが、その際、手足に怪我を負った。

　監禁とは、前述のように、一定の場所からの脱出を不可能または著しく困難にすることによって移動の自由を奪うことをいい、部屋など狭い空間に閉じ込めるのが典型的であるが、判例は、被害者をバイクの荷台に乗せて疾走した行為を監禁罪にあたるとしている[8]。一定の場所（バイクの荷台）からの脱出を著しく困難にすることにより移動の自由を奪っているからである[9]。なお、このケースで、どの時点から監禁罪が成立するかは争いがある。現実的自由説によれば、「強制性交等の意図を秘して家まで送ると欺き女性を車に乗せて走行する行為は……自分が監禁されている事実を認識していないのであるから、監禁とならない」とする[10]。しかし、判例は、「被監禁者が行動の自由を拘束されていれば足り、自己が監禁されていることを意識する必要はない」。「自動車を疾走させることは……外形的にも社会的にも監禁行為と評価さるべきものであり、これを監禁の実行行為ということを妨げない」[11]とし、女性をだまして車に乗せた時点から監禁罪の成立を認めている。事例1の場合、現実的自由説に立っても自宅付近を過ぎ、A女の降車要求以降は監禁罪が成立することになる。さらに、監禁から脱出するためにバイクから飛び降りて怪我をしているから、Xには監禁致傷罪（221条）が成立する。

　253条1項）、法定刑の重さに応じた一定の期間が経過すれば時効は完成し（刑訴法250条）、その後、起訴は認められない（刑訴法337条4号）。したがって、「犯罪行為」がいつ「終わった」といえるかが問われることになる。

[8]　最決昭和38年4月18日刑集17巻3号248頁。なお、この事案では、強制性交は未遂に終わったが、被害者はそのようなはずかしめを受けたことを苦にして翌朝自殺した。しかし、当時の強姦罪・強姦致死罪は起訴されていない。性犯罪を受けた被害者がその後自殺した場合に、「その致死結果が経験則上予想しえない」とまではいえないが、強制性交行為と被害者の自殺による死の結果との間の因果関係は認めないのが一般的な見解である。

[9]　海上の沖合に停泊中の漁船内に被害者を閉じ込めた行為を監禁罪にあたるとしたのは、最判昭和24年12月20日刑集3巻12号2036頁。

[10]　西田・各論7版82頁など。

[11]　広島高判昭和51年9月21日刑月8巻9・10号380頁。また、最決昭和33年3月19日刑集12巻4号636頁。なお、監禁行為を可能的自由説のように解した場合にも、欺罔によって得られた承諾の有効性が問題になり、法益関係錯誤説をとるならば、バイクに乗ること自体は錯誤しておらず、付随的事情についてだまされているだけであるとして、降車を要求するまでは承諾により監禁罪は成立しないことになろう。法益関係的錯誤説について、第6講（3）参照。

Ⅱ　略取誘拐罪

（1）略取誘拐罪は、人をそれまでの生活環境からひき離し、自己または第三者の実力支配内に移し、その支配下に置く犯罪である。古くは、「人さらい」といわれた場合であり、借金のかたに子女を奪い労働させたり、醜業に就かせたりすることが行われた。暴行・脅迫を手段とする場合が略取、欺罔・誘惑を手段とする場合が誘拐であり、両者を合わせて拐取という。成人の場合には、営利目的など一定の目的が必要であり、未成年の場合はその目的を問わない。人身売買罪は、対価を支払って人身のやり取りをする犯罪である[12]。

略取誘拐罪は、逮捕監禁罪と比べて、身体的拘束という観点におけるその自由侵害の程度は低いもので足り[13]、身体の安全に対する罪という性格ももっている。

略取誘拐罪は、客体・目的により類型化されており、①未成年者略取誘拐罪（224条。3月以上7年以下の拘禁刑〔懲役〕）、②営利目的等[14]略取誘拐罪（225条。1年以上10年以下の拘禁刑〔懲役〕）、③身の代金目的略取誘拐罪（225条の2第1項。3年以上20年以下の拘禁刑〔懲役〕・無期拘禁刑〔懲役〕）[15]、④所在国外移送目的略取誘拐罪（226条。2年以上20年以下の拘禁刑〔懲役〕）がある。ほかに、人身売買罪（226条の2）[16]、被略取者等所在国外移送罪（226条の3。2年以上20年以下の拘禁刑〔懲役〕）、幇助目的での引渡し等罪（227条1項〔3月以上5年以下の拘禁刑〔懲役〕〕・2項〔1年以上10年以下の拘禁刑〔懲役〕〕）[17]を規定しており、改正を経るなかで、略取誘拐の罪は、現在、複雑な構成となっている。

（2）身の代金目的略取誘拐罪（上記③）について、次の事例を用いて、その成立要件を確認しよう。

【事例2】　Xは、甲銀行の行員Aを連れ去り、ある場所に監禁したうえで、甲銀行の頭取Bに電話をして身の代金1億円を要求した。Xは、その交付・受領と引き換えに、深夜、高速道路上でAを車から降ろし、その場を立ち去った。Aは救助され、Xは、その後、警察の捜査により検挙された。

12　2005年（平成17年）、国際組織犯罪対策に関する国際条約に基づいた改正がなされ、法定刑が一部加重され（224条の刑の上限が5年から7年）、人身売買罪（226条の2）が新設（厳密には国外移送目的人身売買罪が拡張）された。

13　注5も参照。

14　営利目的のほか、わいせつ目的、結婚目的、生命・身体に対する加害目的での略取誘拐を処罰している。「結婚」は、「婚姻」（184条参照）と異なり、法律上の婚姻だけでなく、事実上のものも含む。

15　略取誘拐した者（当初は身代金目的でない場合も含む）が身の代金の要求をするに至った場合、身の代金要求罪（225条の2第2項）が成立する。

16　略取誘拐罪の類型にある程度相応するかたちで、人の買い受けは3月以上5年以下の拘禁刑〔懲役〕（1項）、未成年者の買い受けは3月以上7年以下の拘禁刑〔懲役〕（2項）、営利目的等での買い受け（3項）・人の売り渡し（4項）は1年以上10年以下の拘禁刑〔懲役〕、所在国外移送目的での人の売渡は2年以上20年以下の拘禁刑〔懲役〕（5項）である。「人身売買」とは、有償で人身に対する不法な支配を移転することをいう。

17　引渡しのほか、収受・輸送・蔵匿・隠避が実行行為である。1項・2項に続き、営利目的等での引渡し等の罪（227条3項。6月以上7年以下の拘禁刑〔懲役〕）、身の代金目的収受罪（227条4項。2年以上20年以下の拘禁刑〔懲役〕）が規定されている。

身の代金目的略取誘拐罪は、誰かを誘拐し、金銭を要求すれば成立するというのではなく、その人的関係に一定の限定を設けている。すなわち、225条の2は、「近親者その他略取され又は誘拐された者の安否を憂慮する者の憂慮に乗じてその財物を交付させる目的で、人を略取し、または誘拐した」場合に成立する。子供を誘拐しその親に身の代金を要求するというのは典型的な場合であるが、親子関係の存在まで要求されていない。225条の2が成立するためには「安否を憂慮する者」であることが必要である。判例において問題になったのは、銀行の頭取を拐取して銀行の幹部に身の代金を要求した場合[18]、銀行行員を拐取して銀行の頭取に身の代金を要求した場合[19]である。親子関係や親類縁者と比べると、会社の上司と部下、社長と社員などの関係は「薄い」とも考えられ、会社の規模や経営形態、具体的な人間関係にもよろう。そのように考えると「安否を憂慮する者」という概念はあまり明確な概念とはいえない。この要件につき、判例は、「単なる同情から被拐取者の安否を気づかうにすぎないと見られる第三者は含まれないが、被拐取者の近親でなくとも、被拐取者の安否を親身になって憂慮するのが社会通念上当然とみられる特別な関係もある者はこれに含まれる」と判示し、前記のケースでいずれも積極に解している[20]。

　身の代金目的略取誘拐罪の場合、誘拐された被害者が殺害されてしまうという最悪の結果に至ることもしばしばあり[21]、そのような事態を防止するために、誘拐に着手する前の予備罪（228条の3）も処罰対象とし（刑法の早期介入）、同時に、実行に着手する前に自首した場合の刑の必要的減免（228条の3ただし書）を規定し、さらに、公訴提起前に被拐取者を安全な場所に解放した場合の刑の必要的減軽（228条の2）の規定を設け、犯人が犯罪を継続しないように、さらには被拐取者の殺害に至らないようにするための政策的規定を設けている。228条の2は、身の代金目的略取誘拐罪等を犯した者が「公訴が提起される前に、略取され又は誘拐された者を安全な場所に解放したときは、その刑を減軽する」と規定し、犯罪をその段階まで進めたとしても、被拐取者を解放すれば刑を減軽するという誘因を与えて、なんとか最悪の事態を回避しようとしているのである。事例2の場合に「安全な場所に解放した」といえるかどうかが問題となろう。「安全な場所」とは、被拐取の生命・身体に実質的に危険がなく、かつ、救出・発見が容易な場所をいうと解されている[22]。「深夜の高速道路上」が「安全な場所」といえるかは議論がありえようが、前述の定義からすれば、（悪い気象状況等でなければ）「安全な場所」と考えてよく、実質的にも、この規定の政策的趣旨を生かすために、被害者の生命・身体を保護するためにはあまり厳格に解すべきではないといえよう。事例2において228条の2を充たしていると考えてよいと思われる。

---

[18]　最決昭和62年3月24日刑集41巻2号173頁（佐賀銀行事件）。

[19]　東京地判平成4年6月19日判タ806号227頁（富士銀行事件）。

[20]　これに対して、大阪地判昭和51年10月25日刑月8巻9・10号435頁は、パチンコ店の経営者を略取誘拐し、同店の常務取締役に身代金を要求し、その交付を受けたという事案において消極に解した。もっとも、この事案で刑の重い身の代金目的拐取罪は否定されたが、営利目的拐取罪と恐喝罪の成立は認められている。

[21]　身の代金目的での誘拐犯人にとって、身の代金を得ることが重要であって、金銭さえ得られれば、誘拐された被害者の生存は関心事ではないことも多く、場合によっては逃走の足手まといとすら考えられる、ということかもしれない。

[22]　最決昭和54年6月26日刑集33巻4号364頁。

第11講　自由に対する罪2 (脅迫罪・強要罪・性犯罪)

I　脅迫罪 (222条)

　脅迫罪は、意思決定の自由に対する危険犯であるとの理解と、他から脅かされないという利益 (精神・意思の平穏・安全感) を保護しているとの理解がある。222条は、相手方またはその親族の生命、身体、自由、名誉または財産に対し害を加える旨を告知して人を脅迫した者は、2年以下の拘禁刑〔懲役〕または30万円以下の罰金に処すると規定している。文言上、加害対象が害悪を告知される者自身 (1項)・その親族 (2項) に限定されている[1]ので、恋人 (など第三者) に対する加害のように、たとえ親族以上に親しい関係にあったとしても脅迫罪は成立しない。立法論的には検討の余地があろう[2]。

　「脅迫」とは、一般人をして畏怖せしめるに足る (恐怖心を生じさせるような) 害悪の告知をいう。相手方がこの告知を認識したことを要するが、その相手方が現実に畏怖したことを要しない。相手が屈強な人物であり、畏怖しなかったとしても、告知の内容が一般人をして畏怖せしめる性質のものであればよい。畏怖せしめるに足るものかどうかは、告知の内容、相手方の事情[3]、経緯、四囲の状況等に照らして判断される[4]。「害を加える旨」の告知であるから、行為者自身またはその影響を受けた者による (と思わせる) 加害の告知でなければならない。したがって、天災、吉凶禍福を予告することは脅迫にあたらない。告知内容が現実に実現可能である必要はなく、たとえば、「その筋の者がお宅に行くことになるだろう。ただでは済むまい」などと告げ、自分の意向でその者を向かわせるかのように思わせればよい。告発するつもりなどないのに、無関係な、ほかの要求と結びつけて、「不正を告発するぞ。」と告知する場合、脅迫にあたりうる[5]。害悪の告知の方法は、文書、口頭、態度によるなど方法に制限はない。刃物を突き付けて「金を出せ」という場合、態度による脅迫である。

　法人に対する脅迫罪の成否は争われている。脅迫罪を意思決定の自由に対する罪と理解し、たとえば、販売す

---

[1] この後で扱う強要罪 (223条) の脅迫も同様であるが、ほかの犯罪の「脅迫」は、①害を加える利益が「生命、身体……に対し」のように限定されておらず、かつ、②加害対象が告知の相手方・その親族のように限定されていない (95条、98条、106条など。広義の脅迫)。さらに、①②の点で限定しないが、相手方の反抗を抑圧し、またはそれを困難にする程度の脅迫であることを要するものがある (236条)。

[2] 「親族一般に対する加害の告知でよいとするのは、今日では広すぎると思われ、他方、親族ではないが近い関係にある者に対する加害を含みえないのは、狭すぎる」とするのは、中森・各論4版48頁注5。これに対して、井田・各論2版141頁は、脅迫罪のような「態様の自由の侵害が社会においてはかなりありふれたものであることを考慮し、犯罪成立の限界が曖昧で無限定なものとならないように明白に当罰的な場合のみに処罰の範囲を限ったと考えることができよう」とする。

[3] その害悪の告知が、一般的人をして畏怖させるに足りる程度の害悪の内容ではなかったが、臆病者・小心者であるなどから、その告知により畏怖した場合にも脅迫罪の成立を認める見解もある。

[4] 最判昭和35年3月18日刑集14巻4号416頁 (2つの派が熾烈に対立している状況下で、一方が他方に、「出火御見舞申し上げます。火の元に御用心」という文面の葉書を出した)。これにつき、参照、八木國之・百選II2版30頁。

[5] 大判大正3年12月1日刑録20輯2303頁。これに対して、適法な事実を告知することが違法である (脅迫罪になる) というのは奇妙であるとし、この場合脅迫罪にはあたらないとする見解もある。

る食品に有害物を混入する旨の害悪の告知がなされた場合、食品販売会社（法人）の機関を介してその意思決定を危険にさらすと解する見解もある。しかし、判例・通説はこれを消極に解する[6]。「生命、身体」に対する害悪の告知（1項・2項）、「親族の生命」（2項）という文言から、現行法は法人に対する脅迫罪を予定していないと解するのが素直であり、また、会社の業務を妨害した場合には業務妨害罪（233条・234条）が成立し、名誉を毀損すれば名誉毀損罪（230条）が成立する。法人に対する限りでは法人に具体的な被害が生じた段階での保護で足りると考えられるから、判例・通説の立場が妥当である。このように解する場合も、法人の構成員（自然人）に対する害悪の告知と構成できる限りで、その者に対する脅迫罪が成立する。

II　強要罪（223条）

　強要罪（223条）は、行う必要のないことを無理強いする犯罪である。その法定刑は3年以下の拘禁刑〔懲役〕である。無理強い（強要）する内容が、財物の交付であれば恐喝罪（249条）・強盗罪（236条）が成立し、性交を強要する場合には強制性交等罪（177条）が成立する。特別法（強盗罪など）が成立する場合、法条競合として、一般法である強要罪は成立しない（特別法は一般法に優先する）[7]。

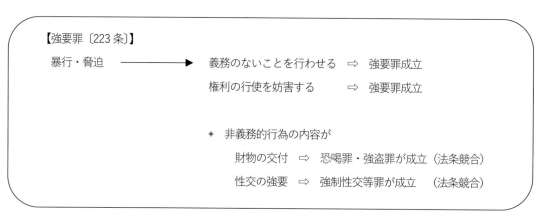

　人に義務のないことを行わせた場合として、謝罪文を書かせる権利（またはその合理的な理由）などないのに

6　大阪高判昭和61年12月16日高刑集39巻4号592頁。

7　法条競合とは、構成要件相互の概念的関係から、2つの犯罪（たとえば、強要罪と強盗罪）の成立を認めると1個の犯罪事実に対する2重評価（過剰な評価）となってしまうから、一方の罪のみの成立を認める（他方の罪の成立を排除する）場合である。特別関係のほか、補充関係（基本法が適用されない場合にのみ補充法が適用される）、択一関係、吸収関係がある。個々のケースにおいて法条競合になるか、包括一罪になるかが争われる場合はある。包括一罪とは、数個の行為があって、それぞれ独立して特定の構成要件に該当するように見えるが、すべての行為が構成要件的に包括して評価され一罪とされる場合（構成要件の包括的な1回的評価）である。たとえば、逮捕にひき続いて監禁する場合（第10講I（1））や、行為者が被害者を立て続けに2回、3回と殴る場合（暴行罪1罪）である。

かかる交付を要求した場合[8]などがある。店の商品や店員の対応に過度のクレームをつけ、店長・店員に土下座して謝らせるなどもこれにあたろう。権利の行使を妨害した場合として、不利益になることを公表する旨告げて告訴を断念させる場合[9]、競技大会への出場をやめさせた場合[10]などがある。

　強要の手段として、強要の相手方の「生命、身体、自由、名誉若しくは財産に対し害を加える旨を告知して脅迫し、又は暴行を用い」る場合（223条1項）と、強要の相手方の「親族の生命、身体、自由、名誉又は財産に対し害を加える旨を告知して脅迫」する場合（同条2項）がある。強要罪の脅迫は、脅迫罪のそれと同じである。強要罪の暴行は、強要の手段たりうるものであれば足りるから、相手方の身体に対する暴行だけでなく、相手方に向けられていれば対物暴行でもよい[11]。

　未遂も罰せられる（223条3項）ので、手段としての脅迫・暴行を加え、不当な要求をしたが、相手がそれに応じなかった場合など、義務なきことの強制・権利行使の妨害に至らなかった場合、強要未遂罪が成立する。

Ⅲ　強制性交等罪などの性犯罪 ── 2017年（平成29年）の改正

第22章　わいせつ、強制性交等及び重婚の罪

〔個人的法益に対する罪〕　←──────→　〔社会的法益に対する罪〕

- 強制わいせつ罪（176条）
- 強制性交等罪（177条）
- 準強制性交等罪（178条）
- 監護者性交等罪（179条）
- 強制わいせつ等致死傷罪（181条）

- 公然わいせつ罪（174条）
- わいせつ物頒布罪（175条）
- 淫行勧誘罪（182条）
- 重婚罪（184条）

（1）刑法典第2編第22章の「わいせつ、強制性交等及び重婚の罪」には、現在の一般的な理解によれば、

8　大判大正15年3月24日刑集5巻117頁。なお、刑集5巻117頁では「脅迫被告事件」となっており、124頁の「判決理由」では「脅迫罪を構成するや論を俟たす」となっているが、適用条文は「刑法第223条第1項」であるから、「強要罪」の誤りであろう。ちなみに、この判例は、名誉毀損罪（230条1項）の「人」には、自然人のほか法人等の団体も含むということ、そして、「被害者ハ特定シタルモノナルコトヲ要シ単ニ東京市民又ハ九州人ト云フカ如キ漠然タル表示ニ依リテ本罪ヲ成立セシムルモノニ非ス」と判示し、「九州人」とか「日本人」といった不特定の集団については名誉毀損罪は成立しないということに関して引用される判例でもある。

9　大判昭和7年7月20日刑集11巻1104頁。

10　岡山地判昭和43年4月30日下刑集10巻4号416頁。

11　暴行概念の多義性について、第7講Ⅰ（3）参照。対物暴行は、強要される者に対する「脅迫」（言うことを聞かないのであれば害悪を加える旨の態度のよる脅迫）と理解すべきだとの見解もある。

個人的法益に対する罪に位置づけられる罪と社会的法益に対する罪に分類される罪とが混在している。前者には、強制わいせつ罪（176条）、強制性交等罪（177条）、準強制わいせつ・準強制性交等罪（178条）、監護者わいせつ・監護者性交等罪（179条）、強制わいせつ等致死罪（181条）が分類され、後者は、公然わいせつ罪（174条）、わいせつ物頒布罪（175条）、淫行勧誘罪（182条）、重婚罪（184条）が分類される[12]。110年以上前に制定された現行刑法典の時代的制約が現れている部分といえよう。

　（2）強制性交等罪など個人的法益に対する罪に位置づけられる性犯罪の保護法益は、性的自己決定権であると解されている。これらの性犯罪の規定は、2017年（平成29年）に大きな改正がなされた。その大きな目的は、伝統的に男性が加害者、女性が被害者と考えられてきた性犯罪に関して「性差をなくす」ということにあった。20世紀の最後の頃以降のヨーロッパにおける性犯罪規定の改正状況からみると、わが国の性犯罪規定は「周回遅れ」とも評されていたところ、2017年に以下のような改正がなされた。

　①177条の構成要件の見直しおよび法定刑の引上げ。強姦罪（177条）の行為態様を「姦淫」より広げ、客体を「女子」から「人」とし、それに伴い、177条の罪名を「強姦罪」から「強制性交等罪」に改め、177条の法定刑の下限を「懲役3年」から「懲役5年」に、181条2項（強制性交等致死傷罪）の法定刑の下限を「懲役5年」から「懲役6年」に引き上げ、これに伴い、集団強姦罪（178条の2）・同致死傷罪（181条3項）は廃止された[13]。

　②監護者性交等罪の新設。18歳未満の者に対し、その者の監護者が、その影響力に乗じてわいせつ行為・性交等をした場合を処罰する監護者わいせつ・性交等罪（179条）が新設された。

　③親告罪規定（改正前の180条）の削除[14]。

　④強盗強姦罪（241条）の構成要件の見直し。改正前の241条が強盗犯人が女子を姦淫した場合（強盗強姦罪）を重く処罰する一方で、強姦犯人が強盗を犯した場合については特別な規定を設けていなかったところ、強盗と強姦の先後関係によるその違いは合理的に説明できないとされ、強盗犯人が強制性交等罪を犯した場合に加え、強制性交等の犯人が強盗を犯した場合も処罰し（241条1項）、これに関する未遂に類似する効果をもつ規定（241条2項）が設けられた[15]。

---

[12] 刑法典は、当初、姦通罪（旧183条）として、「有夫ノ婦姦通シタルトキハ二年以下ノ懲役ニ処ス」と規定していたが、日本国憲法のもとで、「有夫ノ婦」の行為のみを処罰対象とすることが「法の下の平等」（憲法14条など）に反することから、1947年（昭和22年）に削除された。

[13] 改正前の集団強姦罪（178条の2）は、「2人以上の者が現場において共同して第177条〔強姦罪〕又は前条第2項〔準強姦罪〕を犯したときは、4年以上の有期懲役に処する」と規定していたところ、改正により強制性交等罪（177条）の法定刑の下限（懲役5年）が引き上げられ、これが集団強姦罪の法定刑の下限（懲役4年）を上回ることになり、集団的な形態により行われる強制性交等の悪質性・重大性を、改正後の177条の法定刑の範囲内で適切に量刑できるとされたため、178条の2は廃止された。集団的な強制性交行為の当罰性が低減したと評価されたのではない。

[14] 後述、Ⅲ（3）参照。

[15] 第18講Ⅴ参照。

（3）2017年の改正は大きな改正であったが、なお今後の課題も残しいている。

第1に、通説・判例によれば、これまでの強姦罪の暴行・脅迫は抵抗を著しく困難にする程度のものであると解されてきたところ、このような理解によれば、（ア）強制性交等の立証のために被害者が抵抗した外形的な事実が要求されることにつながりやすく、それは犯罪の成立を制限することになるだけでなく、（イ）捜査・裁判の過程での2次被害をもたらしかねない、（ウ）そもそも性犯罪は意思に反する性行為の強要に本質があるのであれば、暴行・脅迫を、しかも、一定程度の強さのそれを要件とする必然性はない（暴行・脅迫が用いられない場合でも意思に反する性行為の強要はありうる）から、暴行・脅迫要件を撤廃し、もしくは緩和すべきだとの意見も主張されたが、2017年改正ではこの点の変更はなされなかった。

第2に、監護者性交等罪が新設されたが、その主体は「その者を現に監護する者」、典型的には実親や養親に限定された。これに対して、ほかに、教師、スポーツの監督・コーチ、雇用者など、事実上の強制の契機のある地位や関係（支配従属関係）を利用する場合もあるとの指摘もあり、現行法の主体の限定に疑問を呈する意見があった。

第3に、2017年改正により親告罪規定が削除された。親告罪とは公訴の提起に被害者の告訴を要件とする犯罪であり、改正前の強姦罪等は、被害者の名誉・プライバシーを尊重するという趣旨から親告罪とされていた。この改正において親告罪規定が削除されたのは、被害者の精神的負担を軽減するためであると説明された。すなわち、性犯罪を親告罪のままにした場合、被害者は告訴（犯人処罰の要求）をするか否かの決断を迫られ、また、告訴することにより犯人から逆恨みの報復を受けるのではないかと心配になるなど、被害者に精神的に過度の負担がかかり、このような状況を改めるべきだとの意見が重視された。この限りで2017年の親告罪規定の削除は一定の評価がなされている。ただ、被害者の意思にかかわらず進められる刑事手続（事情聴取や公判での証人尋問など）において被害者が2次被害を受けるおそれがあることを懸念する意見や、そもそも刑事手続における被害者の意思の尊重という観点からみて親告罪規定削除が適切であったのかどうかを問題にする意見もある。

ほかに、従来から見直しを求める意見があった点として、性交同意年齢の引上げや公訴時効の撤廃などがあったが、2017年の改正では見送られた。

2017年改正後、性犯罪規定のさらなる見直し作業が進められてきており、2023年2月、法制審議会の刑事法部会は、改正に向けた要綱案をまとめた。それは、強制性交等罪・準強制性交等罪を統合し、その成立要件を暴行・脅迫、心神喪失・抗拒不能から広げ、心身の障害、拒絶するいとまを与えない、予想外の事態による恐怖・驚愕、虐待、経済的・社会的関係上の地位に基づく影響力により不利益を憂慮させることなどにより、同意しないことが困難な状態にさせたうえで性交等をする、というように要件の明確化を図ることを目指し、さらに、性交同意年齢を13歳から16歳に引き上げ、時効を延長し（たとえば、強制性交等罪を10年から15年に延長）、わいせつ目的で子供を手なずける行為（グルーミング）を処罰する罪および盗撮や盗撮画像の提供行為を処罰する罪を新設することなどを内容としたものである。強制性交等罪の罪名を不同意性交等罪に変更するという改正案も報じられており、改正案が国会に提出される見通しとのことであり、国会における審議が注目される。

なお、刑事手続的な対応だけでなく、被害者の保護・支援の拡充、性暴力被害の防止のための教育の推進など

が必要であることもいうまでもない。

（4）上記の改正とは別に、性犯罪に関する近時の動きとして、強制わいせつ罪における性的意図の要否に関する最高裁大法廷判決がある。従来の判例[16]は、報復目的で被害者の女性を裸体にさせて写真撮影をしたという事案に関して、「強制わいせつ罪が成立するためには、その行為が犯人の性欲を刺戟興奮させまたは満足させるという性的意図」が必要であり、報復・侮辱・虐待目的の場合には強制わいせつ罪は成立しないとしていた。これに対して、最大判平成29年11月29日刑集71巻9号467頁は、子供にわいせつ行為をした事案に関して、「今日では、強制わいせつ罪の成立要件の解釈をするに当たっては、被害者の受けた性的な被害の有無やその内容、程度にこそ目を向けるべきであって、行為者の性的意図を同罪の成立要件とする昭和45年判例の解釈は……もはや維持し難い」。「個別具体的な事情の1つとして、行為者の目的等の主観的事情を判断要素として考慮すべき場合……があるとしても、故意以外の行為者の性的意図を一律に強制わいせつ罪の成立要件とすることは相当でなく、昭和45年判例の解釈は変更されるべきである」と判示し、前掲の最高裁昭和45年判決を明確に変更した。45年判決に対しては学説の批判も強かったところであり、下級審判例において性的意図を不要とする判例も登場しており、判例変更はある程度予想できるものであったといえよう。平成29年判決の事案では、当該行為のもつ性的性格が明確な行為であり、その他の事情を考慮するまでもなく、客観的にわいせつ行為であることが明らかな場合であった。これとは別の類型として考えられているところの、「行為者の目的等の主観的事情を判断要素として考慮すべき場合」の具体化、その場合の、目的等の主観的事情も考慮した判断の明確化が今後の課題といえよう。

---

16 最判昭和45年1月29日刑集24巻1号1頁。

第12講　私生活の平穏に対する罪

（住居侵入罪・信書開封罪・秘密漏示罪）

I　住居侵入罪

（1）130 条は、「正当な理由がないのに、人の住居若しくは人の看守する邸宅、建造物若しくは艦船に侵入し、又は要求を受けたにもかかわらずこれらの場所から退去しなかった者は、3 年以下の拘禁刑〔懲役〕又は 10 万円以下の罰金に処する」と規定する。前段が狭義の住居侵入罪[1]、後段が不退去罪であり、不退去罪は真正不作為犯[2]である。

　住居侵入罪を個人的法益に対する罪に位置づけるのが現在の通説である[3]が、保護法益の理解につき、住居・建造物に対する事実上の支配・管理権と解する住居権説と、住居の事実上の平穏と解する平穏（侵害）説とが対立している。平穏侵害説は以下の点で疑問である。すなわち、平穏侵害説のいう平穏の概念が明らかではない。たとえば、空き巣の犯人が他人の住居に開いているドアから静かに忍び込み、部屋の中を荒らすことなく金目の物だけ盗って出て行った場合、「平穏な」立入りといえるだろうか。おそらくそうではあるまい。立入り態様の「外面的な」平穏さを問題にし、居住者の意思を顧慮せずに住居侵入罪の成否を考えるとすれば、住居侵入罪を個人的法益に対する罪（居住者の利益を侵害する罪）と位置づけることとの整合性が問われよう。それに対して、「居住者の許容しない」立入り、「居住者の意思に反する」立入りを問題とするのであれば、それは実質的には住居権説と異ならないといえよう。退去要求に従わないことが問われる不退去罪についても平穏侵害から説明するのかどうかという問題もある。したがって、住居侵入罪は、誰を立ち入らせ、立ち入らせないかという住居等への人の立入りの管理を侵害する罪であると解する見解（住居権説）が基本的に妥当である。判例も、「130 条前段にいう『侵入シ』とは、他人の看守する建造物等に管理権者の意思に反して立ち入ることをいう」と判示しており[4]、住居権説をとっていると考えられる。ただ、その空間・領域が他から干渉を受けないという利益がかかわっており、人の立入りの管理に関して、客体の性質によって、保護の程度・あり方につき実質的に考える必要があろう。

1　130 条は複数の客体を規定しており、その客体が建造物の場合、建造物侵入罪といわれることもある。

2　第 9 講 I（2）参照。

3　この点で住居侵入罪の条文の位置は、現在の見方からは、適切ではないといえよう。

4　最判昭和 58 年 4 月 8 日刑集 37 巻 3 号 215 頁。また、最判平成 20 年 4 月 11 日刑集 62 巻 5 号 1217 頁（「130 条前段にいう『侵入し』とは、他人の看守する邸宅等に管理権者の意思に反して立ち入ることをいう」）、最判平成 21 年 11 月 30 日刑集 63 巻 9 号 1765 頁（「本件立入り行為が本件管理組合の意思に反するものであることは明らかであ」る）。なお、平穏侵害説に立つと思われる判決もあった。最決昭和 49 年 5 月 31 日裁判集 192 号 571 頁など。

（2）「住居」とは、日常生活に使用されている場所である。「住居」にはこれに付属する囲繞地も含まれる[5]。囲繞地とは、建物に付属する土地で、管理者が門塀等を設けることにより建物の付属地として利用することが明示されているものをいう。「住居」以外の「邸宅」、「建造物」、「艦船」は看守されている場合にのみ客体となる。「看守する」とは、人的・物的設備により事実上立入りを管理することである。「邸宅」とは、住居としての使用が予定されているが現在使用されていないもの、具体的には、空き家や閉鎖中の別荘などをいう。さらに、最判平成20年4月11日（注4）は、自衛隊宿舎の「各号棟の1階出入口から各室玄関前までの部分は……宿舎管理者の管理に係るものであるから、居住用の建物の一部として刑法130条にいう『人の看守する邸宅』に当たる」と判示した。このような理解は従来の通説の理解とは異なり、検討を要しよう[6]。「建造物」とは、「住宅」、「邸宅」以外の建造物をいう。具体的には、官公庁の庁舎、会社の建物、学校の校舎、競技場などである。

【事例】　妻Aとの別居が2年以上になり、もはや同居の意思もなく、離婚訴訟中でもあった夫Xは、現在はAが1人で居住するが、その所有権は自己（＝X）にある家屋に、Aの不貞行為の事実の確認と証拠保全の目的で、別居前より所持していた鍵を使用してAの留守中に玄関から立ち入り、証拠になりそうなものを物色した。

「人の」住居とは、「他人の」住居のことであり、行為者が現に居住する者（そこで生活する者）でない場合がこれにあたる。その場所で現に生活していること（居住の事実）が問題であり、所有権などの法律上の権限が問題なのではない。たとえば、賃貸アパートの大家さんが、所有者であるという理由で、賃借人Aの許可なく、Aの部屋に立ち入ってよいということはありえないだろう。事例では、「別居が2年以上になり、もはや同居の意思もなく、離婚訴訟中」とあるので、Xはこの住居に現に居住する者とはいえず、本罪の主体となり[7]、Xに住居侵入罪が成立する[8]。

（3）「侵入した」とは、居住者・看守者の意思に反して立ち入ることをいう。したがって、立入りへの住居権者の承諾があれば「侵入」とはいえない。では、違法な目的を秘して立ち入った場合、たとえば、強盗目的を

---

[5] 邸宅、建造物も囲繞地を含むと解するのが通説であるが、「建造物」については、その文言から「囲繞地」を含めるべきでないとする見解もある。

[6] このように解することの実際上の意味は、共同住宅の各部屋の居住者の中にポスティングのための立入りを承諾する者がいたとしても、それが共用部分の管理者（共同住宅の建物全体の管理者）の意思に反する立入りであるとして、個々の居住者の意思にかかわりなく、邸宅侵入罪の成立を認めることが可能になるという点にある。

[7] 参照、東京高判昭和58年1月20日判時1088号147頁。家出中の息子が共犯者とともに強盗目的で実家に侵入した行為につき住居侵入罪を認めたのは、最判昭和23年11月25日刑集2巻12号1649頁。

[8] 唯一の居住者を殺害した後でその住居に侵入した場合、法益の主体が存在せず、「人の」住居ともいえないから、住居侵入罪は成立しないということになる。ただ、（不能犯の理解により）住居侵入罪の未遂に問いうる場合はあり、賃貸アパートの居住者であった場合など建物の管理人との関係で住居侵入罪に問いうる場合はあろう。なお、東京高判昭和57年1月21日刑月14巻1・2号1頁。

秘して、なにかのセールスであるかのように装って被害者にドアを開けさせ、被害者宅立ち入ったような場合、その立入りへの承諾は有効なものとして「侵入した」とはいえないのであろうか。判例は、その場合、真意に基づく承諾でなく、つまり、住居権者が立入りの目的を知っていればその立入りを承諾しなかったであろうといえる場合であり、「意思に反した立入り」であるとして住居侵入罪の成立を認めてきた[9]。たとえば、発煙筒を発煙させる目的で皇居の一般参賀会場に立ち入った場合[10]、他人のキャッシュカードの暗証番号等を盗撮する目的で、一般客の利用を装って、ATM機が設置されている銀行員の常駐しない銀行支店出張所に立ち入り、ATM機の1つを長時間占拠した場合[11]などにおいて建造物侵入罪の成立を認めている。これに対して、一般に公開されている建物については、通常の形態の立入りであれば包括的合意の範囲内にあるとして消極に解すべきだとする見解も有力である。

　住居権者が複数いる場合に、全員の立入りの許諾が必要なのか、一部の居住者の許諾あればよいのかは議論がある。不在の者に対して現在する者の意思が優先されるとの見解もある。たとえば、夫Aの不在中に妻Bの愛人CがBの許諾を得てその住居に立ち入った場合、Aの意思に反する立入りとして、Cに住居侵入罪が成立するのだろうか[12]。住居侵入罪は個人的法益に対する罪であり、1人1人の住居権が保護されるべきものではあるが、住居権者が複数いる場合の住居にその居住者全員の意思に反した侵入であっても住居侵入罪は一罪しか成立しない。上例のCに住居侵入罪が成立するならば、Bはその共犯ということにもなりかねない。住居権者のうちの誰かの許諾があれば住居侵入罪は成立しないと解すべきであり、住居権者相互の住居権の侵害・制約に関しては当事者間の（民事的な対応も含めた）自律的解決に委ねられればよいように思われる。なお、住居の中の専用区画の利用状況によってはその区画の専有者のみを「住居権者」ととらえうる場合はあろう。

---

[9] 強盗目的を秘しての立入りにつき、最判昭和23年5月20日刑集2巻5号489頁、最大判昭和24年7月22日刑集3巻8号1363頁。

[10] 東京地判昭和44年9月1日刑月1巻9号865頁。

[11] 最決平成19年7月2日刑集61巻5号379頁。Xらは、1台のATMの広告用カードホルダーに盗撮用ビデオカメラを設置し、その隣のATMの前に床に受信機等の入った紙袋を置き、相当長時間にわたって交替しながらそのATM機の前に立ち続け、そこを占拠した。Xらは、建造物侵入罪のほか、偽計業務妨害罪（233条）にも問われた。14講（3）参照。

[12] このような場合に住居侵入罪の成立を認めたのは、大判大正7年12月6日刑録24輯1506頁。この種のケースで「住居の平穏を害する態様での立ち入りとはいえない」として消極に解したのは、尼崎簡判昭和43年2月29日下刑集10巻2号211頁。なお、『平成元年版犯罪白書』は第4編において「昭和の刑事政策」を特集し、その中の第2章第2節3「犯罪動向の背景」において、戦時中の性犯罪・住居侵入罪を含めて戦時中に認知件数が増加した犯罪の背景事情について次のように分析している。すなわち、「昭和16年12月8日に始まり、20年8月15日に終わる太平洋戦争の時代には、ほとんどの犯罪が減少しているが、強姦及び強制猥褻は増加し、賭博・富くじ及び賄賂が高い数値を示している」。「強姦及び強制猥褻の増加については、戦時において銃後の婦女子を守ろうとする捜査当局の厳重な捜査方針の影響等を考慮する必要があろう」。「この時期に住居侵入が激増しているが、同様の捜査方針の影響を思わせる。すなわち、当時、刑法には人の妻たる者の姦通行為につき、その妻と相姦者とを処罰する旨の規定が存したが、夫の告訴を要する親告罪であり、これで処罰しようにも出征中の夫から告訴を得られず、実際上処罰することが困難であったため、相姦者が夫の住居権を犯したとして、住居侵入でこれを処罰する方針が採られたのであり、これが、戦時住居侵入が増加した主因と考えられるのである。さらに、賭博・富くじの増加も、銃後の社会秩序を守り、怠惰浪費等の風潮が生じないようにするため、この種犯に対して厳重な捜査方針を採ったことの反映と考えることができよう。また、賄賂の増加は……統制経済下の特徴と見ることができるであろう」と分析している。このような分析は、犯罪の認知件数が法執行機関の取締方針にも影響されうることをよく示している。犯罪統計をみる場合に注意すべき点でもある。

（4）住居侵入罪は未遂を罰する（132条）。身体の全部が建物や囲繞地に入った時点で「侵入した」といえ、既遂に達する。外部から見ることのできない敷地に駐車された捜査車両を確認する目的で警察署を囲むコンクリートの塀の上部に登った行為につき、「本件塀は、本件庁舎建物とその敷地を他から明確に画するとともに、外部からの干渉を排除する作用を果たしており、正に本件庁舎建物の利用のために供されている工作物であって」、「『建造物』の一部を構成するものとして、建造物侵入罪の客体に当たる」として建造物侵入罪（既遂）の成立を認めた判例がある[13]。

Ⅱ　信書開封罪（133条）・秘密漏示罪（134条）

（1）秘密（一般に知られていない事実、非公知の事実）は、その帰属主体により、国家機密、企業秘密（営業秘密）、個人的秘密（個人情報）に区別され、秘密侵害の行為態様には、第三者による探知・盗用、秘密を知る者による漏示があるところ、刑法典はそれらの秘密を包括的に保護しておらず、主体・客体・手段を限定してその一部を保護するにすぎない。すなわち、133条は「正当な理由がないのに、封をしてある信書を開けた者は、1年以下の拘禁刑〔懲役〕又は20万円以下の罰金に処する」と規定し、「封をしてある信書を開けた」場合に限定した探知型の侵害行為を処罰し、134条1項は、「医師、薬剤師、医薬品販売業者、助産師、弁護士、弁護人、公証人又はこれらの職にあった者が、正当な理由がないのに、その業務上取り扱ったことについて知り得た人の秘密を漏らしたときは、6月以下の拘禁刑〔懲役〕又は10万円以下の罰金に処する」[14]と規定し、列挙された主体の行う漏示型の秘密侵害行為を処罰している[15]。

（2）133条の「信書」とは、特定人から特定人に対し意思や事実を伝達する文書のことをいう。信書を「開けた」ことにより既遂に至る。信書の内容を読んだり、内容を知ることは既遂に至るために必要ではない。134条は主体の限定された身分犯である。これらの身分者に守秘義務が課されることになる。裁判所から鑑定を命じられた精神科医が、鑑定資料や鑑定結果を記載した書面を第三者に閲覧させた行為は、秘密漏示罪に該当する[16]。それに対して、医療関係者でも「看護師」は134条1項に挙げられておらず、看護師による秘密漏示行為は本条項では処罰されない[17]。漏示行為が134条の構成要件に該当する場合でも、その違法性が阻却される場合

13　最決平成21年7月13日刑集63巻6号590頁。

14　134条2項は「宗教、祈祷若しくは祭祀の職にある者又はこれらの職にあった者」の同様の行為を処罰する。

15　特別法において秘密探知・漏示・盗用行為を処罰するものも少なくない。たとえば、不正競争防止法（第15講注8参照）、個人情報の保護に関する法律、国家公務員法、地方公務員法などである。

16　最決平成24年2月13日刑集66巻4号405頁。

17　ただし、その行為は保健師助産師看護師法42条の2、44条の4により処罰される。

もある。たとえば、国立病院の医師が救急患者の尿から覚醒剤成分が検出されたことを捜査機関に通報した行為につき、35条の正当行為として許容されるとされた[18]。133条・134条は親告罪である（135条）。

18　最決平成17年7月19日刑集59巻6号600頁。

第13講　名誉に対する罪（名誉毀損罪）

　表現の自由（憲法21条）は、民主主義社会の形成・維持にとって基礎となる権利である。しかし、「表現の自由の行使」の名のもとに、どのようなことでも好き勝手に言ってかまわない、というものではないだろう。かつてはわいせつな表現がどこまで許されるのか憲法上争われた[1]。近時では、ネット上やSNSでの表現、とりわけ誹謗中傷表現の規制が社会的に関心をもたれている[2]。自由で民主的な社会であるならば、言論は自由であるべきであり、できるだけ規制されるべきでないというのが基本的な出発点である。しかし、暴力的な行為で人に危害を加えることが許されないように、人を誹謗中傷し、いわば「言論の暴力」により人を傷つけることも、ネット上の表現であれば無制約に許される、ということはありえまい。もちろん、かりに一定の規制の必要があるとしても、刑事規制を行うことが適切なのかどうかは、別の考慮も必要である。社会における制裁の重層性、刑法の補充性・謙抑主義を考えれば刑事的な対応をとることにはやはり慎重であるべきだろう。法的な対応としても、刑法の名誉毀損罪（230条）による処罰だけでなく、民事的な損害賠償もある。名誉毀損は第1次的には私人間のトラブルであると考えられ、民事的な対応が原則といえよう。しかし、刑法もその230条において名誉毀損罪を犯罪とし、刑事的な対応も予定している。本講においては、現行刑法の名誉毀損罪の解釈を検討する。刑法の問題にとどまらず、より広い視野をもって、この種の問題に対する対応のあり方を考えてもらえればと思う[3]。

I　名誉毀損罪（230条）の構成要件

　（1）230条1項は、「公然と事実を摘示し、人の名誉を毀損した者は、その事実の有無にかかわらず、3年以下の拘禁刑〔懲役若しくは禁錮〕又は50万円以下の罰金に処する」と規定する。

　「公然と」とは、不特定または多数の人が認識しうる状態をいう。新聞や雑誌の記事、テレビでの発言など不特定の者が読んだり、聞いたりすることができる場合がこれにあたる。インターネット上の書き込みも誰でもア

---

[1]　わいせつ物頒布罪（175条）に関して、チャタレイ事件（最大判昭和32年3月13日刑集11巻3号997頁）など。町野・各論の現在214頁以下も参照。

[2]　2014年（平成26年）、私事性的画像記録の提供等による被害の防止に関する法律（いわゆるリベンジポルノ防止法）が制定され、盗撮画像やリベンジポルノなどの「私事性的画像記録」をインターネット上に公開し、プライバシーを侵害する行為が処罰対象とされた。

[3]　井田・各論2版180頁は、「ネット上の無責任な言論により、甚大な権利侵害が生じている。たとえば、刑事事件の被疑者や被告人について、さらにはその家族について写真や動画を含む夥しい量の情報が流布され、激しい社会的非難の言葉が向けられることがある」。「こうした場面における言論の自由は、無規制・無制約なものであり、その反面において、名誉やプライバシー、さらには、この社会における個人の生存権さえもが犠牲となっている」とし、わが国の「名誉毀損罪・侮辱罪の処罰規定はほとんど名目的なものにとどまっており、名誉という法益は、事実上、言論の自由の前の法的保護を否定されているといっても過言ではない」と現状を分析している。

クセスできる場合には同様である。では、その書き込みにアクセスできる人が限定されている場合はどうか。この場合は「特定」されてはいるが、前述の定義では、不特定「または多数」であれば、「公然と」という要件を充たすことになるから、どの程度の人数であれば「多数」にあたるのかが問題になる。やや古い判例であるが、最高裁は、Xが庭先の菰が燃えているのを発見し、これを消火しに行く際、その付近に男の姿をみて、近所のAだと思い込み、自宅においてAの弟B、火事見舞いに来ていた村会議員Cに対し、さらに、妻D、長女Eおよび近所のF・G・H等のいる前で「Aが放火するのを見た」という趣旨の発言をし、A放火の噂は村中に広まったという事案に関して、「Xは不定多数の人の視聴に達せしめ得る状態において事実を摘示したものであり」、230条1項にいう公然事実を摘示したものであると判示した[4]。判例は事実を摘示した相手方が特定かつ少数の場合であっても、他の人に話が伝わっていく可能性（伝播可能性）のある場合には公然性を認めてきた。学説では、判例の伝播性の理論を支持する見解もある一方で、「公然と」は、結果として広まるかどうかではなく、事実を摘示する際の行為の状況において不特定または多数を相手としたものがどうかを問題にすべきであり、そうでなければ、この要件の限定性がなくなり、日常的な言論（噂話の類）でも名誉毀損罪が成立しうることになってしまいかねないとして伝播性の理論に批判的な見解も有力である。「特定かつ少数」といえる場合、たとえば、家族のなかで、あるいは、仲の良い友達数名の会話において、話が広がる可能性がなければ、誰かの悪口を散々に言ったとしても——人の悪口を言うのが道徳的にどうかは別にして——「公然と」の要件を欠き、名誉毀損罪にはならない[5]。

　「事実を摘示し」とは、「ある程度具体的な事実を指摘して」という意味であり、事実を指摘しない侮辱的な表現をする場合には侮辱罪の問題となる。侮蔑的な、または人を蔑むような評価を示すこと（侮辱）と、事実を示して評価を低下させること（名誉毀損）とどちらが悪質ないし違法性が重いと考えるべきかは意見はわかれるように思われるが、現行刑法は名誉毀損罪、つまり、事実摘示の方が重いと考えた。このような価値判断は立法論的には検討の余地はあろう[6]。

　「名誉」とは人[7]に対する積極的な社会的評価である。もっとも、このような評価を客観的に測定・確定する

---

[4]　最判昭和34年5月7日刑集13巻5号641頁。

[5]　7名の役員が参加していた地域の消防隊の会合において、Xが「Aが組合の金を横領した」旨の発言をしたという事案に関して、大判昭和12年11月19日刑集16巻1513頁は、「元来法律が公然と規定し而して判例が之を不特定又は多数人と解するに至りたる所以のものは蓋多数人なるときは動もすれば秘密の保たれ得さるの虞あるが故に外ならさるを以て多数人なりと雖其の員数の点に鑑み又その集合の性質に鑑み克く秘密の保たれ得て絶対に伝播の虞なきか如き場合に於ては公然と称するの要なきものと解するを相当とすべし」と判示して、名誉毀損罪の成立を否定した。この判決は、伝播性の観点から公然性を否定していること、「多数人なりと雖」という判示からみて、このケースで「多数」というるとみているように思われ、「多数」というのはそれほど多くの人数は想定されていないと思われることが注目される。

[6]　侮辱罪（231条）は「事実を摘示しなくても、公然と人を侮辱した」場合に成立する。名誉毀損罪とは事実摘示の有無により区別される。近時、インターネット上での悪質な誹謗・中傷行為が社会的に問題視され、当罰性の高い侮辱行為への厳正な対応を可能とするため、2022年（令和4年）の刑法改正において、侮辱罪の法定刑が「1年以下の懲役若しくは禁錮若しくは30万円以下の罰金又は拘留若しくは科料」に引き上げられた。この法定刑の引上げに伴い、没収の制限（20条）、および、教唆犯・従犯成立の制限（64条）がなくなり、公訴時効期間が1年から3年に延びる（刑訴法250条2項6号・7号参照）ことになった。

[7]　230条の「人の名誉」の「人」とは、自然人のほか、法人等の団体も含む（通説・判例）たとえば、学校法人駒澤大学に対する理由のない名誉毀損表現がなされた場合、学校法人駒澤大学を被害者とする名誉毀損罪が成立しうる。侮辱罪（231条）の

ことは不可能である。たとえば、100 あった「名誉」が、ある事実の指摘によって 70 に、または 50 に低下させられたといったことを測定することはできない。そもそも「名誉」(の実体)が一体どのようなものなのかははっきりしない。かりに世論調査のような方法でなんらかの数値が出せたとしても、その数値は変動しよう。評判の悪い人には名誉はないのかということも問題になる。そこで、名誉を「毀損した」と 230 条に書かれているが、被害者の社会的評価を低下させるに「足るような」事実を指摘すれば、たとえば、あの人はかつて少年院に入っていた、あの政治家はある業者に便宜をはかった見返りに裏金をもらっている、あの芸能人は薬物をやっているらしい等々、社会的評価を低下させると「一般に考えられる」ような事実関係を指摘した時点で「毀損した」といえ、名誉毀損罪は既遂に至る (抽象的危険犯)。実際に、世論調査等を行って評価が下がったことを裁判で証明する必要はない。

　230 条 1 項の理解にとって、「その事実の有無にかかわらず」ということが重要である。これは、摘示したことが事実 (真実) であろうと、嘘であろうと、230 条 1 項の構成要件に該当するということを意味する。虚偽の事実を示して人の名誉を毀損することが当罰的であることは多く論ずるまでもないが、本当のことを言ったとしても、それがその人の名誉 (社会的評価) を低下させることになるのであれば、230 条 1 項の構成要件に該当することになる。真実を明らかにし、いわば「虚名を剥ぐ」行為も、230 条 1 項の構成要件に該当する。先の例でいえば、「A はかつて少年院に入っていたことがある」とインターネットに書き込んだ場合、それが本当のことであっても、その表現は 230 条 1 項の構成要件に該当するのである[8]。

II　230 条の 2 による免責 (違法性阻却または処罰阻却)

　上でみたような 230 条 1 項の規定は、名誉の保護には厚いとはいえても、表現の自由・国民の知る権利の観点からは好ましくない場合もある。戦後、日本国憲法が制定され、明治時代につくられた現行刑法の規定のうち新たな価値観に適合しない規定を改める必要が生じ、1947 年 (昭和 22 年) に刑法の一部改正が行われた[9]。その際、名誉 (人格権) の保護と、表現の自由・知る権利との調和を図るために、230 条の 2 が新設された。

　230 条の 2 は「前条〔230 条〕第 1 項の行為が公共の利害に関する事実に係り、かつ、その目的が専ら公益を図ることにあったと認める場合には、事実の真否を判断し、真実であることの証明があったときは、これを罰しない」と規定した。すなわち、事実の指摘により人の名誉を毀損した場合でも、①事実の公共性、②目的の公益性、③真実性の証明の 3 要件を充たせば名誉毀損罪の責任は問われない。「罰しない」という法効果の意味は争

　「人」も同様である (判例・通説)。ただし、侮辱罪に関して、主観的な名誉感情が保護法益であり、法人に対する侮辱罪は成立しないとする見解もある。

[8]　230 条 2 項は、「死者の名誉を毀損した者は、虚偽の事実を摘示することによってした場合でなければ、罰しない」と規定する。この保護法益について、死者の名誉そのものとみるか、死者に対する敬虔感情とみるかは争いがある。前者の立場が死者を法益・利益の主体と考えるとすれば疑問である。

[9]　第 1 講注 1 参照。

われている。1つの見解は、名誉毀損罪の構成要件に該当し違法で有責な行為であるが、処罰が阻却されると解する[10]。もう1つの見解は、正当防衛や緊急避難と同様に、行為の違法性が阻却されると解する。これについては、摘示事実の真実性の錯誤のところで検討する。230条の2の3要件を充たせば、その法的性格につきどのように解しても、処罰されないという点では変わらない。

230条1項の構成要件該当性

・　公然と　　　　　　　　⇒　不特定または多数の人が認識しうる状態で

・　事実を摘示し　　　　　⇒　「その事実の有無にかかわらず」

・　人の名誉を毀損した

230条の2による免責

①　事実の公共性

②　目的の公益性

③　事実の真実性　　　　　⇒　違法性阻却 or 処罰阻却

「公共の利害に関する事実」とは、公衆の批判にさらすことが公共の利益増進に役立つと認められる事実とか、市民が民主的自治を行ううえで知る必要がある事実というように理解されている[11]。プライバシーに属する事実は基本的にこれに含まれないと考えられるが、最高裁は、規模の大きな団体の会長であると同時に政治的に影響力をもつ人物の異性関係に関する事実について、「私人の私生活上の行状であっても、そのたずさわる社会的活動の性質及びこれを通じて社会に及ぼす影響力の程度などのいかんによっては、その社会的活動に対する批判ないし評価の一資料として……『公共ノ利害ニ関スル事実』にあたる場合がある」[12]との判断を示している。

「その目的が専ら公益を図ること」が要件なので、私怨を晴らす目的で事実を摘示した場合にはこの要件は充たされない。「専ら」とあるが、判例によれば、主たる目的が公益目的であればよいとされている[13]。

事実の公共性、目的の公益性の要件が充たされた場合に、事実の真否が判断され、「真実であることの証明が

---

[10] 犯罪は成立しているが、一定の事由の存在により刑罰権の発生を妨げる事由を処罰阻却事由という。処罰阻却事由は故意の成否と関係しない（故意の対象ではない）ということが重要である。

[11] 230条の2第2項は特例を設けている。すなわち、「前項〔230条の2第1項〕の規定の適用については、公訴が提起されるに至っていない人の犯罪行為に関する事実は、公共の利害に関する事実をみなす」と規定する。犯罪について捜査の端緒を与えることにもなるからである。「公訴が提起されるに至っていない人の犯罪行為に関する事実」についての定めたものなので、前科の公表はこの特例の場合にあたらない。

[12] 最判昭和56年4月16日刑集35巻3号84頁。

[13] 230条の2第3項は、「前条〔230条〕第1項の行為が公務員又は公選による公務員の候補者に関する事実に係る場合には、事実の真否を判断し、真実であることの証明があったときは、これを罰しない」と規定し、この場合、事実の公共性および目的の公益性の要件を擬制している。

あったとき」にその名誉毀損行為は免責されることになる[14]。真偽不明の場合には、その不利益は被告人が負う。すなわち、真実性の証明の挙証責任は被告人に転換されている[15]。

Ⅲ　摘示事実の真実性の錯誤

（1）230条の2による免責に必要な「真実であること」の証明は必ずしも容易なことではない。しかし、一定の根拠に基づいて「真実だ」と思ってその事実を指摘したが、それが裁判で証明できなかった場合、名誉毀損罪という「犯罪」になるということであれば、たとえば、ジャーナリストが政治家の収賄行為・スキャンダル等を記事にすることをためらう（萎縮効果が生ずる）ということをもたらしかねない。そこで、戦後の学説・判例は、確実な資料・根拠に照らし相当な理由に基づいて事実を指摘した場合には、裁判において「真実であることの証明」ができなかったときでも免責可能になるような理論構成を考えてきた。

（2）この問題点の出発点になるのは、230条2を処罰阻却事由と解するか、違法性阻却事由と解するかである。処罰阻却事由説は、他人の名誉を毀損した以上、その行為は、内容が真実であっても230条の構成要件に該当し、違法で有責な行為であり、ただ、230条の2の要件を充たす限りで処罰を免れるにすぎないと考える。処罰阻却事由と解することの1つの重要な帰結は、その錯誤が故意を阻却しないということにある[16]。これは1947年（昭和22年）改正時の立法者の考えであったともいわれる。しかし、公共の利害にかかわり、かつ、公益目的でなされた真実の主張が、「違法な言論」であり、単に処罰されないだけだという評価は、表現の自由・国民の知る権利を軽視していると批判されてきた。

（3）そこで、多数説は、230条の2の要件を充たす場合、違法性を阻却すると考える。その場合、次に、摘示事実を真実であると誤信した場合の取扱いが重要な問題になり、なにを違法性阻却事由と考えるのかが議論されてきた。「事実が真実であること」が違法性阻却事由であると解する見解がその1つである。しかし、このように解し、違法性阻却事由の事実的前提に関する錯誤[17]に関する通説・判例の考え方をこの場合に適用すると、

14　「『人の噂であるから真偽は別として』という表現を用いて」、人の名誉を毀損する事実を摘示した場合、230条の2所定の「事実の証明の対象となるのは、風評そのものが存在することではなく、その風評の内容たる事実の真否である」（最決昭和43年1月18日刑集22巻1号7頁）。

15　「証拠の優越」で足りるとする見解も有力である。挙証責任の転換について、第8講Ⅱ（1）も参照。

16　故意とは構成要件に該当する事実（別の言い方をすれば、犯罪を構成する事実）の認識である（構成要件の故意規制機能）というのが一般的な理解であり、構成要件要素ではない処罰阻却事由は故意の認識対象ではないからである。

17　誤想防衛が典型的な場合である。誤想防衛とは、急迫不正の侵害がないのに、これがあると誤信し、その誤信した事実に対して相当な防衛行為をした場合（正当防衛を行う状況にないのに、そのような状況にあると誤って考え、「正当防衛」のつもり

軽率に「真実である」と誤信し、それをネット上に書き込んだような場合も行為者の心理状態は同じであり、故意が阻却されるとなってしまうが、それでもよいか、ということが問題とされてきた。多くの見解は、事前に十分な調査をするなどして、確実な資料・根拠に照らし相当な理由に基づいてなした言論は保護されるべきだ（犯罪とされるべきではない）が、噂話を軽率に信じてなすような、事前の十分な調査をせず、その結果においても、真実であるとは証明できなかった軽はずみな言論まで保護する必要はない、という価値判断に立ち、このような結論を導く理論構成を模索してきた[18]。通説の背後には、誤想防衛の場合には、急に襲われた（と誤信している）緊急状態下でとっさに対応をしなければならないのに対し、名誉毀損が行われる状況は、そのような緊急状態下にはなく、慎重に調べたうえで事実を指摘することができだけの時間的余裕があるのである点に相違があると考え、後者の軽率な言論は免責に値しないと考えるのであろう。

（4）そこで主張されたのは、「証明可能な程度の真実性」を違法性阻却事由であると解する見解である。230条の2の「事実の真否を判断し、真実であることの証明があったときは」という表現は訴訟法的な表現であり、これを実体法（刑法）の要件として捉え直せば、行為の時点に立った場合「証明可能な程度の真実性」が違法性阻却事由になると考えることができる。証明可能な程度の資料・根拠に基づいて「真実だ」と考えた（誤信した）場合には、故意が阻却されるというのである[19]。その着眼点は注目されるが、このように考えた場合、「証明可能な程度に真実である」と軽率であれ考えた場合にも違法性阻却事由の事実的前提に関する錯誤となり、むしろ、先の「事実が真実であること」が違法性阻却事由であると解する見解以上に故意阻却の範囲が広がるはずであって、この説が主張するように、「客観的に」証明可能な程度の資料・根拠の存在が故意を阻却することになる理由は理論的に基礎づけられていない。

ただ、最高裁昭和44年6月25日の大法廷判決（刑集23巻7号975頁）〔夕刊和歌山事件判決〕はこの見解に立っている、または親和性があるのではないかと考えられている。最高裁は、Xが、その発行する「夕刊和歌山時事」に、「吸血鬼Aの罪業」と題し、Aの名誉を毀損する記事を掲載したという事案に関して、「刑法230条の2の規定は、人格権としての個人の名誉の保護と、憲法21条による正当な言論の保障との調和をはかつたも

で行為した場合）をいい、通説・判例は、このような違法性阻却事由の事実的前提の錯誤も「事実の錯誤」として犯罪事実の認識を欠く場合であり、（責任）故意（＝「罪を犯す意思」）を阻却し、その錯誤につき過失があるときは（過失犯処罰規定を前提に）過失犯が成立すると考える。つまり、誤ってであれ、正当防衛にあたる事実を認識し、主観的には「正当防衛」を行おうとしているのであるから、罪となるような行為の違法性を基礎づける事実認識、つまり、「罪を犯す意思」（38条1項）、「悪いことを悪いと知りながらそれを決意した」という故意犯特有の非難に値する心理状態はないと考えるのである。

18 厳格責任説は、誤想防衛について、行為者は、構成要件該当事実（構成要件該当の法益侵害）を認識・認容し、これを実現している、つまり、その（行為）意思は構成要件該当の結果惹起に向けられており、その行為が許されているのか否かの判断に直面しているのである（違法性阻却事由の錯誤のために、判断を誤って、その行為が許されると信じただけである）と考えて、誤想防衛は故意犯であり、その錯誤が回避不可能な場合には責任が阻却されると解する。厳格責任説は、この場合に多くの論者が妥当であると考えられている結論を導くことのできるように思われるが、誤想防衛などの違法性阻却事由の事実的前提の錯誤一般の処理に関して支持されていない。

19 団藤重光「名誉毀損罪と事実の真実性」『刑法と刑事訴訟法との交錯』86頁以下（弘文堂、1950年）。「証明が可能な程度とは、客観的な資料によつて健全な常識をもつ者が認定できる程度をいう」とする。また、大塚・各論3版増補147頁。

のというべきであり、これら両者間の調和と均衡を考慮するならば、たとい刑法 230 条の 2 第 1 項にいう事実が真実であることの証明がない場合でも、行為者がその事実を真実であると誤信し、その誤信したことについて、確実な資料、根拠に照らし相当の理由があるときは、犯罪の故意がなく、名誉毀損の罪は成立しないものと解するのが相当である」と判示した[20]。なぜ「客観的に」確実な資料、根拠に照らし相当の理由があるときに、主観面の問題である「犯罪の故意がない」といえるのかは、理論的に十分に基礎づけられていないことは指摘した通りであるが、結論的には、多くの見解が妥当と考えるところの、確実な資料・根拠に照らし相当な理由がある場合には真実性の証明がなくても免責（故意阻却）され、逆に、そのような理由のない、軽率な誤信の場合は名誉毀損罪が成立するという判例の立場が明確に示された。

◈　摘示事実を「真実である」と誤信した場合の取扱い

（１）　処罰阻却事由説

（１－１）真実性の錯誤は故意とはかかわりない。

（１－２）230 条の 2 とは別に 35 条による違法性阻却を考える。

（２）　違法性阻却事由説

（２－１）「事実が真実であること」が違法性阻却事由

（ⅰ）　誤想防衛の場合と同様の処理 ⇒ 軽率な誤信でも故意阻却

（ⅱ）　厳格責任説

（ⅲ）　230 条は故意の名誉毀損と過失の名誉毀損を含み、

真実性の錯誤の場合、過失名誉毀損罪として処罰。

（２－２）「証明可能な程度の真実性」が違法性阻却事由

（５）さらに別の見解として、230 条の 2 を処罰阻却事由と解し、確実な資料・根拠に照らし相当の理由がある言論は 35 条の正当行為と考えるべきだとする見解もある[21]。この見解は、この問題を錯誤の問題として解決するのではなく、違法性の問題として考えるべきであるとする。ジャーナリストによる政治のチェック機能を指摘し、35 条の正当行為として違法性阻却を問題にすべきだというのは重要な指摘であるが、35 条による違法性阻却それ自体は、230 条の 2 を違法性阻却自由と考えることと排他的なものではなく、35 条の理解については他の見解からも大きな異論はないところであろう。問題は、35 条による違法性阻却を考えたからといって錯誤の問題を回避できるわけではないということである。230 条の 2 を問題にするのであれ、35 条を問題にするの

---

[20] そして、最高裁は、およそ事実が真実であることの証明がない以上、名誉毀損罪の罪責を免れないとしていた最判昭和 34 年 5 月 7 日（前掲注 4）の判例を変更した。

[21] 中森・各論 4 版 92 頁、94 頁など。

であれ、違法性阻却事由であれば、その違法性阻却事由の事実的前提の錯誤の問題は必然的に生ずることになるからである。加えて、230条の2を処罰阻却事由と解することに対する前述の批判も回避できない。

（6）近時有力に主張されているのは、事実が真実であったことが違法性阻却事由であると解するが、230条は、故意の名誉毀損と過失の名誉毀損を含むと解し、事実が真実であると認識した点に過失がある場合、（虚偽性の認識のない）過失による名誉毀損罪として処罰されるという見解である[22]。確かに、1つの構成要件に故意犯と過失犯を含む犯罪類型として204条（傷害罪）がある。過失犯処罰の明文の規定を230条の2に求めるのも1つの考え方であろう。しかし、これが技巧的な説明であることは否めず、故意犯処罰の原則という刑法の基本的な考え方との調和も問題になる[23]。摘示事実の真実性の錯誤の解決は、理論的になお検討が必要である。

Ⅳ　インターネット上の表現と名誉毀損罪

本講の冒頭で、インターネットやSNSでの表現の規制が社会的に関心をもたれていることに触れた。今後、刑事法以外の規制がどのように動いていくのかはここで論ずる範囲を超える。刑事裁判においてもすでにインターネット上の表現について名誉毀損罪が問われたケースがある。事案は次のようなものであった。Xは、インターネット上のホームページ内において、直営店のほか多数のフランチャイズ店（ラーメン店Aなど）を有し飲食業等の事業を展開するB社がカルト集団である旨記載した文章（「あなたがAで食事をすると、飲食代の4〜5%がカルト集団の収入になります。」など）や、B社が会社説明会の広告に虚偽の記載をしている旨の文章（B社の会社説明会の広告に関して、「FC店を開くときに、自宅を無理矢理担保に入れられるなんてことも、この広告には全く書かれず、『店が持てる、店長になれる』と調子のいいことばかり。」など）を掲載し、不特定多数の者に閲覧させ、B社の名誉を毀損したというものである。第1審判決[24]は、Xの行為が刑法230条1項の構成要件に該当すると認めたうえで、①本件表現が公共の利害に関する事実に係るものであり、主として公益を図る目的でなされたものであるものの、その重要な部分が真実であると証明されたとはいえないから、230条の2第1項の要件を充たしておらず、さらに、②Xがこれを真実であると誤信したことについて、確実な資料・根拠に照らし相当な理由があったとも認められず、従来の基準によれば、Xに名誉毀損罪の故意がなかったとはいえないものの、③新たな（緩和された）基準を立て、Bには本件表現に対する反論を要求しても不当とはいえない特段の事情がある（加害者と被害者・関係者とが言論による対抗の渦中にあった）ことを前提に、Xがインターネット

---

[22]　西田・各論7版132頁、佐伯仁志「名誉とプライヴァシーに対する罪」『刑法理論の現代的展開―各論』84頁以下（日本評論社、1996年）。なお。山口・各論2版147頁以下。

[23]　参照、斎藤信治「名誉毀損罪は故意犯に限られないのか」『西原春夫先生古稀祝賀論文集（第3巻）』179頁以下（成文堂、1998年）。

[24]　東京地判平成20年2月29日刑集64巻2号59頁。

の個人利用者に対して要求される程度の情報収集をした上で本件表現に及んだものと認められるとして名誉毀損罪の罪責は問いえないとした。これに対して、第2審判決[25]は、被害者に反論の可能性があることをもって従来の基準を緩和しようとするのは、被害者保護に欠け相当でなく、インターネット上の情報の信頼性が必ずしも低いとはいえず、この種の事案に限って基準を緩和する理由はなく、本件表現行為は230条の2により免責されないとした（罰金30万円）。これに対して、Xが上告し、最決平成22年3月15日刑集64巻2号1頁は次のような判断を示した。

「所論は、Xは、1市民として、インターネットの個人利用者に対して要求される水準を満たす調査を行った上で、本件表現行為を行っており、インターネットの発達に伴って表現行為を取り巻く環境が変化していることを考慮すれば、Xが摘示した事実を真実と信じたことについては相当の理由があると解すべきであって、Xには名誉毀損罪は成立しないと主張する。しかしながら、個人利用者がインターネット上に掲載したものであるからといって、おしなべて、閲覧者において信頼性の低い情報として受け取るとは限らないのであって、相当の理由の存否を判断するに際し、これを一律に、個人が他の表現手段を利用した場合と区別して考えるべき根拠はない。そして、インターネット上に載せた情報は、不特定多数のインターネット利用者が瞬時に閲覧可能であり、これによる名誉毀損の被害は時として深刻なものとなり得ること、一度損なわれた名誉の回復は容易ではなく、インターネット上での反論によって十分にその回復が図られる保証があるわけでもないことなどを考慮すると、インターネットの個人利用者による表現行為の場合においても、他の場合と同様に、行為者が摘示した事実を真実であると誤信したことについて、確実な資料、根拠に照らして相当の理由があると認められるときに限り、名誉毀損罪は成立しないものと解するのが相当であって、より緩やかな要件で同罪の成立を否定すべきものとは解されない（最高裁昭和……44年6月25日大法廷判決・刑集23巻7号975頁参照）。これを本件についてみると、原判決の認定によれば、Xは、商業登記簿謄本、市販の雑誌記事、インターネット上の書き込み、加盟店の店長であった者から受信したメール等の資料に基づいて、摘示した事実を真実であると誤信して本件表現行為を行ったものであるが、このような資料の中には一方的立場から作成されたにすぎないものもあること、フランチャイズシステムについて記載された資料に対するXの理解が不正確であったこと、XがB株式会社の関係者に事実関係を確認することも一切なかったことなどの事情が認められるというのである。以上の事実関係の下においては、Xが摘示した事実を真実であると誤信したことについて、確実な資料、根拠に照らして相当の理由があるとはいえない」と判示し、Xを有罪として原判決を支持した。

第1審判決は、「いわゆる『対抗言論の法理』と呼ばれる考え方を基礎にするものと思われる。対抗言論の法理は、オンラインでの名誉毀損の場合には、オフラインでの名誉毀損の場合と異なり、加害者と被害者の双方が同等のアクセス可能性と反論可能性を持っており、両者は全く平等な立場に立つことから、言論に対しては言論で対抗することを原則にしようとする考え方である」。それによれば、「対抗言論が可能でない事案よりも厳格な要件のもとで名誉毀損罪が成立することになる」。「民事の下級審判決には対抗言論の法理を採用したものが見ら

---

25 東京高判平成21年1月30日刑集64巻2号93頁。

れるが」、「刑事判例として対抗言論の法理（の趣旨）に言及したものは、本件の１審判決がはじめてである」[26]。

しかし、本件の控訴審判決および最高裁決定はこのような考え方を退けた。本決定は、インターネット上の表現によって名誉を毀損した事案において、すなわち、摘示事実の真実性を錯誤していた場合、他の情報媒体（新聞・雑誌など）と同一の基準（前述の夕刊和歌山事件判決）が妥当することを明らかにしたので重要である[27]。

ネット上の表現の規制の在り方について検討すべき点は多いが、プロバイダによる対応やその責任、ネット上の書き込み等の匿名性に基づく民事上の損害賠償請求の障害・困難さの除去などへの対策は必要であろう。

---

[26] 丸山雅夫・平成22年度重要判例解説210頁以下。対抗言論の法理は注目に値するが、反論により名誉を有効に回復できるとは限らず、また、被害者側に反論を強いることにもなり、これは、自力救済を要求し刑法上の保護をいわば後退させることにもなり、その是非は慎重に考える必要があろう。

[27] もっとも、最高裁昭和44年大法廷判決では、「犯罪の故意がなく、名誉毀損の罪は成立しない」と判示したのに対して、本決定は「故意」には言及せず、「名誉毀損罪は成立しない」とだけ判示している点でやや注目されるが、いずれにせよ結論は異ならず、平成22年決定が、44年大法廷判決と異なることを意図しているとまでは、この表現を手掛かりに判断することは難しい。むしろ、44年大法廷判決を引用していることからみて、それを踏襲するものと考えるのが素直であろう。

第14講 信用・業務に対する罪 (業務妨害罪・信用毀損罪)

I 業務妨害罪 (233条後段・234条)

(1) 233条後段は、「虚偽の風説を流布し、又は偽計を用いて、人の……業務を妨害した者は、3年以下の懲役〔拘禁刑〕又は50万円以下の罰金に処する」と規定し、234条は、「威力を用いて人の業務を妨害した者も、前条の例による」と規定する。業務妨害罪は、財産犯の規定 (235条以下) の前に規定されているように、財産犯の周辺に位置づけられうるが、業務は経済的な業務に限られない。自由 (業務活動の自由) に対する罪の面も有しているが、意思の自由の阻害がなくても本罪は成立し、円滑な業務活動が保護されているといえる。

(2) 業務とは、職業その他社会生活上の地位に基づき継続して行う事務または事業をいう。娯楽や家事は含まれない。本罪の業務は、加重処罰の基礎ではなく、保護の対象であるから、社会的に平穏に行われ、その妨害行為から刑法上保護に値するものであればよい。必ずしも適法な業務であることを要しない。たとえば、所有者の承諾を得ずに転貸され、かつ、行政上の営業許可を得ていない湯屋営業を入口付近に休業と記した紙片を掲示するなどして妨害した事案[1]、長い間パルプ工場の廃液による公害に悩まされてきた住民が、工場の配水管を生コンクリートで封鎖した事案[2]、パチンコ遊戯客からの景品買入業務を妨害した事案[3]などにおいて業務妨害罪の成立が認められている。

公務も233条・234条の「業務」に含まれるかどうか、含まれるとした場合にどのような公務が含まれるのかということが、業務妨害罪の解釈において最も争われてきた。平成18年の刑法改正により95条の法定刑に罰金刑が加えられたことにより、両罪の法定刑がほぼ同じになった[4]が、(ア) 公務執行妨害罪の手段は「暴行又は脅迫」に限定されており、95条のみの対象になる公務は暴行・脅迫に至らない「威力」、「偽計」による妨害行為からは保護されないのに対して、業務妨害罪の対象となれば、「威力」、「偽計」からも保護される。(イ) 公務執行妨害罪における公務の「適法性」と業務妨害罪における業務の「要保護性」とではその内容・判断を異にしており、そのことから、公務執行妨害罪と業務妨害罪が競合的に成立しうる公務を認める場合、公務執行妨害罪であればその「適法性」の要件を充たさないいわば「瑕疵ある公務」の執行の妨害が「業務」の妨害として (受け

---

[1] 東京高判昭和27年7月3日高刑集5巻7号1134頁。
[2] 高知地判昭和51年3月31日判時813号106頁。
[3] 横浜地判昭和61年2月18日刑月18巻1・2号127頁。
[4] 罰金刑追加により禁錮以上の刑の言渡しに伴う資格制限の問題が緩和されたことが重要である。

皿的に）業務妨害罪で処罰されるということも生じうる[5]。（ウ）公務執行妨害罪の成立には職務の執行に対する加害行為が必要である（「職務を執行するに当たり、これに対して暴行又は脅迫を加えた」）のに対して、業務妨害罪の妨害態様には、業務遂行妨害類型だけでなく、包括的な営業阻害類型もある（後述（3）参照）点でも異なっている。

　この問題に関して学説は多岐にわかれてきた。公務も前述の「業務」の定義にあてはまり、「業務」から除外すべき理由はなく、すべての公務が「業務」に含まれるとする無限定積極説、反対に、公務執行妨害罪が別に規定されている現行法のもとでは、公務は「業務」に含まれないとする消極説が主張されてきたが、学説の多くは、一定の基準で「業務」に含まれる公務と含まれない公務に二分する見解を主張してきた。たとえば、民間類似性の観点から公務を二分し、業務妨害罪の「業務」に含まれる公務は 95 条の「職務」から除外する公務振分け説などである。

　判例の立場は変遷してきたが、県議会の委員会室に乱入し条例案の採決等を威力を用いて妨害した事案において、最決昭和 62 年 3 月 12 日刑集 41 巻 2 号 140 頁は、「なんら被告人らに対して強制力を行使する権力的公務ではないのであるから……威力業務妨害罪にいう『業務』に当たる」と判示した[6]。これにより、判例は、「強制力を行使する権力的公務」——典型的には警察官が被疑者を逮捕する行為——は業務妨害罪の「業務」に含めず、それ以外の公務——都道府県庁や市役所の窓口教務など、妨害を排除できる実力をもたない一般行政職の職務など——はその「業務」に含めるとの立場を採った。その一方で、判例は、95 条の「職務」に含まれる公務に関して限定しない[7]ことから、「強制力を行使する権力的公務」は 95 条のみの対象となるのに対して、「強制力を行使する権力的公務」以外の公務は、95 条の「職務」にあたるとともに、233 条・234 条の「業務」にもあたることになる。判例はこのような限定積極説を採るに至った。法令上、妨害を自ら排除しうる権能（自力執行力）が与えられ、また、（類型的に）妨害排除を期待できるところの「強制力を行使する権力的公務」は業務妨害罪による保護の必要性は——それ以外の公務と比較して——少ないといえ[8]、その一方で、そのような強制力を行使しない公務は民間の業務よりも保護の程度を切り下げる理由はないから、限定積極説が妥当といえよう。

　このような判例の動きに伴い、「強制力を行使する権力的公務」も偽計に対しては無力であるという点を強調し、威力業務妨害罪（234 条）の「業務」には「強制力を行使する権力的公務」は含まれないが、偽計業務妨害罪（233 条後段）の「業務」にはすべての公務が含まれると解する見解（修正積極説）が有力に主張されている。しかし、保護法益の同じ業務妨害罪の「業務」の範囲を妨害手段の違いから異なって解釈するのは技巧的であり、

---

[5]　これを回避するために、業務妨害罪の対象となる公務の要保護性について厳格に解すべきであろう。なお、東京都が動く歩道を設置するため、路上生活者に対して自主的退去を説得し、退去後に残された段ボール小屋等を撤去すること等を内容とする環境整備工事を計画し、実施したところ、路上生活者らがこれを妨害したという事案に関して、最決平成 14 年 9 月 30 日刑集 56 巻 7 号 395 頁。

[6]　その後も、最高裁はこの立場を踏襲している。最決平成 12 年 2 月 17 日刑集 54 巻 2 号 38 頁、最決平成 14 年 9 月 30 日（前掲注5）。

[7]　第 25 講 I（1）参照。

[8]　その根拠は、「国家が、国民の側からの抵抗をある程度まで甘受し、これを処罰することを差し控えた、すなわち、国家権力の自己抑制の現れ」（佐伯仁志「業務妨害罪」法学教室 363 号 86 頁 [2010 年]）と考えるべきであろう。

偽計と威力の区別が（少なくとも判例を前提とすれば）微妙な場合も考えれば、妨害手段の違いから「業務」の範囲を区別することは説得的ではないように思われる。また、逮捕局面にある警察官の職務執行を偽計によって妨害する場合まで業務妨害罪に問うのは、刑法の謙抑性の観点、とくに公務執行妨害罪（の少なくとも典型的な場合）における政治的自由への配慮、すなわち、権力的公務に対して暴行・脅迫に至らない抵抗も十分に考えられたのに、その手段を暴行・脅迫に限定した趣旨も考慮すれば、修正積極説の解釈には疑問が残る。

公務執行妨害罪（95 条）における「職務」（公務）と業務妨害罪の「業務」（233 条・234 条）に含まれる公務の関係　【判例の立場＝限定積極説】

	強制力を行使する 権力的公務 （典型的には警察官の逮捕行為）	それ以外の公務 （典型的には一般行政職の職務）	
公務執行妨害罪	①	②	判例は 95 条に①②とも含める。
業務妨害罪	×	③	判例は③のみを「業務」とする。

❖ 業務妨害罪は、暴行・脅迫に至らない威力・偽計による妨害からも保護する。

　平成 10 年以降になると、警察等への虚偽の通報・虚構の犯行予告によって、一見したところ、あるいは、一般的・抽象的にみれば、「強制力を行使する権力的公務」といえるような公務を妨害した事案に関して、偽計業務妨害罪に問う下級審判決がみられるようになる。たとえば、国籍不明の外国人がわが国近海域に不法入国した旨虚偽の犯罪事実を通報し、海上保安庁の巡視船艇等を出動させた事案[9]、インターネット上の掲示板に虚構の無差別殺人の実行を予告し、警察官に警戒等の業務に従事させた事案[10]などである。

　「強制力を行使する権力的公務」か否かに関して、公務の一般的な性質を問題にするとすれば、この場合の業務妨害罪の成立には消極的となろう。しかし、判例は、強制力を行使する段階・局面を問題とし、権限行使の段階・執行局面に至っていない場合であれば、その公務は「強制力を行使する権力的公務」ではないと考え、虚偽通報事例の場合、虚偽通報により徒労の出動・警戒を余儀なくされ、その結果として、虚偽通報がなければ遂行されたはずの公務（たとえば、書類の記入・整理、相談の対応、待機等々）を妨害対象の公務ととらえ、それら

9　横浜地判平成 14 年 9 月 5 日判タ 1140 号 280 頁。
10　東京高判平成 21 年 3 月 12 日高刑集 62 巻 1 号 21 頁、東京高判平成 25 年 4 月 12 日東高刑時報 64 巻 1~12 号 103 頁など。参照、原口伸夫「虚構の犯行予告と業務妨害罪」駒澤法学 15 巻 3・4 号 1 頁以下（2016 年）。

は「強制力を行使する（段階・局面の）権力的公務」ではないから業務妨害罪が成立するとする。「徒労の」対応への誘導を出発点にして妨害対象を考えることには賛同できる。ただ、虚偽通報事例においては、妨害対象を徒労の対応なかりせばなされたであろう業務に限定するよりも、誘導され、強いられ、混乱させられた一連の対応全体とみるのが事態に合致した評価であるように思われる。表面的には「本来的な業務の遂行」のようであるが、実は徒労の一連の対応を強いられているという形態（包括的な業務阻害類型）の妨害だとみれば、「遂行」妨害に限定する必要はないように思われる[11]。

（3）業務妨害罪の手段は、(a)虚偽の風説の流布、(b)偽計、(c)威力である。

「虚偽の風説を流布し」とは、客観的真実に反する噂・情報を不特定または多数の人に伝播させることをいう。たとえば、A飲食店の調理場は衛生状態がきわめて悪いなどと事実に反することをネットに書き込む場合である。233条は、虚偽の風説の流布と偽計とを書きわけているが、前者は後者の概念に含まれる。「虚偽の風説を流布するなど偽計を用い」という意味となろう。

「偽計を用いて」とは、語義からは、「計略・策略など用いて」とか「はかりごとにより」といった意味であろうが、業務妨害罪において、多数説は、「人を欺罔し、または人の不知、錯誤を利用すること」と定義する。偽計の定義に「誘惑」を加える見解もあるが、業務主が知りえぬこと（不知）の利用に多くは含められよう。判例において「偽計」と認められたものとして、浴場の入口付近に「休業」と掲示し、客を帰らせた行為[12]、飲食店に嘘の電話注文により配達をさせた行為[13]、他人のキャッシュカードの暗証番号を盗撮するために一般客の利用を装って無人の銀行出張所のATM機の1つを長時間占拠した行為[14]などがある。

「威力を用いて」とは、人の自由意思を制圧するに足る勢力を使用することをいう。地位・権勢を利用した威迫、多数の者による力の誇示・怒号・喧騒、物の損壊などの利用がある。判例において「威力」と認められたものとして、デパートの食堂配膳部にしま蛇をまき散らした行為[15]。弁護士から訴訟関係の重要な書類の入った鞄

---

11 交番の前で覚醒剤様に偽装した粉末の入ったポリ袋をわざと落とし、すぐに拾って逃走し、これを目撃した警察官をして追跡させ、この様子を撮影した動画を You Tube に投稿したという事案において警察に対する偽計業務妨害罪の成立を認めた裁判例（名古屋高金沢支判平成30年10月30日 LEX/DB）がある。対応した警察官は、誘導されてはいるが、偽装行為をした当の被疑者を追跡し、事案解明・検挙に向けた活動を始めている。現場への臨場や被告人の任意同行・取調べ等の捜査は強制力を行使する権力的公務にあたり、徒労の対応でもない。それが徒労のものではなく、警察の本来の職務執行であれば、その執行により行うことのできなくなった、いわばその裏面としての、偽装なかりせばなされたであろう業務を妨害対象ととらえることには疑問が残る。限定積極説（局面説）からは、たとえば、Aを逮捕しようと追跡している警察官に対してBが嘘をいい、Aが逮捕を免れたという場合、Bの行為につき、犯人隠避罪（103条）はともかく、執行段階の権力的公務の妨害として業務妨害罪の成立は消極に解されてきたように思われる。犯罪を虚構したことの事実解明・捜査（本来の職務）と虚構の犯罪に対する警備・警戒（徒労の対応）とは区別されるべきであろう。

12 東京高判昭和27年7月3日（前掲注1）。

13 大阪高判昭和39年10月5日下刑集6巻9・10号988頁。

14 最決平成19年7月2日刑集61巻5号379頁。

15 大判昭和7年10月10日刑集11巻1519頁。

を力づくで奪い取り隠匿した行為[16]、赤く染めた猫の死骸を被害者の事務机の引き出し内に入れておき業務中の被害者に発見させた行為[17]、公職選挙法上の選挙の立候補届の受付順位の決定にあたり怒号し、また、ボールペンを机上にたたきつけるなどした行為[18]、卒業式の開式直前に保護者らに対して大声で呼び掛けを行い、制止した教員に対して怒号するなどした行為[19]などがある。

　偽計も威力も緩やかに解釈され、両者の違いは公然（・可視的・誇示的）か非公然（・不可視的・隠密的）かといった違いにすぎなくなっていると指摘されてきた。たとえば、競馬場の馬場に障害物を撒いて競争を妨害する行為[20]は威力にあたり、海底に障害物を沈め漁網を損壊する行為[21]は偽計となる。飲食店に無言電話を何度もかけてその業務を妨害した場合[22]、店員は注文の電話かもしれず、誰からの電話かわからず出ざるをえないという意味での被害者の不知を利用したものといえる。応答信号の送出を阻害する機能を有する機器（マジックホン）を電話回線に取り付け課金装置の作動を不能にした行為[23]、業務用電力量計に工作して実際の使用電力量より少ない量を指示させた行為[24]も偽計にあたる。もちろん、手段・行為態様による限定機能の乏しさは問題になりえよう。

　偽計などの妨害手段は直接被害者（業務の遂行者）に向けられることを要せず、また、業務の妨害は、業務の遂行自体を妨害する場合だけでなく、広く業務の運営を阻害する場合も含む[25]。このことから、業務の妨害態様として、（ア）妨害手段が被害者（業務者）の業務の遂行に直接向けられ、その遂行を直接的に妨げる類型（いわば「業務遂行妨害類型」）と、（イ）妨害手段が被害者以外の者に向けられ、そのような妨害手段に気づかない被害者が表面上は「通常の業務」を行っているものの、その結果として業務が阻害される類型（いわば「包括的な業務阻害類型」）がある。たとえば、営業を妨害する目的で店の入り口付近に勝手に「閉店しました」と書いた紙を貼り、それを見た客がみな帰ってしまったという場合、事情を知らない店員が店内で「いつも通りの業務」を行っていたとしても偽計業務妨害罪が成立しよう。

　（4）「妨害した」に関しては、業務妨害罪を侵害犯と解するか、危険犯と解するかが争われてきた。判例は一貫して危険犯と解し、業務妨害罪の成立に現実に業務妨害の結果を生じさせたことは必要ではなく、その結果

16　最決昭和 59 年 3 月 23 日刑集 38 巻 5 号 2030 頁。
17　最決平成 4 年 11 月 27 日刑集 46 巻 8 号 623 頁。
18　最決平成 12 年 2 月 17 日（前掲注 6）。
19　最判平成 23 年 7 月 7 日刑集 65 巻 5 号 619 頁。
20　大判昭和 12 年 2 月 27 日新聞 4100 号 4 頁。
21　大判大正 3 年 12 月 3 日刑録 20 輯 2322 頁。
22　東京高判昭和 48 年 8 月 7 日高刑集 26 巻 3 号 322 頁。
23　最決昭和 59 年 4 月 27 日刑集 38 巻 6 号 2584 頁。
24　福岡地判昭和 61 年 3 月 3 日判タ 595 号 95 頁。
25　大判昭和 8 年 4 月 12 日刑集 12 巻 413 頁。

を発生させるおそれのある行為をすれば足りると解している[26]。これに対して、学説においては、「妨害した」という文言、業務妨害の結果を認定することが必ずしも困難ではないことなどから侵害犯と解する見解が多い。

　前述の虚偽通報事例に関して、この場合に妨害対象となる警察の対応が「業務」に含まれると考えたとしても、警察はそもそも犯罪捜査、犯罪への対応を行う組織であるから、通報に基づいた出動・警備等は「本来の職務」の執行であり、それがたとえ虚偽通報に基づくものであったとしても、業務（公務）を「妨害した」とはいえないとの見方がある。確かに、犯罪対応が警察の職務であることはいうまでもない。しかし、虚偽通報事例においては、一定の対応を義務づけられた者（組織）にとって対応せざるをえない状況が作出され、対応時点では虚偽が見抜けないために対応を余儀なくされている（それを見越して偽計が用いられる）。このように客観的には必要のない対応に相当の時間、労力を割くことを強いられる場合、「業務を妨害した」といいうるように思われる。

　業務妨害罪を侵害犯と解するか、危険犯と解するかにかかわらず、「妨害した」といえるためには、替え玉受験やカンニングのように、業務上の個別的な判断・処理を誤らせただけでは十分ではなく、業務に外形的な妨害（混乱・支障）を生じさせたことを要すると解する見解が多い。不正受験行為への対応も基本的に試験実施主体の業務に含まれる。試験が静穏かつ有効に実施されたのであれば試験実施業務の遂行を「妨害した」とはいえないとの見方も成り立ちえよう。不正受験行為の制裁として、一般に、試験結果の無効（学内試験であれば学内の処分）で釣り合っているといえ、不正受験行為がすべて業務妨害罪にあたると考えるべきではなかろう。しかし、不正行為が組織的に行われたり、通信機器を使って外部の者と連携し、試験中に試験問題を外部に流出させて行われた場合、試験結果の無効で足る場合とは事情・程度を相当に異にするように思われる。事後的にであれ試験実施主体がその不正行為の対応・処理に相当な時間・労力を割かざるをえなくなったとすれば、それを業務の妨害とみることができるように思われる。

　（5）234 条の 2 は電子計算機損壊等業務妨害罪を規定している。コンピュータ犯罪対策のための 1987 年（昭和 62 年）改正によって新設された。本罪は、①コンピュータ等（人の業務に使用する電子計算機もしくはその用に供する電磁的記録）を損壊し[27]、②コンピュータに動作障害を起こさせ（電子計算機に使用目的に沿うべき動作をさせず、または使用目的に反する動作をさせて）、その結果、③業務を妨害した場合に成立する。つまり、本罪が成立するために、①加害行為 ⇨ ②動作障害 ⇨ ③業務妨害という 3 段階の要件を充たす必要がある。業務妨害の結果が重大・広範になりうることから、その刑は、233 条・234 条よりも重く、5 年以下の懲役〔拘禁刑〕または 100 万円以下の罰金である。未遂も罰せられる（234 条の 2 第 2 項）。たとえば、コンピュー

26　大判昭和 11 年 5 月 7 日刑集 15 巻 573 頁、最判昭和 28 年 1 月 30 日刑集 7 巻 1 号 128 頁など。

27　加害行為として、コンピュータ等の損壊のほか、コンピュータに虚偽の情報・不正な指令を与える場合、その他の方法による場合が規定されている。その他の方法には、電源・通信回線の切断、温度・湿度等の動作環境の破壊、処理不能データの入力などがある。

タウィルスを投与したが、コンピュータに実際に動作障害が発生する前の段階が本罪の未遂にあたる[28]。本罪の「業務」にはすべての公務が含まれる。

Ⅱ　信用毀損罪（233条前段）

信用毀損罪（233条前段）は、経済的な側面における人の社会的な評価を保護している。233条における「信用」は、人の支払能力または支払意思に対する社会的な信頼に限定されず、販売される商品の品質に対する社会的な信頼も含む[29]。手段は虚偽の風説の流布、偽計である。

---

[28] コンピュータウィルスの作成・提供については、168条の2で処罰される。欧州評議会で採択されたサイバー犯罪条約に加盟するための国内担保法を整備するため、2011年（平成23年）に、不正指令電磁的記録作成等罪（168条の2）、不正指令電磁的記録取得等罪（168条の3）が新設された。ウェブサイトの閲覧者の同意を得ることなくその電子計算機を使用して仮想通貨のマイニングを行わせるプログラムコードをサーバコンピュータに保管した行為について、不正指令電磁的記録保管罪（168条の3）に問われたが、最判令和4年1月20日刑集76巻1号1頁（コインハイブ事件最高裁判決）は、当該プログラムコードは「社会的に許容し得ないものとはいえ」ないとして、「不正な」という要件を欠き、不正指令電磁的記録に当たらないとされた）は認められないため，不正指令電磁的記録とは認められないとした。

[29] 最判平成15年3月11日刑集57巻3号293頁。これは、Xが、コンビニエンスストアで購入したジュースに自ら家庭用洗剤を注入し、購入前から異物が混入していた旨警察に申告し、警察職員をそしてそのことを公表させたという事案であった。

第15講　財産に対する罪1（窃盗罪1）

　本講から、個人的法益に対する罪の最後に位置する財産に対する罪（財産犯）を検討する。財産犯の理解にとって、（ⅰ）「財物」の意義、（ⅱ）刑法における「占有」の概念、（ⅲ）「不法領得の意思」の要否、（ⅳ）窃盗罪（財産犯）の保護法益の問題（本権説と占有説の対立）といった財産犯の基本概念の理解が大切である。第4講において示した財産犯の基本となる8類型にそのバリエーションも加えて示すと、以下のようになる。

　　財産に対する罪（財産犯）

　①　窃盗罪（235条）
　　　―― 不動産侵奪罪（235条の2）
　②　強盗罪（236条）
　　　―― 事後強盗罪（238条）、昏酔強盗罪（239条）、
　　　　　強盗致死傷罪（240条）、強盗・強制性交等罪（241条）
　③　詐欺罪（246条）
　　　―― 電子計算機使用詐欺罪（246条の2）、準詐欺罪（248条）
　④　恐喝罪（249条）
　⑤　横領罪（252条）
　　　―― 業務上横領罪（253条）、遺失物横領罪（254条）
　⑥　背任罪（247条）
　⑦　盗品関与罪（256条）
　⑧　毀棄・隠匿罪（259条以下）

Ⅰ　財産に対する刑法上の保護は「断片的」である

　財産犯の個々の問題の検討に入る前に、「財産に対する刑法上の保護は『断片的』なものである」ということを確認しておくことが有益であろう。正義感の強い人[1]は、「天網恢恢疎にして漏らさず」的な発想から、すな

---

[1] このことは決して悪いことでなく、むしろ立派であるといえるが、ここでは、その行為に対して刑罰をもって対応することの是非、その問題への対応のあり方を問題としている。

わち、悪事を行えば必ず捕らえられ、罰を受けるべきだと考えるかもしれない。悪い行為をすべて漏らすことなく、そして、その悪さの程度に応じて処罰することは「理論的には」正しいものともいえよう。純粋な応報刑論はこのような考え方を主張するものの1つともいえる。しかし、刑事法運用の基本原理に「刑法の補充性」、「謙抑主義」があり、財産犯の処罰においては、このような考え方が顕著にあらわれる。

　刑法の補充性（補充性の原理）は、社会における制裁の重層性から導かれる。すなわち、われわれの社会には、制裁（問題への対応策）が複数、しかも、重層的に存在しており、それらは究極的にはわれわれの人間関係のトラブル・軋轢を解決し、自由で平穏な社会（共同）生活を可能とするために存在している。究極的に同じ目的を達成するのであればできるだけ穏やかな手段が用いられた方がよい。刑事罰を用いるよりも、民事的・行政的（その他の）対応によって当該問題を十分に、満足できるかたちで解決できるのであれば、それらを優先して用い、そして、それらが十分に対応できない場合にはじめて刑法（刑罰）が登場すべきであると考える。つまり、刑罰は他のより穏やかな対応手段では十分でない場合に補充的に用いるべきであるとする考え方である（ultima ratio としての刑罰）。謙抑主義とは、刑罰は自由を剥奪し、生命をも奪う場合すらあるきわめて峻厳な制裁であり、また、刑罰を科すことに伴う副作用があることも否定できないことから、できるだけ控えめに、謙抑的に用いるべきだとする考え方であり、刑罰の峻厳性に着目して、刑法の補充性と同様の結論に至る。これらの考え方を前提に財産に対する刑法上の保護を考えてみよう。

　「生命」のような法益は一旦失われてしまった後ではもはや元に戻すことができない。したがって、それが侵害されないように、包括的に、しかも早い段階から保護すべき対策がとられてよいといえるだろう。それに対して、財産的利益の侵害の場合、後から金銭的に埋め合わせることが可能である。債務不履行罪という犯罪はない。財産的利益の侵害、それをめぐるトラブルに関しては、私人間での紛争解決手段であり、刑事法よりも穏やかな対応手段と考えられる民事法による対応が、第1次的な対応手段として位置づけられる。もちろん、そうはいっても、民事的な対応、金銭的な填補だけでは十分に解決できない、または、金銭的な填補という解決が機能しえないと考えられる場合もある。そこで、損害賠償等の民事的な対応にとどまらず、財産犯として刑事的対応もなされてきた。しかし、どのような場合に刑法が介入すべきか、どのような行為を刑事罰の対象とすべきか、ということについては歴史的な変遷を経てきた。

　財産の利用形態に着目すれば、財物の自己使用──その物を自ら所持して直接使用することによる利益の享受──が中心の時代に、その物を奪い取ること、つまり、財物に対する事実的支配を侵害する窃盗・強盗が犯罪視された。時代が下り、商品交換経済が発達すると、財物の交換、貸与・委託という形での財産の利用形態──たとえば、物を貸すことによりその賃貸料を得ること──の重要性が増し、そのような取引、経済活動を保護するため、財物の交換の際に相手を欺く詐欺、預かった物を着服する横領といった行為が処罰対象とされるようになる。さらに、社会・経済活動において法人などの組織体（会社）の活動が重要になってくると、組織（会社）の中での対内的犯罪、その任務に背いてその組織に財産的損害を与える背任行為が犯罪とされるようになる。背任罪は、旧刑法（1880年＝明治13年制定）にはその処罰規定がなく、現行刑法（1907年＝明治40年制定）になってはじめて犯罪類型として登場した。つまり、その間に、会社等の組織が発展し、その組織内での財産侵害行

為が問題視されるようになったといえよう[2]。

【財産侵害行為】

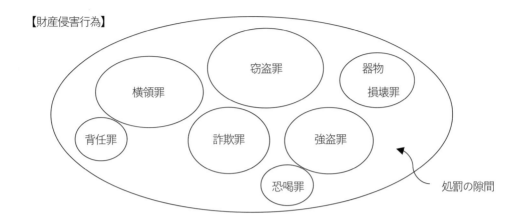

時代の推移とともに、民事的な対応等では十分ではないと考えられるところの、とくに悪質な行為を取り出して「犯罪」とするこのようなやり方は、見方を変えれば、必然的に、「犯罪」として類型化されなかった——処罰対象でない——財産侵害行為を生じさせることになる。上のイメージ的な図を見てみよう。一番大きな円が人の財産を侵害する行為の集合である。その中の円、窃盗罪・詐欺罪・強盗罪などの部分集合が「犯罪」とされる各行為である。どうしても「処罰の隙間部分」、つまり、「犯罪」にあたらない「財産侵害行為」が残ることになる。立法技術的には、そのような不可罰な隙間部分を生じさせない方法も考えられる。たとえば、民法709条の不法行為のような規定を設ければよい。民法709条は、「故意又は過失によって他人の権利又は法律上保護される利益を侵害した者は、これによって生じた損害を賠償する責任を負う」と規定し、包括的に、故意・過失による権利（利益）侵害に対する損害賠償責任を認めている。これと同じように、たとえば、刑法〇〇条「人の財産を侵害した者は、10年以下の拘禁刑に処する」といった規定を設ければ、財産侵害の集合円の中の行為を漏らすことなく、包括的に、「財産侵害罪」として処罰することが可能になる。しかし、立法者はこのようなやり方を——意図的に——とらなかった。別の言い方をすれば、財産侵害行為の処罰の隙間の生ずることを「承知のうえで」、現行刑法のやり方、悪質と考えられる財産侵害行為の行為態様——盗む行為、だましとる行為、強取する行為等々——に限定して処罰規定を設けるとやり方を選択してきているのである。それは、先に説明したように、財産に対する刑法上の保護は「補充的」なものであるべきである、という価値判断から出発しているからである。補充的な処罰は、その結果として、「断片的な」刑法的保護をもたらすことにもなる。「財産侵害罪」というような包括的な規定は罪刑法定主義の観点からも問題をはらむことも考慮に入れなければならない。もちろ

2　参照、芝原邦爾「財産の刑法上の保護」『岩波講座基本法学3——財産』221頁以下（岩波書店、1983年）、西田・各論7版148頁以下、平川・各論317頁以下。資本主義が高度に発展すると資本の集中・独占が進み、市場・自由経済の調整機能が十分に働かず、財の適正な配分や自由な経済秩序（の基盤）を維持するため、経済活動への国家による積極的な介入が必要になる。各種の経済立法である。現在では、このような経済刑法も重要である。

ん、このような出発点の価値判断の是非を問うこと、「天網恢恢疎にして漏らさず」的な考え方が妥当性であると主張することは可能であろう。しかし、現行法の財産犯の処罰、広くは、現在の刑事法の運用は、そのような網羅的な処罰、完全主義的な刑法を志向する考え方には立っていない、ということは理解しておこう。

Ⅱ　「財物」の意義

（1）財産犯の基本概念の検討に移ろう。現行法の財産犯規定は、その客体として「財物」と「財産上の利益」とを書きわけている。たとえば、詐欺罪（246条）は、その1項で「人を欺いて財物を交付させた者は、10年以下の拘禁刑〔懲役〕に処する」と規定し、その2項で「前項の方法により、財産上不法の利益を得、又は他人にこれを得させた者も、同項と同様とする」と規定する。強盗罪（236条）、恐喝罪（249条）も、1項で財物を客体とし、2項で財産上の利益を客体として規定している[3]。それに対して、窃盗罪（235条）は、2項を設けておらず、「他人の財物を窃取した者は、窃盗の罪とし、10年以下の拘禁刑〔懲役〕又は50万円以下の罰金に処する」と規定するのみである（横領罪や器物損壊罪も同様に「物」のみを客体とする）。

> 【事例1】　Xは、「週刊少年〇〇」の発売日になると近くのA書店で1時間ほどかけて立ち読みし、読み終わるとそれを買わずに店を出ていく、ということを習慣としていた。
>
> 【事例2】　Yは、隣のB宅の電気の配線から、自分の家に電気が流れるように無断で配線し、3か月にわたって電気料金を支払わずに電気を使用した。

　事例1のXに窃盗罪は成立するだろうか。もしXがお金を払わずにその雑誌を持ち去ったとすれば、それは万引きである。Xが一定の利益を得ていることも確かである。その雑誌の購入代金を支払わずにそこに書いてある情報を取得しているからである。しかし、先にみたように、窃盗罪は「財物」を窃取しなければ成立しない。いわゆる「利益窃盗」は不可罰なのである。事例1のXに窃盗罪が成立するかどうかは、Xが「財物」を窃取したといえるかどうかにかかっている。

　かつて電気が普及しはじめた頃、事例2のような盗電行為を行う者がでてきた。明治時代の終り頃のことである。この種の行為につき窃盗罪で起訴されたが、電気が「財物」にあたるのかどうかが非常に争われ、大審院がその判断を示すことになった。大審院は、「可動性及び管理可能性の有無を以て窃盗罪の目的たることを得へき着物と否らさる物とを区別するの唯一の標準となすへきものとす」とし、「電流は有体物にあらさるも」可動性と

3　このことから、財産上の利益を客体とする犯罪を「2項犯罪」ともいう。

管理可能性とを有し窃盗罪が成立すると判断した[4]。管理可能性説といわれる見解であり、有力な学説もこれを支持してきた[5]。すなわち、民法85条は「この法律において『物』とは、有体物をいう」[6]と規定しているが、「物」という語は多義的であり、刑法はその目的に従って解釈すべきである。刑法は財物罪の規定により他人の所持・管理している物をその侵害から保護しようとするのであり、刑法においては、有体物か無体物かではなく、所持・管理が可能であるか否かが重要なのである。「この章の罪については、電気は、財物とみなす」と規定する刑法245条は注意規定であり、電気以外の無体物も刑法的に保護するのが望ましく、管理可能であれば「財物」である、等と主張する。しかし、現在の学説の多数は有体物説（有体性説）に立っている。有体物説から以下の理由があげられる。第1に、刑法において「財物」についての定義規定はないが、わが国の基本法典の1つである民法85条がある。この規定は、あくまで「この法律において」、つまり、民法に関する規定であるが、刑法の解釈の考慮要素の1つとしてよいであろう。第2に、刑法245条であるが、「AはBとみなす」というのは、AとBが異なることを前提に、この場合にAをBと同様に扱うということを指示するものである。つまり、「電気は、財物とみなす」という規定は、「電気」は「財物」ではないということを前提にしたうえで、この規定の適用される章では「電気」を「財物」として扱ってよい、と規定していると理解するのが素直な条文の読み方である。第3に、管理可能性説をとった場合、「財物」の概念が不明確になり、かつ、その範囲が不当なまでに広がってしまい[7]、利益窃盗を不可罰とする現行刑法の態度決定が事実上骨抜きにされてしまう[8]。事例1の雑誌の立ち読みのケースでも、そこでの「情報」は管理可能なものであり、実際に管理されているのであるから、その

---

[4] 大判明治36年5月21日刑録9輯874頁。旧刑法下の判例である。旧刑法366条は、「人ノ所有物ヲ竊取シタル者ハ竊盗ノ罪ト為シ二月以上四年以下ノ重禁錮ニ處ス」と規定していた。この場合「所有物」が問題となったが、現行刑法235条の「財物」と基本的に同じである。

[5] 注7、注9参照。

[6] 有体物とは、空間の一部を占めて有形的存在を有するものをいい、固体だけでなく、液体・気体でもよい。そこで、ガス、蒸気、冷気、熱気は有体物であるが、電気、熱、冷たさ等は有体物ではないとされる。

[7] 牧野英一『刑法各論（下巻）』548頁以下（有斐閣、1951年）は、「管理可能性のあるものであるにおいては、有體性を缺くのであつても、刑法上、なおこれを以つて物と解すべきである」とし、「管理可能性説を採ることになると、電氣を超えて、なお廣くエネルギーの竊取ということを考え得る」「無斷で人の交通機關を利用するのは、エネルギーを竊取するものである」。「無斷乗車の類は、利益奪取に属するものとすべきである」。「利益奪取としては、なお、劇場等の施設へ無斷で入込む場合すなわち無斷觀劇というような場合を考えることができる」とし、瀧川幸辰『刑法各論』108頁以下（世界思想社、1951年）は、管理可能性説をとる以上、電気以外のエネルギー、たとえば、「人口冷氣はもとより、牛馬の負載力、空氣の壓力なども、財物と解すべきである」。「權利も財物である」とする。

[8] もちろん、情報の不正取得に当罰性の高い場合があることも確かである。これまでも「産業スパイ」など情報の不正入手が刑事事件として立件されてきたが、判例は、情報自体の財物性を認めることなく、情報が化体された有体物（紙、フロッピーディスク、USBメモリなど）に対する財産犯の成立を認めてきた。つまり、情報が化体された（行為者の占有していないところの）有体物の占有取得があれば窃盗罪を認め、行為者に管理権限がある（占有している）物が関係していれば横領罪（または背任罪）に問うてきた。それら財物の事後の処分への関与は盗品関与罪となる。利益窃盗（情報の不正取得）の立法化も検討されてきたが、刑法典の中への一般的な利益窃盗処罰規定の新設はなされず、不正競争防止法によって限定的に対応してきた。すなわち、不正競争防止法21条1項1号は「不正の利益を得る目的で、又はその営業秘密保有者に損害を加える目的で、詐欺等行為（人を欺き、人に暴行を加え、又は人を脅迫する行為をいう。……）又は管理侵害行為（財物の窃取、施設への侵入、不正アクセス行為……その他の営業秘密保有者の管理を害する行為をいう。……）により、営業秘密を取得した者」は、「10年以下の拘禁刑〔懲役〕若しくは2000万円以下の罰金に処し、又はこれを併科する」と規定する。不正競争防止法における『営業秘密』とは、秘密として管理されている生産方法、販売方法その他事業活動に有用な技術上又は営業上の情報であって、公然と知られていないものをいう」（不正競争防止法2条6項）とし、情報の不正取得のうち「営業秘密」の不法取得に限定して処罰している。

情報を不正取得をしたXには窃盗罪が成立するということになってしまおう。しかし、情報が「物」だとして、Xの行為に窃盗罪に問うのは、現行法の解釈として処罰範囲を過度に拡張する解釈だといわざるをえない[9]。第4に、245条により、当罰性の高い「電気窃盗」は処罰することができ、必要であれば、同様の規定を設ければよく、それが罪刑法定主義を基本原理とする刑法の筋論といえよう。第5に、前述の大審院判決は、旧刑法下の判決であり、その後、無体物を財物とした判例はなく、現在の判例が管理可能性説をとっているとはいえない。有体物説が妥当であるというべきである。

　なお、245条の規定により電気は財物とみなされることから、管理可能性説であれ、有体物説であれ、事例2のYには窃盗罪が成立する。そこで、たとえば、他人の管理する電源から権限がないのに無断で充電をする場合、窃盗罪にあたりうることになる。

　（2）「財物」といえるためには、それが（ⅰ）有体物であることに加え、さらに、（ⅱ）所有権の対象となるものでなければならず、また、（ⅲ）財産的価値を有するものでなければならない。

　（ⅱ）海の魚や野生動物など無主物は財物にはあたらない[10]。他人が所有権を放棄した物も同様である。190条は「死体、遺骨、遺髪又は棺に納めてある物を……領得した者は、3年以下の拘禁刑〔懲役〕に処する」と規定する。もしこの規定の定める客体の領得行為につき窃盗罪の成立を認めるとすれば、10年以下の拘禁刑〔懲役〕となり、法定刑の低い規定を設けた190条の趣旨が没却されてしまう。したがって、これらの葬祭対象物は、所有権が放棄されたものとみて、「財物」であることを否定し、これらの領得は190条のみが成立すると解すべきであろう[11]。麻薬・覚醒剤などの規制薬物、銃器、偽造通貨など、法律がその所有・所持を（一般には）禁じている「禁制品」は、所有権の対象にならないものとして財物性が否定されるだろうか。たとえば、ある暴力団員が、対立する組事務所から隠してある銃器や覚せい剤を勝手にとってきた（暴行を用いて強取した）場合を考えてみよう。この場合に窃盗（強盗）罪が成立しないという結論はおよそとりえまい。禁制品の場合、その所持は一般に違法ではあるが、一定の手続・許可により所有が認められる場合もあり、刑法における没収制度（19

<hr />

9　管理可能性説を支持する場合でも、その範囲を限定するものが多い。たとえば、小野清一郎『新訂刑法講義各論』228頁（有斐閣、1949年）は、「すべての管理可能性あるものを『財物』であるとするときは餘りに抽象的に失する虞がある。私法的権利、殊に債権の如きも管理可能のものであるが、これを一個の『財物』として其の竊盗とか横領とかを認めることになると、詐欺、背任などとの限界が甚しく不明瞭になるであらう。それで……現行法上の概念として物的管理の可能なものを財物とし、事務的管理の可能なものを含まぬ」とし、団藤・各論3版548頁は、「電気とおなじような自然力の利用によるエネルギーに限られる」とし、大塚・各論3版増補172頁は、「管理可能物の範囲は、あくまで物質性を備えたものに限られるべきであり」、「人間の労力や牛馬の牽引力などをも財物とするのは行きすぎである」。「まして、債権のような権利までをも財物と解することは、財物と財産上の利益とを区別した刑法典の立法態度を無視するものであって、罪刑法定主義に反する嫌いがあるというべきである」と論ずる。このように限定する方向それ自体は妥当なものといえるが、このように限定せざるをえないことが管理可能性説の問題を示しているといえよう。

10　財産犯ではなく、狩猟法違反など、関連する特別法違反が問題になる場合はある。

11　大判大正4年6月24日刑録21輯886頁。これに対して、学説には、235条と190条の観念的競合を認める見解もある。なお、これらの物も、標本とするなど、葬祭対象物でなくなった場合には財物性を有することになる。

条)、第三者没収制度[12]の存在は、——没収はその所有権を剥奪して国庫に帰属させる処分であるから——禁制品が所有権の対象たりうることを前提としているといえよう。これら禁制品[13]も「財物」たりうる。

　（iii）「財」物という以上、それは財産的価値を有するものでなければならない。しかし、その財産的価値は、市場価値や客観的な交換価値をいうのではない。たとえば、若い頃恋人からもらい、長い間大事に保管していたラブレターが盗まれた場合、そのラブレターをネットのオークションに出しても買い手がつかないとしたら、それを盗んだ行為は窃盗罪にならないであろうか。そうではあるまい。このような場合に「財物」性を認めるために、財産的価値は主観的な価値があればよいとされる。その持ち主にとって大事なものであればよいのである。また、使用済みの収入印紙など、悪用の防止といった消極的価値があるとして財物性が認められている[14]。したがって、財産的価値が否定される物は、実際にはきわめて限られているといえよう。判例において財物性が否定されたものとして、メモ用紙1枚の窃取[15]、ちり紙13枚の窃取[16]、はずれ馬券の窃取[17]の場合がある。なお、これらの事案では窃盗罪の客体（財物）が存在しなかった場合であるが、客体の不能として、不能犯となるのではなく、窃盗「未遂」罪の成立が認められていることには注意を要しよう。

---

12 刑事手続における第三者所有物の没収手続に関する応急措置法参照。

13 「禁制品」の定義自体必ずしも厳密・明確なものではなく、このことも問われるべきであろう。町野・各論の現在106頁も参照。

14 最決昭和30年8月9日刑集9巻9号2008頁。

15 大阪高判昭和43年3月4日下刑集10巻3号225頁。

16 スリの事案である。東京高判昭和45年4月6日東高刑時報21巻4号152頁は、「刑法第235条の窃盗罪において奪取行為の客体となる財物とは、財産権とくに所有権の目的となりうべき物であつて、必ずしもそれが金銭的ないし経済的価値を有することを要しない（昭和25年8月29日第3小法廷判決・刑集4巻9号1585頁）が、それらの権利の客体として刑法上の保護に値する物をいうものと解すべきであるから、その物が社会通念にてらしなんらの主観的客観的価値を有しないか、またはその価値が極めて微小であつて刑法上の保護に値しないと認められる場合には、右財物に該当しないものというべく、従つて、そのような物を窃取しても、その行為は、窃盗（既遂）罪を構成しないものと解するのが相当である」として、窃盗未遂罪の成立を認めた。

17 札幌簡判昭和51年12月6日刑月8巻11・12号525頁。

第16講　財産に対する罪2（窃盗罪2）

Ⅰ　刑法において「占有」が問題になる理由

　人の所有する財物[1]を誰が占有しているのかによって、その物の領得に関して成立しうる犯罪・刑の重さが変わってくる。すなわち、①他人が占有する物を領得すれば窃盗罪（ほか強盗罪・詐欺罪・恐喝罪）が成立し、②自分が占有する物を領得すれば横領罪が成立し、③誰も占有しない物を領得すれば占有離脱物横領罪が成立することになる[2]。このようなことから、財物を「占有している」とはどのような状態をいい、その「占有」がどのような場合に認められるのかが問題になるのである。

①　他人が占有する物の領得　→　窃盗罪（ほか強盗罪・詐欺罪・恐喝罪）
　　　　　　　　　　　　　　　　　＝　10年以下の拘禁刑（235条）、強盗罪（236条）は
②　自分が占有する物の領得　→　横領罪　　　　　　　　　　　　　　20年以下の拘禁刑
　　　　　　　　　　　　　　　　　＝　5年以下の拘禁刑（252条）
③　誰も占有しない物の領得　→　占有離脱物横領罪　　　　　※　法定刑中の罰金・
　　　　　　　　　　　　　　　　　＝　1年以下の拘禁刑（254条）　　　科料は省略

◈ 占有とは、財物に対する事実的支配・管理
　　占有の限界　（ア）占有者の排他的な支配領域内にある場合
　　　　　　　　（イ）占有喪失後も第三者の支配領域内にある場合
　　　　　　　　（ウ）社会通念上誰かの支配に属していると推認できる場合
　　　　　　　　（エ）特殊なケース
　　　　　　　　（オ）死者の占有

　　占有の帰属　（カ）共同占有の単独占有化（窃盗罪）
　　　　　　　　（キ）上下・主従関係
　　　　　　　　（ク）封緘物の占有

---

[1] 誰も所有しない物、無主物を領得した場合、財産犯は成立しない。第15講Ⅱ（2）参照。
[2] 厳密にいえば、占有が競合する場合もある。

Ⅱ　刑法における「占有」概念

（1）刑法における占有とは「財物に対する事実的支配（・管理）」をいう。そして、そのような事実的な支配は、客観的にその財物を支配している事実と主観的にその財物を支配する意思に基づいて認められ、社会通念上、その者の支配が及んでいるとみられるか否かにより判断される。

「占有」が問題になる場合は2つの場合にわけることができる。1つは、占有の限界、つまり、ある者の占有（事実的支配）がどこまで及んでいるのか、ということが問われる場合であり、もう1つは、占有の帰属、つまり、1つの物に複数の者の事実的支配が及んでいると考えられる場合に「占有」が誰に帰属するのか、という問題がかかわるケースである。前者は、財物の領得行為が窃盗罪になるか、占有離脱物横領罪になるかが問題になり、後者は、その領得行為が窃盗罪になるか、横領罪になるかが問題になる。

刑法（とくに窃盗罪）における占有は、一般に、民法と比べて「より現実的な支配」を意味する。具体的には、「自己のためにする意思」（民法180条）[3] かどうかは問われず、代理占有・間接占有（民法181条）[4]、占有改定（民法183条）[5] のような観念的な占有は含まれず、相続による占有の継承も当然には認められないとされる。

もっとも、刑法においても、物を現につかんでいることや、身近な場所で監視していることまで必要とするものではなく、自宅など排他的支配領域内においては、失念している物の占有など、物に対する個別的な支配意思が常に必要なわけでもない。窃盗罪以外の財産犯をみると、詐欺罪における占有は「法律上の支配」も一定限度で含み、横領罪における占有は「法律上の支配」を含んでおり、不動産侵奪罪（235条の2）における占有には「間接占有も含まれる」との見方もできなくはなく、犯罪の性質により、そこで問題とされる「占有」に多少の広狭がある。ただ、刑法における占有の中核的な部分は、「物を事実的に支配している状態」である、ということを理解しておく必要がある。以下では、具体例もみながら刑法における占有を確認しよう。

（2）占有の限界に関して、事例を類型化して、その検討がなされてきた。具体的には、（ア）当該財物が占有者の排他的な支配領域内にある場合、（イ）占有者が当該財物の占有を失っても、なお第三者の支配領域内にあることから第三者の占有下にあるとみられる場合、（ウ）当該財物が占有者の支配領域外にあるともみられるが、社会通念上誰かの支配に属していると推認できる場合（落とし物・忘れ物ではないと考えられ、その保護へ

---

[3]　民法180条は、「占有権は、自己のためにする意思をもって物を所持することによって取得する」と規定する。

[4]　民法181条は、「占有権は、代理人によって取得することができる」と規定する。代理占有とは、たとえば、賃借人Aが賃貸人Bの物を占有している場合のように、他人（占有代理人）の所持を通して本人が占有する関係をいう。この関係は、直接占有・間接占有という語でも説明される。その場合、Aが直接占有、Bが間接占有をもつという。

[5]　民法182条1項は、「占有権の譲渡は、占有物の引渡しによってする」と規定したうえで、民法183条は、「代理人が自己の占有物を以後本人のために占有する意思を表示したときは、本人は、これによって占有権を取得する」と規定する。占有権の譲渡の1方法である。たとえば、Aが物をBに売ったが、ひき続きその物を賃貸したい場合に、占有が認められるために常に物の現実的支配を伴わなければならないとするならば、Aがその物を一旦Bに引き渡し、改めてBからそれの引き渡しを受けて賃借する必要がある。しかし、民法183条により、AB間で2度引渡しをする手間を省いて、AはBに渡さずに、それ以後Bのために占有する旨の意思表示だけで占有権が観念的にAからBに譲渡されたと認められる。

の期待が合理的なものと考えられうる状況がある場合）、（エ）その他、特殊なケースである。

　　（ア）は、その場所の客観的な支配・管理の強さが決定的な場合であり、個々の財物を必ずしも握持・携帯・監視している必要はなく、個々の物の所在場所の認識や具体的支配意思も不可欠というわけではない。物が占有者の支配力の及ぶ場所に存在しているということで足りる。たとえば、空き巣が、侵入した家の者がその所在を失念している物を持ち去った場合、占有離脱物横領罪が成立する、ということにはならない。その家を管理する者の占有はその物にもなお及んでいると考えられ、空き巣の犯人には窃盗罪が成立する。留守中に配達された郵便物についても同様に、配達された家を管理する者の占有が認められる。客観的な支配の強さと主観的な支配の意思とは相関的に考えられるべきであろう。

　　（イ）の類型の属するものとして、宿泊客が旅館内のトイレに遺失した財布[6]、旅館内の風呂の脱衣所に置き忘れた時計[7]は、所有者の占有が失われても、旅館（の経営者）の事実的支配・管理が及んでいると考えられる。ゴルファーがゴルフ場の池に誤って打ち込み放置したゴルフボールについて、ゴルフ場側で「早晩その回収、再利用を予定して」おり、本件ゴルフボールは「無主物先占によるか権利の承継的な取得によるかは別として、いずれにせよゴルフ場側の所有に帰していたのであつて無主物ではなく、かつ、ゴルフ場の管理者においてこれを占有していたものというべきである」とし、これを勝手に領得した行為は窃盗罪になるとしたものがある[8]。これに対して、電車の座席や網棚のように、人の立入りが（一定の条件のもと）自由にでき、管理者がそこにある物を排他的に支配しているとは考えられないような場所に置き忘れられた物については、管理者の占有に移るとはみられない[9]。

　　【事例1】　Aは、外で昼食をとった後、天気がよかったので、公園のベンチに座り居眠りをした。うとうとしたAは目覚めた後急いで立ち去ったため、鞄をベンチの上に置いたままにしてしまった。たまたまAの立ち去る前後の様子を見ていたXは、Aが公園から出て行った後、まわりを見渡し、誰も見ていないことを確認して、その鞄を手にとり、その場を離れた。Aが鞄をもってないことに気づきすぐに引き返したときは、もう鞄はなかった。

　　（ウ）の類型は、たとえば、学食のテーブルに荷物を置いて食事を取り行ったところ、その間に荷物が持ち去られてしまった場合などで問題になる。学食はその荷物の所有者が排他的に支配している場所ではなく、前述の（イ）の最後のケースのように人が（一定の条件のもと）自由に立ち入り、利用することのできる場所である。しかし、社会通念によれば、テーブルの上の荷物は（営業時間外の場合などは別の状況であるが）落とし物や忘れ物とは考えない場合が少なくないであろう。どのような場合にまで事実的支配が及んでいるのかその限界を定

---

[6]　大判大正8年4月4日刑録25輯382頁。
[7]　札幌高判昭和28年5月7日高刑判特32号26頁。
[8]　最決昭和62年4月10日刑集41巻3号221頁。
[9]　大判大正15年11月2日刑集5巻491頁。

めることは難しく、最終的には社会通念により判断するほかない。自宅前の公道に放置された自転車[10]、公設または事実上の自転車置場に放置された自転車[11]、看守者のいないお堂に安置された仏像[12]を持ち去った行為につき窃盗罪を認めた判例がこの類型に属すると考えられる。バスに乗るために並んでいた被害者が行列の進む途中でカメラを置き忘れてしまい、すぐに気がついて引き返したが、カメラはすでに持ち去られていた場合（その距離は約20メートル、時間にして約5分）[13]、列車待ちで並んでいる列の中にボストンバックを置いたまま電報を打つために約10分間離れた際、バックが持ち去られた場合[14]も同様である。事例1のようなケースにおいて、最決平成16年8月25日刑集58巻6号515頁は、被害者の占有はなお失われておらず、Xの領得行為は窃盗罪にあたるとした。この判例の事案では被害者がすぐに引き返せる程度にしか場所的に離れていなかったという点が重要である。占有の有無を判断するにあたり、XがAの立去り場面を見ていたという事情を考慮することの適否も検討の余地があろう。

（エ）特殊な場合として、Xらが、近所のAの飼育する猟犬がX方に入ってきたので、これを捕獲して殺害したという事案について、最判昭和32年7月16日刑集11巻7号1829頁は、「判示猟犬は、所有者Aによって8年間も飼育訓練され、毎日運動のため放してやると夕方には同家の庭に帰って来ていたことが認められ……、このように、養い馴らされた犬が、時に所有者の事実上の支配を及ぼし得べき地域外に出遊することがあっても、その習性として飼育者の許に帰来するのを常としているものは、特段の事情の生じないかぎり、直ちに飼育者の所持を離れたものであると認めることはできない」と判示している[15]。特殊なケースであるが、飼い犬（猟犬）に関する社会通念に基づいた判断という意味において（ウ）の1場合と位置づけることもできるかもしれない。

【事例2】　Aを殺害したXは、殺害後、Aが高級腕時計をしているのに気づき、その腕時計を取り外し、すぐに質屋にもっていき換金した。たまたまXによるA殺害を物陰からみていたYは、Xが立ち去った後、Aの衣服から財布を探しだし、その中の現金だけを抜き取り、その場から立ち去った後、匿名の電話で警察に殺人事件を通報した。

事例2のXに殺人罪（199条）が成立することはとくに問題はない。問題となるのは、殺害後の、Xによる腕時計の取り去り、Yによる現金の抜き取りをどのように評価するかである。前述のように、占有とは「財物に対

---

[10] 福岡高判昭和30年4月25日高刑集8巻3号418頁。

[11] 福岡高判昭和58年2月28日判時1083号156頁。

[12] 大判大正3年10月21日刑録20輯1898頁。

[13] 最判昭和32年11月8日刑集11巻12号3061頁。

[14] 東京高判昭和30年3月31日高刑裁特2巻7号242頁。

[15] 同様に、春日大社の鹿につき、大判大正5年5月1日刑録22輯672頁（「野生の禽獣と雖も一たひ馴養せられて一定人の所有に属する以上は所有者に於て家畜と同しく拘禁することなく之を自由の状態に放任するに因り時に或は所有者の事実上の支配を及ほし得へき地域外に出遊することあるも所有者の事実上の支配に属する一定の棲息場所に復帰する慣習を失はさる限り又他人か現実に之に対して拘束を加へさる限りは之か為に所有者の支配を離脱することなけれは其所持内に在るものと謂ふを妨けす」）。

する事実的支配（・管理）」をいい、その事実的な支配が認められるためには、客観的に財物を支配している事実と主観的にその財物を支配する意思が必要である。人は死亡によって支配意思を失うから、Xによる腕時計の取り去り時点では、Aはそれに対する支配を有していない。このようなケースは「死者の占有」として議論されてきた[16]。腕時計はA死亡により占有離脱物となり、Xには占有離脱物横領罪が成立するにすぎないという見解が学説においては有力である。しかし、判例はそうは考えない。判例は、「被害者が生前有していた財物の所持はその死亡直後においてもなお継続して保護するのが法の目的にかなう」。「被害者からその財物の占有を離脱させた自己の行為を利用して右財物を奪取した一連の被告人の行為は、これを全体的に考察して、他人の財物に対する所持を侵害したものというべきであるから、右奪取行為は、占有離脱物横領ではなく、窃盗罪を構成する」[17]として、一貫して窃盗罪を認めてきた。一方で、判例は、Yの現金抜き取りについては占有離脱物横領罪を認める。このような解決に対して、有力説は、客観的な状態であるべき「占有」が、XとYとで（人により）異なるのはおかしいと批判し、Xについても占有離脱物横領罪を認めるべきだとする[18]。判例の考え方の背後には、自分で被害者を殺しておいて、それが犯人の有利に働き、窃盗罪よりも格段に刑の軽い占有離脱物横領罪の成立にとどまるのは納得できないというような考慮があるのかもしれない。判例も被害者を殺害していない者にとっては占有離脱物と考え、事例2のYには占有離脱物横領罪の成立を認めている。死者の占有が問題になるケースの犯人には上限が死刑まである殺人罪が成立しうることから、窃盗罪が成立するか、占有離脱物横領罪が成立するかは、その事件の処断刑の形成という点では重要ではない（上記有力説は、犯情の悪さは量刑の際に考慮すればよいとする）ともいえるが、行為者の財物奪取行為の評価という点では理論的とはいえ重要な問題といえよう。

（3）占有とは財物に対する事実的な支配であるから、ある者の支配が排他的な場合だけではなく、複数の者の支配が重畳的に及んでいる場合がある。その場合に誰に占有の帰属を認め、どの財産犯を認めるべきなのかが問題になる。まず、①共同占有の場合、すなわち、複数の者が対等の関係で支配している状態の場合には、その共同占有を無断で単独占有に移せば、他者の占有を侵害しており窃盗罪となる（共同占有の単独占有化は窃盗罪）。次に、②上下・主従関係にある者がそれぞれ事実的に支配しているとみられる場合、下位者（従者）は占有補助者にすぎず、占有は上位者（主者）に属する。たとえば、オーナーの店長甲とアルバイトの店員乙がいる

---

[16] 最初から財物を奪う意思で殺害し、殺害後に財物を取り去った場合に強盗殺人罪（240条）が成立することについてとくに異論はない。「死者の占有」として問題とされてきた場合は、殺害後に財物を奪う意思が生じ、死者から財物を取り去る場合である。

[17] 最判昭和41年4月8日刑集20巻4号207頁。この事案は、Xが、A女を強制性交した後でA女を殺害し、犯跡隠蔽のため死体を遺棄し、その際、A女の腕から腕時計をとったという事案であり、Xに対して死刑が言い渡された。

[18] さらに、判例のいう「死亡直後」がどの程度の時間的な幅をいうのか不明確であるとも批判する。殺害9時間後（東京地判昭和37年12月3日判時323号33頁）、殺害5日後（新潟地判昭和60年7月2日刑月17巻7・8号663頁）に被害者の占有を否定したものがあり、それに対して、殺害3時間ないし86間後に占有を認めたもの（東京高判昭和39年6月8日高刑集17巻5号446頁）がある。死者の占有と類似する問題として、唯一の居住者を殺害した後でその住居に侵入した場合の住居侵入罪の成否の問題がある（参照、第12講注8）。ただ、住居侵入罪のこの問題の場合には住居侵入罪に部分的に社会的な法益に対する罪として性格を認める見解もあり、その限りで議論はやや複雑になる。

場合、店長甲が用事により店員乙に1人に店番を任せて外出したという場合を考えよう。店にある商品の事実的支配は乙にあるといえる。しかし、店長の甲にも事実的支配を認めることができる。この場合に甲と乙とが店の商品を共同占有していると考えるならば、乙が無断で店の商品を持ち出した場合、上記①の共同占有の単独占有化として乙には窃盗罪が成立することとなる。しかし、上位者（主者）に占有があり、下位者（従者）は占有補助者にすぎないと考えられ、乙は甲の占有を侵害し、窃盗罪が成立すると考えるのが一般である。図書館内で閲覧していた本を、自己のものにする意思で貸出手続をせず館外に持ち出した場合も同様である。

> 【事例3】　Xは、A方に現金在中の書留郵便2通を配達したところ、Aが不在で、その小学生の子どもBだけが在宅していたので、1通を領得しようと考え、Bが郵便物受領のために差し出した印鑑を受領証2枚に押捺したうえ、書留郵便1通のみをBに交付し、もう1通は自分のポケットに入れてA宅を立ち去り、配達終了後、自宅で書留郵便の封を開けて中の現金を取りだした。

　争われてきたのは、③封緘物の占有である。事例3の書留郵便を事実的に支配しているのは、それを配達しているXである。しかし、この場合、書留郵便を頼んだ者（委託者）にも、それに封をする（開封を禁ずる措置をとる）ことによって、その物に対する支配＝占有が認められるのではないか、その場合、占有の帰属をどのように考えるべきなのかが問題とされてきた。判例（の主流）は、封緘物の中身の占有と全体の占有とを分けて考える。すなわち、封がしてあることにより、受託者（事例3のX）は内容物に対する支配力をもたない（内容物を自由に処分することはできない）から内容物については委託者がなお占有を保持していると考え、一方で、包装物全体についてはそれを持ち歩いている受託者が占有を有すると考える。この立場によれば、事例3において、XはA宅で書留郵便1通を領得した時点で(業務上)横領罪が成立し、自宅で封を開け現金を取り出した時点で、委託者の占有を侵害することになり窃盗罪が成立することになる。そのうえで、罪数処理がなされる。横領により財産侵害はすべて評価済み（横領後の行為は不可罰的事後行為）と考え、業務上横領罪1罪が成立すると考える見解[19]と、横領はのちの窃盗の準備行為であるから、前者は後者に吸収され、窃盗罪1罪が成立すると考える見解がある[20]。

---

[19] 東京地判昭和41年11月25日判タ200号177頁（「被告人が前記A方において、自己の用途に充てるため、本件書留郵便物をBに交付せず自己のズボンポケットに入れたことにより、業務上横領罪が成立し（以後の隠匿、開披等の行為は、いわゆる事後行為にあたる。）、窃盗罪を構成するものではない」）。内容物（一部）だけを抜き取ると窃盗罪になり、全体を領得すれば横領罪にとどまるというのは不合理・不均衡ではないかということを問題とし、横領罪のみを認める見解もある。

[20] なお、Xが受領証に勝手に印鑑を押捺した行為について、「受領証」は事実証明に関する文書であり、Xは行使の目的で他人（A）名義を冒用してそれを作成したといえるから、有印私文書偽造罪（159条1項）も成立しよう。

Ⅲ　不法領得の意思

```
不法領得の意思
    ┌─ (a)　権利者を排除し、他人の物を自己の所有物と同様に、
    │        ＝　権利者排除意思　【一時使用を不可罰とする機能】
    │
    └─ (b)　その経済的用法に従い、これを利用し処分する意思
             ＝　利用処分意思　【毀棄・隠匿と区別する機能】
```

【事例4】　Xは、部屋の机の上にあった花瓶を壊す目的でその場で棒でその花瓶をたたき割った。

【事例5】　Yは、花瓶を壊す目的で、机の上にあった花瓶を約3メートル離れた窓のところまで抱えて行き、それを窓から外に放り投げて割った。

　窃盗罪の構成要件的行為（窃取）は、「他人の占有する財物を、その占有者の意思に反して、自己の占有に移転させる行為」である。そして、故意は「構成要件に該当する事実の認識（・実現意思)」であるから、「他人の占有する財物を、その占有者の意思に反して、自己の占有に移転させること」の認識があれば、窃盗罪の故意として十分である。万引きの場合でいえば、棚にある商品を「他人の物であり、他人の管理する物である」とわかったうえで、その商品をこっそりと自分の鞄の中に入れる（自己の占有下に置く）ことを認識し、それを行えば、窃盗罪の故意がある（わざととったといえる）。しかし、判例・通説は、古くから、窃盗罪の主観的要件として、このような窃盗罪の故意を超える、それとは別の主観的要素として「不法領得の意思」が必要であると解し、不法領得の意思を「権利者を排除し、他人の物を自己の所有物と同様に、その経済的用法に従い、これを利用しまたは処分する意思」であると定義してきた。

　戦前の事案であるが、尋常高等小学校の教員のXは、前から不満をもっていた校長Aを失脚させようとして、某日、Aの管理する勅語奉置所の錠を開けて教育勅語謄本等3点を取り出し、自分の受持教室の天井裏にそれらを隠したという事案に関して、大判大正4年5月21日刑録21輯663頁は、「窃盗罪は不法に領得する意思を以て他人の事実上の支配を侵し他人の所有物を自己の支配内に移す行為なれは……本罪の成立に必要なる故意ありとするには法定の犯罪構成要件たる事実に付き認識あるを以て足れりとせす不法に物を自己に領得する意思あることを要す而して所謂領得の意思とは権利者を排除して他人の物を自己の所有物として其経済的用方に従ひ之を利用若くは処分するの意思に外ならされは単た物を毀壊又は隠匿する意思を以て他人の支配内に存する物を奪取する行為は領得の意思に出てさるを以て窃盗罪を構成せさるや疑を容れす」。「Xの行為は故意に校長A

の支配を侵して学校所蔵の物を自己の支配内に移したる事実なりとするも固より其物を自己に領得するの意思に出てたるものに非されは窃盗罪を以て論すへきに非す」と判示し、窃盗罪の成立を否定した[21]。その後も、判例は、一貫して、不法領得の意思を必要と解し、確立した判例となっている。

　判例の示す不法領得の意思の定義は前半部分と後半部分とに分けることができる。前半部分の「権利者を排除して、他人の物を自己の所有物と同様に」という部分は、権利者排除意思といわれる、一時使用（使用窃盗）を不可罰とする機能をもっており、後半部分の「その経済的用法に従い、利用し処分する意思」という部分は、利用処分意思といわれ、毀棄・隠匿と区別する機能を有している。通説は判例を支持するが、学説においては、（ア）権利者排除意思は不要である、（イ）利用処分意思は不要である、（ウ）両方とも不要であるとして、判例を批判する見解も主張されてきた。

　まず、利用処分意思の必要性から検討しよう。事例4のXには器物損壊罪（261条）が成立する。では、事例5のYの行為はどうだろうか。Yは、花瓶を抱えることによってその占有を自己の占有に移している。花瓶の置いてあった机から窓まで3メートルしかないという移動距離の少なさを指摘する人もいるかもしれないが、窃盗罪が既遂に至るためには、財物の占有を取得すればよく、たとえば、家まで持って帰ってその占有を確実なものにする必要はない。万引きの場合でいえば、商品をその場で自分のカバンの中や衣類のポケットに入れれば、「窃取した」といえ、店外に出なくても、その段階で窃盗は既遂となる[22]。そうすると、Xが花瓶を抱え、その占有を取得した行為が窃取行為となり、主観的にその占有取得の認識もあるから、窃盗罪の主観的要件として窃盗罪の故意だけで足り、不法領得の意思を要求しないのであれば、事例5のYには窃盗罪が成立することになる。しかし、事例4のXには器物損壊罪が成立し、3年以下の拘禁刑（261条）、事例5のYに窃盗罪が成立し、10年以下の拘禁刑（235条）となるというように、事例4の行為と事例5の行為とで刑が3倍以上も違うというのは合理的な評価であろうか。Yは物を3メートル移動させてはいるが、物を壊そうと思って物を壊しており、器物損壊罪として評価されるべき行為というべきであろう。

　また、利用処分意思を不要とする説では、窃盗罪と器物損壊罪の法定刑の差を説明することもできない。法益侵害という点ではその物の回復可能性のない器物損壊罪の方が大きいともいえる。たとえば、他人のスマホをいきなり取りあげ、その場に思い切りたたきつけ、スマホを壊した場合、器物損壊罪が成立する。その場合に、スマホが壊され、データも含めてもはや修復できなくなったとしよう。それに対して、スマホを持ち去られた場合（窃盗罪）、具体的な事情にもよるが、そのスマホを（またその中のデータも）再び取り戻す可能性が残されている。被害者の受けたダメージは前者の方が大きいものでありうる。しかし、窃盗罪の刑の方が3倍以上も重い。なぜだろうか。窃盗という行為は、その盗った物を利用したり、売り払ったりすることにより、その物から

---

[21] Xの行為につき当時の警察犯処罰例違反のみが認められた。この処罰例は現在の軽犯罪法に引き継がれている。なお、261条の「損壊」は、物の効用を害する一切の行為をいい、隠匿行為も含まれるから、器物損壊罪（261条）は成立しよう。また、このケースでは、現在の解釈では、偽計業務妨害罪（233条後段）に問うこともできるはずであるが、この事案では、当時、「業務」に公務が含まれるかどうかに関する解釈との関係もあったと思われ、これは立件されていない。

[22] 窃盗罪の既遂時期について、第17講II参照。

何らかの利益が得られる。その得られる利益は、次の窃盗を、また次の窃盗を行わせる誘因にもなる。たとえば、ある少年がゲームをやりたくて万引きをしてそのゲームを楽しむ場合、そのゲームを1つ盗めばよいが、ある人気のゲームソフトを盗み、それをどこかで買い取ってもらい、換金し、それを小遣いにする場合、またお金が欲しくなり、万引きして換金し、また万引きして換金して……ということが繰り返される（窃盗を行う誘因になる）。このように利益目当ての犯罪（利欲犯）は、そこから利益が得られるがゆえに、反復されるおそれが強い。そこで、そのような利益目当ての場合を重く処罰し、強く禁圧すべきだと考えられたのである。それに対して、物を壊す行為というのは、そこから何も得られるものがなく、行為者にとってもいわば非合理的な行為である。そのような行為者にとっても得られるもののない（またはきわめて少ない）行為は、一般的または類型的にみれば、繰り返されること懸念する必要はない。つまり、利欲犯的心情は単なる毀棄的心情に比べて他人の財産侵害行為にかりたてる力が格段に強く、財産権および財産秩序に対する大きな脅威となるため、利欲犯的心情に基づく行為に対して強い抑制策が必要となるのである。この利欲犯的心情・利欲目当てという動機を特徴づけるのが不法領得の意思であり、利用処分意思なのである。したがって、器物損壊罪よりも重く処罰されている窃盗罪は、その利用処分意思をもって行われる行為でなければならず、利用処分意思が利欲犯たる窃盗罪の成立要件の 1 つとされるべきことになるのである[23]。

　なお、判例は、利用処分意思について、しばしば「経済的用法に従って利用もしくは処分する意思」と表現してきた。「本来の用法」と判示したものもある。しかし、特殊な性嗜好から下着を盗む行為が窃盗罪にあたる[24]ことは疑いようがない。そうすると、「経済的用法」や「本来の用法」を文字通りに考えることは適切ではない。その物から利益が得られるということが不法領得の意思の要求される本質的な理由であるから、利用処分意思は、「その物から効用を享受する意思」があればよいというべきであり、用法が経済的なものか、本来的なものかは重視すべき観点ではない[25]。

23　もっとも、利用処分意思（利欲犯的心情）が毀棄罪と比べての窃盗罪の重い法定刑を基礎づけるというのは十分に支持できるが、両罪の法定刑の大きな差をすべてその意思の有無のみによって正当化できるのかどうかは、なお検討を要しよう。佐伯仁志「不法領得の意思」法学教室 366 号 84 頁（2011 年）、松宮・各論 5 版 203 頁も参照。

24　最決昭和 37 年 6 月 26 日裁判集 143 号 201 頁。また、最判昭和 33 年 4 月 17 日刑集 12 巻 6 号 1079 頁（水増し投票に用いる目的での投票用紙の持出し）、最決昭和 35 年 9 月 9 日刑集 14 巻 11 号 1457 頁（木材を係留する目的での電線を切断）。

25　Xは、叔父Aに対して 6000 万円を超える立替金債権を有する旨の内容虚偽の支払督促を申し立てたうえ、裁判所から債務者とされたA宛に発送された支払督促正本・仮執行宣言付支払督促正本を、共犯者をして郵便配達員から正規の受送達者を装って受領させることにより、支払督促の効力を生じさせ、Aから督促異議申立ての機会を奪ったまま支払督促の効力を確定させ、債務名義を取得してAの財産を差し押さえようとした。なお、Xは支払督促正本等はそのまま廃棄する意図であったという事案に関して、最決平成 16 年 11 月 30 日刑集 58 巻 8 号 1005 頁は、「郵便配達員を欺いて交付を受けた支払督促正本等について、廃棄するだけで外に何らかの用途に利用、処分する意思がなかった場合には、支払督促正本等に対する不法領得の意思を認めることはできないというべきであり、このことは、郵便配達員からの受領行為を財産的利得を得るための手段の 1 つとして行ったときであっても異ならない」と判示し、詐欺罪の成立を否定した（なお有印私文書偽造・同行使罪は成立）。この判例について、髙橋直哉・百選Ⅱ 8 版 64 頁参照。自己の犯行が発覚しないように罪証隠滅目的で被害者の財物を持ち去り、投棄するといった場合に窃盗罪の成立を否定するのは、東京地判昭和 62 年 10 月 6 日判時 1259 号 137 頁（なお、「死者の占有」の問題につき占有離脱物横領罪説をとる場合、この事案のような場合に不法領得の意思が否定されると、占有離脱物横領罪［254 条］ではなく、器物損壊罪［261 条］が成立することになり、前者［上限が 1 年の拘禁刑］より後者［上限が 3 年の拘禁刑］が重くなってしまう。このようなケースでは科刑の上限は 1 年になると解すべきであろう。橋爪・各論 164 頁も参照）、窃盗罪の成立を肯定するのは、東京高判平成 12 年 5 月 15 日判時 1741 号 157 頁。刑務所に入るため万引き等をし、警察に自首するといった場合に窃盗罪の成立を否定するのは、広島地判昭和 50 年 6 月 24 日刑月 7 巻 6 号 692 頁、窃盗罪の成

権利者排除意思は、前述のように、使用窃盗（一時使用）を不可罰とする機能をもっている。これは被害が軽微である場合にあえて刑事罰を用いる必要がないという刑法の謙抑性や可罰的違法性の考え方を、窃盗罪の成立要件において具体化したものといえよう。たとえば、大学の授業中にAが隣の席のBの六法を断りもなくちょっと借りて条文を確認し、確認後六法を元のところに戻した場合、なにも窃盗罪だというまでもないであろう。しかし、Aはその六法を自己の占有下に置き、その占有移転についても認識していた。不法領得の意思を要件としなければ、窃盗罪の成立要件を充たすことになる。不起訴処分などの適切な運用により、不都合な処理を回避することはもとより可能であるかもしれない。しかし、このような場合にも窃盗罪の成立要件を充たしているが、不起訴処分で対処すればよいというように、処罰可能な範囲を過度に広くとって、後は実務の運用に委ねればよいというやり方は問題があろう。犯罪とされるべきでないのであれば、その行為は犯罪の要件を充たさないものとすべきである。権利者排除意思に関しても、権利者を排除し、その所有権ほか財産的利益を根本的に無視する意思のない場合には不法領得の意思を欠き、そもそも窃盗罪の成立を否定すべきである[26]。

　占有侵害（利用侵害）が社会通念上処罰すべき程度でないと考えられる場合のあることは否定する見解はなかろう。このような場合を、占有侵害の欠如、被害者の承諾、可罰的違法性の欠如によって説明しようとする見解もある。それらの理論構成により可罰性が否定される場合はある。しかし、一時使用の場合も、軽微とはいえ占有侵害をまったく否定することはできない。被害者の承諾が得られる場合はあるだろうが、一時使用のすべての場合に被害者が承諾するとはいえない。実質的に可罰的違法性が問題だというのは理解できるが、理論的には、可罰的違法性の判断に必要な事後の利用（予定）状況は、既遂時点である占有取得時においては利用意思として考慮せざるをえないのである。

　したがって、判例・通説の立場が妥当である。すなわち、窃盗罪の成立に不法領得の意思が必要であり、不法領得の意思の内容として、権利者排除意思・利用処分意思ともに必要であると考えるべきである[27]。ただ、自己の所有物であっても窃盗罪が成立する場合があり（242条）、この場合も不法領得の意思が必要であると解するのであれば、「他人の所有物を自己の所有物と同様に」利用・処分する意思を要求するのは適当ではないことになる。そうすると、不法領得の意思とは、権利者を排除して（他人の所有権その他保護に値する財産的利益を著しく侵害してでも）、その物から効用を享受しようと利用・処分する意思と解すべきであろう[28]。

立を肯定するのは、神戸地判平成15年10月9日裁判所web。なお、広島高松江支判平成21年4月17日高検速報（平成21年）205頁。

26　Xが強制性交の目的で無施錠の自転車を無断で使用し犯行現場まで乗っていったが、Xは犯行後自転車をもとの場所に返還する意思であったという事案において、京都地判昭和51年12月17日判時847号112頁は権利者排除意思を否定し、したがって、窃盗罪の成立を否定した。これに対して、他人の自動車を無断で約4時間乗り回したが、数時間後には元の場所に戻すつもりであったという事案において、最決昭和55年10月30日刑集34巻5号357頁は不法領得の意思、そして、窃盗罪の成立を認めている。

27　判例・通説に対して、毀棄の意思で物を奪ったが、その後毀棄せず、または経済的用法に従い利用・処分した場合、財物奪取時には不法領得の意思がなく、利用・処分時には窃取行為がないため、窃盗罪が成立せず、無罪となってしまうとの批判が向けられてきた。しかし、物の効用侵害が認められるから器物損壊罪（261条）は成立しよう。

28　不法領得の意思に関して、斎藤信治「不法領得の意思の必要性」八木國之先生古稀祝賀論文集『刑事法学の現代的展開上巻』380頁以下（法学書院、1992年）も参照。

第17講　財産に対する罪3（窃盗罪3）

I　窃盗罪の保護法益

> 【事例】　Xは、ある日、大学の帰りに、通学のために駅前の駐輪場に置いておいた自転車がないことに気づき、その日は、仕方がないのでバスを使って帰宅した。Xは、その3日後、自宅のそばのコンビニにその自転車があるのに気づいた。しばらくすると、コンビニから出てきたAが、そのXの自転車に乗ってどこかに走り去ろうとしたので、XはAに駆け寄り、「自転車泥棒、おれの自転車を返せ。」と言いながら、Aの肩をつかんでAを自転車から引きずりおろし、Aから自分の自転車を取り戻した。

（1）盗まれた自分の自転車を取り戻した事例のXの刑事責任はどのように考えられるだろうか。この場合、Xが自転車を取り戻したのは当然のことであり、その刑事責任を問題にすること自体適切なのか、と思う人もいるかもしれない。確かに、もとは自転車を盗んだAが悪いのであって、Xの刑事責任を検討するのは筋違いだとの見方も、この場合の出来事全体を考えれば一理ある。しかし、Xが自転車を取り戻した局面を見た場合、刑法的に検討すべきことがある。しかも、重要な問題も含んでいるのである。

（2）Xの行為について、窃盗罪の成否が問題になりうる[1]。まずは刑法の条文から確認しよう。窃盗罪は「他人の財物を窃取した」（235条）場合に成立する。Xの場合、自分の自転車＝「自己の（所有する）財物」を取り戻しているのだから、そもそも、「他人の（所有する）財物」（を窃取した）の要件を充たさないがゆえに窃盗罪は成立せず、窃盗罪の検討はこれで終わり、ということになりそうである。しかし、ことはそう単純ではない。242条が、「自己の財物であっても、他人が占有……[2]するものであるときは、この章の罪については、他人の財物とみなす」と規定しているからである[3]。「他人が占有……する」という部分の「占有」の意義については、前

---

[1]　Xが「Aの肩をつかんでAを自転車から引きずりおろし」た行為について、Aに対する物理力の行使として暴行罪（208条）も問題になる。Aに擦り傷など怪我を負わせれば傷害罪（204条）の成否も問題になる。後述、注4参照。

[2]　この「……」の部分は、条文の中心的意味を理解しやすくするために本文では省略したが、「し、又は公務所の命令により他人が看守」という文言が入る。この省略部分にあたる場合として、強制執行・仮処分によって執行官が差し押さえた物、収税官吏が滞納処分として差し押さえた物、または、刑事訴訟手続において裁判所・検察官等が差し押された物等を第三者に保管させている場合などがある。

[3]　242条は、窃盗罪だけでなく、この章の罪、すなわち、不動産侵奪罪・強盗罪にも適用され、さらに、251条が242条を準用しているので、詐欺罪・恐喝罪にも準用される。したがって、ここでの問題はそれら奪取罪に共通する問題といえる。

講において学修した。刑法における占有とは、財物に対する事実的支配（管理）をいう。その財物を「事実的に」支配しているかどうかが問題であって、所有権の有無等、法的な権限（占有の正当性）の有無は問題ではない。つまり、事例の窃盗犯人Aは、その自転車の所有者ではないが、自転車を盗んだ後その自転車を「事実的に」支配・管理しており、それを占有しているといえる。この点が、刑法における占有概念の重要な帰結の1つである。242条は、Xの自転車＝「自己の（所有する）財物」であっても、他人＝Aが占有するものであるときは、「他人の財物とみなす」と規定しているのである。242条の最後の部分の「他人の（所有する）財物」とみなすというのは、235条の「他人の財物を窃取した者は」の「他人の財物」とみなすということを意味している。そうすると、自分の自転車を取り戻したXは、242条の規定により、235条の「他人の財物を窃取した」といえることになりそうである。

242条　「自己の財物であっても、他人が占有……するものであるときは、
　　　　　＝Xの所有する自転車　　＝Aが事実的に支配する
　　　　　この章の罪については、他人の財物とみなす」

235条　「他人の財物を窃取した者は」

（3）242条の規定を前提として、その242条の解釈、そして、窃盗罪の保護法益について対立が生ずる。本権説は、窃盗罪の保護法益を所有権その他本権（民事上その占有を正当化する権利）であると解し、242条を「他人が賃借権・質権・留置権等、民事上適法な権限に基づいて占有するものであるときは」と補って読むべきだ（限定すべきだ）とする。この解釈によれば、窃盗犯人の違法な占有は、242条の「他人が占有……するもの」にあたらないから、Xによる窃盗犯人からの自己物の取戻しの場合、そもそも235条の「他人の」財物の要件を充たさず、Xの行為は窃盗罪にならないということになる。

これに対して、占有（所持）説は、財物の占有それ自体が保護法益であると解する。これによれば、242条の「他人が占有する」という文言の意味をとくに限定しないから、窃盗犯人よる盗品の事実的な支配もその「占有」にあたり、所有者が窃盗犯人から自己物を取り戻す場合の自己所有物も242条により「他人の財物」とみなされ、235条の「他人の財物」（を窃取した）という要件を充たすことになる。

もちろん、占有説も、事例のXを窃盗罪で処罰すべきだと主張するわけではない。刑法の議論において、ある行為が犯罪になるかどうかを考える場合、①構成要件該当性 ⇨ ②違法性の存在（違法性阻却事由の不存在） ⇨ ③責任の存在（責任阻却事由の不存在）というように段階的に検討していく。たとえば、正当防衛と評価される反撃により不正の侵害者に怪我を負わせた場合、正当防衛として対抗した者の行為は、①他人（不正の侵害者）の身体の生理的機能に障害を与えたとして傷害罪（204条）の構成要件に該当し、そのうえで、②正当防衛（36条）として違法性が阻却され、その行為は犯罪ではないと評価されることになる。占有説も、これと同じように、

Xの行為は、それが違法な占有であれAの占有している物を自己の占有下に移しているから、242条・235条により、①235条の構成要件に該当し、そのうえで、②所有者の自己物の取戻しのような権利行使（自救行為）といえる場合は、利益回復行為をとるべき緊急性（必要性）、手段の相当性等を考慮して違法性が阻却され、Xの行為は犯罪にならないと考える[4]。事例の場合、結論的に、本権説に立っても、占有説に立っても、Xは無罪ということになる。

　そうすると、結論が同じならどちらでもよいのではないか、むしろ理論構成が簡明な本権説の方がわかりやすいのではないかと思う人もいるかもしれない。確かに、事例のような窃盗犯人からの自己物の取戻しの解決は理論構成の相違にとどまるといえる。しかし、財産犯として保護に値するために、民事上適法な権限に基づく占有を要求する本権説にたった場合、（ア）窃盗犯人の占有している盗品を第三者が奪っていった場合[5]、窃盗犯人の占有は、本権に裏づけられた占有ではなく、刑法上の保護に値しない以上、それを第三者が奪ったとしても、その第三者に窃盗罪は成立しないということになってしまおう[6]。（イ）麻薬・覚醒剤のような規制薬物、銃器といった、一般に所有・所持の禁じられている禁制品を奪っていく場合も、それは違法な所持であり、刑法上の保護に値しないものであれば、それらは誰でもいわば「盗り放題」の無秩序の状態を出現させることになりかねない。しかし、それはおよそ妥当だとは思われない[7]。そこで、これらの場合の占有侵害も、①窃盗罪の構成要件に該当すると考えたうえで、②違法性阻却の段階で違法性を阻却する理由があるのかどうかを検討し、事例のXのように所有者による自己物の取戻しは権利行使（自救行為）として違法性が阻却され（窃盗罪不成立）、（ア）（イ）のような窃盗犯人からの第三者の奪取、禁制品の奪取のように、その物を奪った者に違法性を阻却する事由の認められない場合には、窃盗罪が成立するという解決を導こうとするのが占有説の考え方だといえる。ここに、理論構成の問題にとどまらない、結論にかかわる実際上重要な相違がある。

　私法上の権利関係が複雑化してきている現代社会においては、権利義務関係の確定は必ずしも容易ではないということも考慮に入れなければならない。窃盗罪（などの奪取罪）において保護すべきものは究極的には所有権（その他本権）に基づいて財物を使用・収益・処分する可能性である。しかし、それをより十分に保護するためには、権利関係が不明確な場合などでも一応保護に値すると考えられる場合であれば、そのような占有を保護す

---

[4] 権利行使（自救行為）として財物の取返しが正当化されるならば、この取返しのために必然的に伴うことになる実力行使（事例1のXの暴行など）も正当化されることになる。

[5] 東京高判昭和29年5月24日東高刑時報5巻5号192頁。

[6] 235条の「他人の（所有する）財物を、他人＝行為者以外の者の所有する財物と解すれば、この場合の行為者（第三者）は自己に所有権のない物（他人の物）を奪うわけだから、この文言を充たしているといえる。しかし、この場合に保護に値する占有侵害を認めることができないと考えるならば、窃盗罪の成立は認めないことになるのではないだろうか。この場合の窃盗犯人の占有は所有者に対する関係では保護に値しないが、第三者に対する関係ではなお保護に値するとの考え方もある。占有離脱物横領罪とすべきだとするのは、斎藤・各論4版104頁、松原・各論2版195頁。

[7] 禁制品の場合も行為者には所有権がないから「他人の所有する財物」の奪取といえ、また、その占有は没収等の手続を経なければ奪われないという限りでなお刑法上保護に値する占有が認められる（参照、第15講Ⅱ（2））。しかし、所有権その他本権（に基づく占有）を認めるのは困難であるように思われる。松原・各論2版195頁参照。曽根・各論5版は、「純粋の本権説によると、窃盗罪の成立が否定されることになる」（114頁）とし、修正本権説に立ち、所持・所有の禁止されている禁制品を窃取する場合、「例外的に単なる占有（単なる他人占有物）」を法益と解し（112頁）、占有者の「所持に伴う事実上の利益」の侵害として窃盗罪の成立を認める（114頁）。

ることは必要であり、また、合理的であるといえよう。権利関係の最終的な確定など、私人間の民事紛争は民事手続で解決されるべきである。本権説の立場に立った場合、刑事裁判において判決を下す前に民事上の権利義務関係を確定することが必要となり、刑事裁判の民事裁判化を招来することにもなろう。民事上権利が確定しなくても一応保護に値すると考えられる財産的な利益は刑法上保護されるべきである。

（4）判例は、この問題について、かつて本権説の立場をとっていた[8]が、Xが担保に供することのできない国鉄公傷年金証書を債権者Aに担保として交付したが、その後、Aからその証書を詐取したという事案に関して、最判昭和34年8月28日刑集13巻10号2906頁は、「刑法における財物取得罪の規定をもって、人の財物に対する事実上の所持を保護しようとするものであつて、その所持者が法律上正当にこれを所持する権限を有するかどうかを問わず物の所持という事実上の状態それ自体が独立の法益として保護され、みだりに不正の手段によつて侵害することを許さない」と判示し、明示的に判例変更をして、占有説の立場に移行した。その後も、占有説に基づいた判断をしている[9]。重要な事案として、自動車金融関係の事案がある。それは買戻約款付きの自動車売買契約を締結した債務者が買戻権を喪失した直後、債権者が債務者に無断で自動車を引き上げたという事案である。この事案の被告人Xは、いわゆる自動車金融の形式により、出資法[10]による利息の制限を免れる外形をとって高利を得る一方、融資金の返済が滞ったときには自動車を転売して多額の利益をあげようと企て、「車預からず融資、残債有りも可」という広告を出し、これをみて営業所を訪れた客に対し、自動車の時価の2分の1ないし10分の1程度の融資金額を提示したうえ、用意してある買戻約款付自動車売買契約書に署名押印させて融資をしていた。契約書に書かれた契約内容は、借主が自動車を融資金額でXに譲渡してその所有権と占有権をXに移転し、返済期限に相当する買戻期限までに融資金額に一定の利息を付した金額を支払って買戻権を行使しない限り、Xが自動車を任意に処分することができるというものであった。Xの立場からすると、期限内に返済がなされ車が買い戻されるよりも、返済できなかった場合に自動車を転売した方が格段に利益が大きいため、借主が返済期限に遅れれば直ちに自動車を引き揚げて転売するつもりであったが、客に対してはその意図を秘し、ときたま説明を求める客に対しても「不動産の譲渡担保[11]と同じことだ」とか、「車を引き揚げるのは100人に1人位で、よほどひどく遅れたときだ」などと説明するのみであり、客には契約書の写しを渡さなかった[12]。Xま

---

[8] 担保に供することのできない恩給年金証書を、融資を受けるためにAに担保として交付したが、その後、Aからその証書を窃取したという事案に関して、大判大正7年9月25日刑録24輯1219頁など。

[9] 最判昭和35年4月26日刑集14巻6号748頁など。

[10] 第6講注9参照。

[11] 第22講I（3）（ii）参照。

[12] この事件の第2審判決（大阪高判昭和59年7月3日刑集43巻7号631頁）は、Xの「融資の方法は、形式上は自動車の売買契約とはなっているものの、実質は、自動車を担保とする金員の貸付であることは明らかで、これらが出資法5条1項に違反することも疑問の余地がない」。また、「当初の買戻約款付売買契約が内容において暴利的要素を含むのみならず、方法においても借主側の無知窮迫に乗じた悪質なものであり、契約の無効ないし取消の可能性も大いに考えられ、所有権が被告人側に移転しているかどうかにつき法律上紛争の余地を十分に残している」ということを指摘している。

たはその命を受けた者は、一部の自動車については返済期限の前日または未明、その他の自動車についても返済期限の翌日未明または数日中に、借主の自宅、勤務先等の保管場所に赴き、合鍵屋に作らせた合鍵または契約当日自動車の点検に必要であるといって預かったキーで密かに合鍵屋に作らせたスペアキーを利用し、あるいはレッカー車に牽引させて、借主等に断ることなしに自動車を引き揚げ、数日中にこれらを転売し、あるいは転売しようとしていた。このような事案に関して、最決平成元年7月7日刑集43巻7号607頁は、「Xが自動車を引き揚げた時点においては、自動車は借主の事実上の支配内にあつたことが明らかであるから、かりにXにその所有権があつたとしても、Xの引揚行為は、刑法242条にいう他人の占有に属する物を窃取したものとして窃盗罪を構成するというべきであり、かつ、その行為は、社会通念上借主に受忍を求める限度を超えた違法なものというほかはない。したがって、これと同旨の原判決の判断は正当である」と判断し、Xに窃盗罪の成立を認めた。

　このように、判例は、Xに所有権があったとしても借主に自動車の占有があったことを理由に窃盗罪の構成要件該当性を判断しているから、判例が占有説の立場に立っていることは明らかである。そのうえで、「受忍限度内かどうか」という観点からの違法阻却の可能性に言及している。前述のように、このような占有説の理論構成は、権利行使としての違法性阻却が適切に（権利者に酷とならないように）判断されることを前提に、基本的には支持することができよう（違法類型としての構成要件該当性判断と違法性阻却判断との機能分担）。

　もっとも、占有説の理論構成について少し検討しておくべきことがある。たとえば、事例のXが、Aがその自転車を自宅内に保管していることを知り、夜間A宅に忍び込んで自転車を取り戻したという場合であったらどうであろうか。受忍限度をどのように解するのかにもよるが、盗品を「居宅内で占有しているようなときには、たとえ本権者であっても、居宅内に立ち入って占有を回復することは違法というべきであろう」[13]の見方がある。これに対しては、手段に不当性があることによって、違法性が阻却されず、その結果、財産犯（窃盗罪）が成立するのはどうかという批判がある。手段の不当性、つまり、住居侵入の点は住居侵入罪（130条）で評価すべきであり、窃盗犯人の占有が保護に値しないのであれば、財産を成立させるべきではないというのである。そこで、学説における多数の見解は、窃盗罪の構成要件該当性の段階において一定の限定をかけ、「平穏な占有」、「本権の裏づけがあるとの一応の外観を呈する占有」、「一見不法な占有とみられない財物の占有」、「一応合理的理由のある占有」が、窃盗罪（財産犯）において保護に値すると考え、上記の例の場合、Xの行為は、違法性阻却の判断の前に構成要件に該当しないとして、Xの窃盗罪を否定し、それとは別に住居侵入罪の成否について考え、住居侵入罪については正当化される理由はないから、その成立を認める。242条の「他人が占有し」が、「公務所の命令により他人が看守するもの」[14]と並列されていることからして、財物の所有者に対する関係での窃盗犯人の違法な占有を含めてすべての占有をいうとするのは条文解釈において疑問が残り、実質的にも、所有権者を罰してまでまったくの無権利者を保護することになるのは、その妥当性に疑問符が付く。構成要件段階において前一定程度の絞りをかけ、本権に基づくものでないことが明白な占有は窃盗罪の構成要件に該当しないと解すべきで

13　香城敏麿・最判解（平成元年）232頁。
14　注2参照。

あろう。

　本権説と占有説の対立、その議論は、自力救済を刑法上どの範囲で認め、禁止すべきか。財産犯の成否が民事関係に従属すべきか否か、どこまで従属させるべきか。たとえば、賃料未払いのリース物件、割賦金の未払いの割賦販売物等の取戻し・引揚げなどの民事紛争に刑法がどこまで介入すべきか、といった問題にもかかわっている。また、権利行使と恐喝罪の成否、権利関係が係争中の物件を損壊した場合の建造物損壊罪の成否でも同じような問題がある。

II　「窃取した」

　「窃取」とは、「他人の占有する財物を、その占有者の意思に反して、自己の占有に移転させること」であり、「窃取」という言葉は、本来「ひそかにとる」ということを意味しているが、公然と行われてもよいと解されている[15]。

　窃盗罪の既遂時期、すなわち、「窃取した」といえるために、財物を行為者の占有に移したときとみるのが通説・判例である（取得説）。財物に接触するだけでは足りないが、一方で、財物を自宅に持ち帰るなど、その占有を確実に確保したことや、他の人に発見させないところに隠匿したことまでは必要ない。具体的には、財物の大きさや性状、被害者の財物に対する占有形態、窃取行為の態様などを考慮して、被害者側の支配の強さと行為者側の支配の強さの優劣を判断すべきことになろう。たとえば、商店での万引きの場合は、商品を自分のカバンの中や衣類のポケットに入れれば、「窃取した」といえ、店外に出なくても、その段階で窃盗は既遂となる。スーパーの店内で食料品等を買い物かごに入れてレジの外側に持ち出した行為について、東京高判平成4年10月28日判タ823号252頁は、「被告人がレジで代金を支払わずに、その外側に商品を持ち出した時点で、商品の占有は被告人に帰属し、窃盗は既遂に達する」と判断した。その理由として、「買物かごに商品を入れた犯人がレジを通過することなくその外側に出たときは、代金を支払ってレジの外側へ出た一般の買物客と外観上区別がつかなくなり、犯人が最終的に商品を取得する蓋然性が飛躍的に増大すると考えられるからである」と判示している[16]。

　窃盗罪は未遂罪を処罰している（243条）。窃盗罪の実行の着手時期（43条）は、他人の財物に対する事実上の支配を侵すにつき密接な行為をしたときに認められる[17]。住居侵入窃盗の場合、住居に侵入しただけでは窃盗罪の実行の着手は認められないが、財物の物色行為をしたり、金品物色のために箪笥に近寄ったときには実行の

---

[15]　大判大正15年7月16日刑集5巻316頁。

[16]　家電売り場に陳列してあったテレビをカートに乗せて店内のトイレに運び、トイレ内の洗面台下の収納棚に隠した行為について、東京高判平成21年12月22日東高刑時報60巻1～12号247頁は「店舗関係者が把握困難な場所に本件テレビを移動させた」として窃盗罪の成立を認めている。

[17]　大判昭和9年10月19日刑集13巻1473頁など。

着手が認められる。土蔵などへ侵入しての窃盗を企てている場合には外扉の錠や壁などの破壊を開始した時点で実行の着手が認められる。

　窃盗罪の罪数は、窃取行為と占有侵害の数が基準となり、1個の窃取行為で1個の占有を侵害した場合、財物・所有者の数にかかわらず1個の窃盗罪が成立する。たとえば、A宅に侵入したXが、同じところにあった2個の財物を窃取したところ、1個はAの所有物であったが、もう1個はAがBから借りていた者であったという場合、1個の窃盗罪が成立する。

Ⅲ　親族相盗例

　（1）親族間で窃盗が行われた場合について244条は特別なルールを設けている。親族相盗例である。244条1項は、「配偶者、直系血族又は同居の親族[18]との間で第235条の罪〔窃盗罪〕、第235条の2の罪〔不動産侵奪罪〕又はこれらの罪の未遂罪を犯した者は、その刑を免除する」と規定し、2項で「前項に規定する親族以外の親族との間で犯した同項に関する罪は、告訴がなければ公訴を提起することができない」と規定する[19]。

　親族相盗例は、「法は家庭に入らず」という考え方に基づくもの、すなわち、「親族間の一定の財産犯罪については、国家が刑罰権の行使を差し控え、親族間の自律にゆだねる方が望ましいという政策的な考慮に基づき、その犯人の処罰につき特例を設けた」ものである[20]。244条1項における刑の免除の実質的根拠につき、消費共同体や財物の占有・利用関係の合同性に着目した違法性の減少、親族間の誘惑的関係・罪悪感の乏しさ・甘えに基づく責任（期待可能性）の減少に求める見解もあり、親族相盗例の適用対象となる場合の一部分に限ればもっともな面もある。しかし、1項の免除は有罪判決の1種であること（刑訴法333条・334条参照）、その対象は独立の生計を営み同居していない直系血族（たとえば、不和から長期間別居している配偶者等）にまで及ぶものであること、同居している場合でも占有・利用が明確に区別されている場合もあること、被害の大小・行為態様その他の具体的な事情を問わず、常に可罰性違法性・期待可能性を欠くということはできないことから、244条は

---

[18]　「親族」は、6親等内の血族、配偶者、3親等内の姻族である（民法725条）。血族については、第4講注7参照。配偶者、直系血族は、同居の有無にかかわらず、244条1項の適用対象となる。それに対して、傍系血族は、同居の場合244条1項の「同居の親族」にあたり、非同居の場合244条2項の対象となる。姻族とは、配偶者の血族（たとえば、夫または妻の父母）および自分の血族の配偶者（たとえば、兄弟の夫または妻）をいい、同居（244条1項）か否（244条2項）で適用条文が異なる。したがって、244条2項が適用されるのは、非同居の、6親等以内の傍系血族および3親等内の姻族ということになる。

[19]　244条3項は、「前2項の規定は、親族でない共犯については、適用しない」と規定する。244条の規定は、詐欺罪・恐喝罪・背任罪・横領罪に準用される（251条・255条）。盗品関与罪に関しても親族間の特例がある（257条）が、その趣旨は244条とは異なる。毀棄・隠匿罪に親族相盗例が準用されない理由につき、「親族間の領得罪は親族内の財産的秩序は破るけれども、これをその親族の誰かが取得して親族外へ価値的減少をきたさない、いわば家産の共同利用的要素を温存しているのに対して、親族間の毀棄・隠匿罪は、常にその全部の破壊ないし喪失を意味し、家産を失わしめるものなので、その親族にとっては害悪が極めて強いからである」とされる（八木國之「親族関係と犯罪」『刑法講座第6巻』188頁〔有斐閣、1964年〕）。

[20]　最決平成20年2月18日刑集62巻2号37頁。自律的解決の方が問題の根本的な解決に至りえ、刑法の謙抑主義にもかない、また、限りある刑事事件の処理能力に限りがあるなかで、より重大な事態にその能力を振り向けることも可能になろう。

政策的な規定（処罰阻却事由）と解さざるをえない[21]。親告罪である2項の場合、もとより、犯罪は成立している（処罰阻却事由）[22]。

　244条における親族の範囲は民法の規定による（民法725条）。配偶者には内縁の配偶者は含まれない[23]。窃盗の目的物の所有者と占有者が異なる場合に必要な親族関係は、窃盗犯人と財物の所有者・占有者双方との間に存しなければならない[24]。もし窃盗犯人と財物の占有者の間に所定の関係があればよいとすると、財物の所有者がその占有を他人に移す場合、その他人と親族関係のある者によるその財物の処分に対して所有者は刑法上まったく保護されえないことになってしまい、不合理だからである。親の占有する財物を親の所有物だと思って子が窃取したところ、実はそれは他人から借りていた物であったという場合、その錯誤は処罰阻却事由の錯誤であるから故意を阻却しない[25]。

　（2）1項の必要的免除という法効果は、うまく機能すれば、当事者間の将来的に望ましい関係の維持ないし修復・再構築に寄与しうるが、一方で、被害者が処罰を望んだとしてもその可能性がなく、家庭内で弱い立場に置かれている者の保護の点でマイナス面ももっている。現行刑法の立法当時（1907年頃）から110年以上経過した現在とでは、親族・家族をとりまく社会的な事情・人々の意識も大きく変化していると考えられ、当時の「家族制」を前提とした244条の適用範囲は現在の法意識に合わせて縮小すべきであり、1項の法効果を免除から親告罪へ変更することなど、立法的な対応が必要であるといえよう。

21　参照、親族相盗例の刑の免除の意義について、髙橋直哉「親族相盗例における政策説の意義」67頁以下『刑事法学の新展開——八木國之博士追悼論文集』（酒井書店、2009年）など。

22　244条1項の免除と2項の親告罪との不均衡を問題にする見解もある。すなわち、「刑の免除は有罪の1つのばあいであるから……近親者のあいだで犯されたばあいが刑の免除という有罪の判決を受けることになり」、かえって、「近親者以外の親族のあいだで犯されたばあいは、告訴がないかぎり、訴追が許されず、誤って訴追があっても控訴棄却になる」という不均衡な取扱いになることから、244条1項の場合にも「被害者の告訴を要する」と主張する（団藤・各論3版582頁）。実質論としては理解できるが、現行法の解釈としては難しいといえよう。なお、八木・前掲注(19)176頁以下参照。

23　最決平成18年8月30日刑集60巻6号479頁。この趣旨は、姻族（配偶者の血族・血族の配偶者）の解釈にも及ぶ。この判例につき、原口伸夫「判例批評」『速報判例解説Vol.1』193頁以下（2007年）。

24　最決平成6年7月19日刑集48巻5号190頁。この判例につき、原口伸夫「判例批評」法学新報102巻9号251頁以下（1996年）。やや細かな点であるが、占有者に保護に値する占有が認められない場合には窃盗犯人と財物の所有者との間に所定の親族関係があればよいといえよう。

25　西田・各論7版180頁は、刑の免除の実質を責任減少に求め、244条1項は「一種の減軽類型としての構成要件を規定したもの」と解し、この錯誤は「38条2項により抽象的事実の錯誤」となり、244条1項の適用を認めるべきであるとするが、解釈論として難しいように思われる。

Ⅳ　不動産侵奪罪（235条の2）

　不動産侵奪罪は、窃盗罪の不動産バージョンとして窃盗罪の次に規定されており、不動産窃盗ともいわれる。不動産とは土地およびその定着物（建物など）であり（民法86条）、「不動産」を場所的に移動させること、「窃取する」ことはできない。そこで、条文においても、「窃取した」ではなく「侵奪した」という文言を用いている。不動産侵奪罪とは「不動産の不法占拠」を処罰するものである。

　不動産侵奪罪は1960年（昭和35年）に新設された規定である。第2次世界大戦後の社会的混乱や警察力の不足に乗じ、戦災の跡地や空地に権原なく仮設の建築物（バラック）を建てて住みつき、または、商売（闇市）をするための店を開くなどの形態で土地・建物を不法占拠する者がみられるようになった。その後、次第に戦後の混乱が収まるにつれ、このような不法占拠が悪質化・巧妙化する一方で、正当な権原者が自らまたは暴力的な集団に頼んで自力救済を図るという事態も発生した。そこで、このような不法占拠事案、それをめぐるトラブルに対処するため、1960年の刑法の一部改正により、不動産侵奪罪が新設された[26]。

　「侵奪」とは、他人の占有を排除して自己または第三者の占有を設定することをいう。賃貸借期間の満了や賃貸借契約の解除等によって賃借権を喪失した賃借人が、所有者の立ち退き要求に応ぜず、明け渡しを拒むなどして土地や建物の占拠を継続する場合には、もともとは適法に占有しており、「新たな占有排除行為」、すなわち、「侵奪」がないから不動産侵奪罪は成立しない。「適法に不動産を占有していた者が、ある時点からその占有の適法性が失われた後その占有を継続しても、侵奪行為がなく不動産侵奪罪は成立しない」というのが原則である。

　しかし、他人の不動産の占有を当初は適法に開始した場合でも、たとえば、資材置場として土地を賃借していた者が勝手に住宅を建てた場合のように、容易に元の状態に戻せないようなかたちで、占有に質的変化を生じさせ、「新たな占有排除行為」と評価される場合には、不動産侵奪罪が成立しうる。たとえば、最決平成11年12月9日刑集53巻9号1117頁は、Xが問題の土地についての一定の利用権を有していたが、その利用権限を超えて地上に大量の廃棄物を堆積させ、容易に原状回復をすることができないようにして土地の利用価値を喪失させた場合、Xに不動産侵奪罪の成立を認め、最決平成12年12月15日刑集54巻9号1049頁は、土地とその土地上の簡易施設の引渡しを受けたYが、その簡易施設を、内壁・床面・天井を有し、シャワーや便器を設置した8個の個室からなる構造の異なる本格的店舗に改造し、その解体・撤去を格段に困難にした場合に、Yに不動産侵奪罪の成立を認めている。

　窃盗罪と不動産侵奪罪は、客体（財物か不動産か）、行為（窃取か侵奪か）以外の成立要件は基本的に同じであるとされており、主観的要件、とくに不法領得の意思も必要である。

26　この改正の時に、土地の境界を不明する行為を処罰する境界損壊罪（262条の2）もあわせて新設された。

第18講　財産に対する罪4（強盗罪1）

I　強盗罪（236条）

（1）強盗罪は、暴行または脅迫を用いて他人の財物を強取する犯罪である（236条）。被害者の意思に反して財物を奪うという点において窃盗罪と共通するが、暴行・脅迫を用いて被害者が抵抗できないようにして、いわば被害者をねじ伏せて無理やり財物を奪い取っていくという点において窃盗罪と異なり、生命、身体の安全、自由に対する罪の側面も併有している。また、窃盗罪の客体は財物に限定されているが、強盗罪は財産上の利益も客体としている。

強盗罪は、暴行・脅迫を用いて財物を強取する行為（236条）を基本類型とし、このバリエーションとして、窃盗後に財物を取り返されそうになった際に追跡者に暴行を加えるなど、財物窃取後に所定の目的で暴行・脅迫を加える行為を強盗と同様に扱う事後強盗罪（238条）、昏酔させて財物を窃取する行為を強盗と同様に扱う昏酔強盗罪（239条）、そして、強盗がその機会に致死傷結果を生じさせた場合に刑を加重する強盗致死傷罪（240条）、強盗犯人がその際に強制性交を行った場合、強制性交の犯人がその際に強盗を行った場合を結合犯[1]とする強盗・強制性交等罪（241条）がある。

強盗罪	（236条）暴行・脅迫を用いて財物強取	⇨　5年以上20年以下の拘禁刑
事後強盗罪	（238条）財物窃取後に暴行・脅迫	⇨　強盗として論ずる
昏酔強盗罪	（239条）昏酔させて財物窃取	⇨　強盗として論ずる
強盗致死傷罪	（240条）強盗の機会に致死傷	⇨　〔致傷〕6月以上20年以下・無期拘禁刑
		⇨　〔致死〕無期拘禁刑・死刑
強盗・強制性交等罪（241条）		⇨　7年以上20年以下・無期拘禁刑

強盗罪の大きな特徴の1つは、これが凶悪犯罪であり、その刑がきわめて重いということにある。強盗がその機会に人を殺し、または、死に至らしめた場合に重く処罰する強盗致死罪（240条後段）の法定刑は、「死刑又

---

[1]　結合犯とは、それぞれ独立しても犯罪となる複数の行為を結合して1つの犯罪類型としたものである。強盗・強制性交等罪は、それぞれ独立しても犯罪となる強盗罪（236条）と強制性交等罪（177条）を結合した犯罪類型である。結合犯という犯罪類型を設けることの意味は、結合される2つの罪が併合罪となる場合よりも重い法定刑を規定することにある。法定刑の上限がいずれも20年の拘禁刑である236条と177条が併合罪加重された場合の刑の上限は30年の拘禁刑であるが、241条の刑の上限は無期拘禁刑であり、その下限も7年の拘禁刑に引き上げられている。どのような行為を結合犯にするのかは立法者の裁量に委ねられる部分が大きい。たとえば、刑事学的には放火を手段とした殺人がみられるが、現行刑法典には放火殺人罪という犯罪類型はなく、（現住建造物）放火罪と殺人罪が成立する。空き巣は窃盗の代表的な手口であるが、（住居）侵入窃盗罪という犯罪類型はなく、住居侵入罪と窃盗罪が成立し、両罪は牽連犯となる。

は無期拘禁刑〔懲役〕」であり、現行刑法の中で最も刑の重い犯罪だといえ[2]、実際に死刑判決が言い渡される犯罪は、199 条か、この 240 条後段にあたる場合だといってよい。強盗の罪の基本類型である強盗罪の刑も重い。確かに、236 条の法定刑は 5 年以上 20 年以下の拘禁刑〔懲役〕であり、無期拘禁刑〔懲役〕や死刑を含むものではない。しかし、法定刑の下限にも注目してもらいたい。強盗罪を犯した場合、一番軽くても 5 年の拘禁刑〔懲役〕刑ということになるが、これは執行猶予（25 条以下）[3]の関係で重要な意味をもってくる。言い渡される刑が、実刑判決（刑事施設への現実の収容）なのか、執行猶予となるのかは、被告人にとってはきわめて重要な問題であると考えられるところ、執行猶予が認められるのは、言い渡される刑が「3 年以下の拘禁刑〔懲役若しくは禁錮〕」でなければならないのである（25 条 1 項参照）。つまり、236 条の法定刑が 5 年以上の拘禁刑〔懲役〕となっているということは、強盗罪が成立する場合、執行猶予は認められず、必ず刑事施設に収容されるべきというのが立法者の判断ということになる[4]。さらに、凶悪重大犯罪であることから、刑法の早期の介入も必要な場合もあり、未遂（243 条）だけでなく、予備罪も処罰されている（237 条）。

　なお、第 4 講において「強盗罪の認知件数は、殺人罪のそれとともに、その国（地域）の治安の良し悪しを図るバロメーターである」[5]と述べた。犯罪白書は、日韓仏独英米の主要犯罪の発生率（人口 10 万人当たりの発生件数）をまとめており、これによれば、2019 年の強盗の発生率は、わが国が、比較対象の 6 か国の中で 1.2 と一番低く、イギリス 118.7（ただし、2017 年）と最も高く、以下、アメリカ 81.4、フランス 43.8、ドイツ 43.2、韓国 1.6（ただし、2018 年）となっている[6]。わが国の治安状況は、平成になって憂慮された時期もあった（体感治安の悪化などがいわれた）が、現在、相対的にみれば良好に推移していると評価してよいと思われる。

　（2）強取（手段たる暴行・脅迫の程度）　　強盗罪は、暴行・脅迫を用いて、被害者の反抗を抑圧し、財物（財産上の利益）を強取する犯罪である。したがって、強盗罪における暴行・脅迫は、相手方[7]の反抗を抑圧するに足る程度の暴行・脅迫でなければならない。暴行罪（208 条）と強盗罪（236 条）とにおいて等しく「暴行」

---

[2]　厳密にいえば、外患誘致罪（81 条）が死刑のみを法定刑としており、これが 1 番刑の重い罪である（参照、第 2 講注 1）が、現在の適用例からみれば、事実上、強盗致死罪が最も刑の重い犯罪（の 1 つ）だといってよい。また、強盗・強制性交等致死罪の法定刑も、同様に「死刑又は無期拘禁刑〔懲役〕」である。かつては、尊属殺人罪（旧 200 条）の法定刑が「死刑又は無期懲役」であったが、この規定は違憲判決が下され、1995 年の刑法改正で削除された。参照、第 4 講 I（2）。

[3]　執行猶予は、刑の言渡しはするが、刑の執行を一定期間猶予し、その猶予期間を無事に経過したときは刑罰権が消滅する（27 条参照）という制度である。施設収容を避けて短期自由刑に伴う弊害を防止し、猶予期間内に再犯をすれば刑を執行するという威嚇のもとに再犯を防止し、猶予期間を無事経過したときは刑の言渡しの効果を消滅させて、前科に伴う不利益をなくして更生に役立たせることを目的としている（社会内処遇）。

[4]　これも厳密にいえば、「犯罪の情状に酌量すべきものがあるとき」であれば酌量減軽（66 条）をして執行猶予とすること可能である。酌量減軽は、犯罪の具体的情状に照らして、法定刑または法律上の加重減軽を経て得られた処断刑の最下限でもなお重すぎて、さらに低い刑を科するのが相当と認められる場合に認められる。

[5]　第 4 講 II。

[6]　『令和 4 年版犯罪白書』26 頁。なお、殺人の発生率（2019 年）は、わが国は 0.3 とやはり一番低く、最も高いのがアメリカ 5.1、以下、フランス 1.3、イギリス 1.1、ドイツ 0.7、韓国 0.6 と続く。そのほか、窃盗、性暴力が比較されている。

[7]　暴行・脅迫の相手方は、必ずしも財物の所有者・占有者であることを要せず、財物強取の障害となる者であればよい。

という文言が用いられていても、強盗罪における「暴行」は、暴行罪における「暴行」よりも、その程度の強いものでなければならないのである[8]。反抗を抑圧するに足る程度のものかどうかは、行為者・被害者のそれぞれの性別・年齢・体格、共犯者の有無（人数）、犯行の場所・時間、周囲の状況、犯行に至る経緯、犯行態様、凶器所持・使用の有無など、犯行の具体的状況を考慮に入れたうえで、社会通念上一般に被害者の反抗を抑圧する程度のものか否かが判断されることになる。「反抗の抑圧とは、抵抗不能にすることまでを必要とせず、抵抗しようと思えばできるが、通常人なら、蛮勇をふるって敢えて抵抗するよりも犯人の要求に応じたほうが安全だと判断して抵抗をあきらめる程度に意思を圧迫するものであればよい」[9]。この判断は必ずしも容易でない場合もある。「反抗を抑圧するに足る程度」に至らない暴行・脅迫で財物を奪った場合には恐喝罪（249条）となる。

　この暴行・脅迫の程度につき、次の場合が議論されてきた。1つは、社会通念上一般には相手方の反抗を抑圧する程度のものであったが、被害者が屈強な者であったため反抗を抑圧されず、しかし、被害者が行為者のことをかわいそうに思い財物を渡したといった場合である。判例は、このような場合、当の被害者が反抗を抑圧されなくても、社会通念上一般に被害者の反抗を抑圧する程度の暴行・脅迫が用いられ、財物が奪われていれば強盗既遂罪になるとする[10]。立証の問題を考慮しているのかもしれないが、強盗罪を盗取罪（被害者の意思に反して財物を奪う犯罪）として位置づける以上、被害者が反抗を抑圧されていないのであれば「強取した」とはいえず、強盗は未遂にとどまり、財物を奪った点は恐喝既遂と評価されるべきことになろう[11]。

　もう1つは、逆に、社会通念上一般には相手方の反抗を抑圧する程度のものではなかったが、被害者が臆病者であったことから（そのことを知ったうえで）その程度の暴行・脅迫をしたところ、被害者が反抗を抑圧された場合である。この場合、当の被害者が反抗を抑圧されて財物を奪われているのだから、強盗既遂罪だとする見解も有力であるが、「社会通念上一般に」相手方の反抗を抑圧するに「足る」程度のものを要求するのであれば、強盗罪において要求される暴行・脅迫の程度に達しているとはいえず、恐喝既遂の成立にとどまるべきであるように思われる。もちろん、上記のように、具体的状況を考慮に入れた判断であることには留意を要する。

　なお、強盗罪の実行の着手は、手段たる暴行・脅迫を開始したときと考えるのが一般であり、これによれば、強盗罪に必要な程度に達していない暴行は、「手段たる暴行」にあたらず、その開始、つまり、強盗罪の実行の着手（強盗未遂）は認められないことになる。

　ひったくり、たとえば、歩行者の後ろからバイクで近づき、その横を通過する際に、歩行者のもっている荷物

8　暴行概念の相対性・多義性について、第7講 I（3）参照。

9　藤木・各論292頁。

10　最判昭和24年2月8日刑集3巻2号75頁は、「他人に暴行又は脅迫を加えて財物を奪取した場合に、それが恐喝罪となるか強盗罪となるかは、その暴行又は脅迫が、社会通念上一般に被害者の反抗を抑圧するに足る程度のものであるかどうかと云う客観的基準によって決せられるのであつて、具体的事案の被害者の主観を基準としてその被害者の反抗を抑圧する程度であつたかどうかと云うことによって決せられるものではない」。本件では被害者に匕首を示して同人を脅迫し財物を奪っているのであり、仮に被害者の「反抗を抑圧する程度に至らなかつたとしても恐喝罪となるものではない」と判示する。近時のものでは、福岡高判平成29年9月19日高刑集70巻3号1頁（ただし、反抗を抑圧するに足りる程度の暴行・脅迫であると認めず、恐喝未遂罪と傷害罪を認めた）。

11　多数説は強盗未遂と恐喝既遂の観念的競合とするが、包括一罪とすべきように思われる。なお、「恐喝行為があったとはいえないから、恐喝罪の既遂の観念的競合ないし法条競合をみとめるべきでない」とするのは、団藤・各論3版588頁注12。

を奪うというように、被害者の不意をついて瞬時に物を奪い取る場合、その暴行は相手方の反抗の抑圧に向けられたものではないから「強取」ではなく、強盗罪ではない（この場合、暴行と窃盗の観念的競合）。このような場合でも、物を奪おうとした際に、被害者がそれを離さないために、その抵抗を排除するために暴行を継続した場合には強盗罪になる[12]。

　強盗以外の目的で被害者に暴行を加えその反抗を抑圧した後、財物奪取の意思を生じ、財物を奪った場合に強盗罪は成立するか。たとえば、強制わいせつ、強制性交等を行った犯人が、被害者が畏怖しているのに乗じて財物を奪った場合である。236条は、条文上、暴行・脅迫を「用いて」とあり、強盗罪には準強制性交等罪（178条「抗拒不能に乗じ」）のような規定はないから、領得意思が生じた後に財物奪取に向けた新たな暴行が必要である。もっとも、すでに被害者は先行する犯罪により反抗抑圧状態にある以上、客観的にみれば程度の低いものでも、相手方の反抗を抑圧する（抑圧し続ける）に足る程度のものといえる場合は多いであろう[13]。

Ⅲ　強盗利得罪（2項強盗罪）

　（1）財産犯の客体は「財物」と「財産上の利益」があり、強盗罪、詐欺罪、恐喝罪は財産上の利益もその客体としている。財産上の利益とは、財物以外の一切の財産的利益をいい、具体的には、債権を取得する、労務・サービスの提供を受ける場合（積極的利得）、債務の支払いを免れる場合（消極的利得）などである。たとえば、難癖をつけて法外な賠償を認めさせる場合、債権取得という利益を得ており、また、語気鋭くすごんで借金の免除を認めさせる場合、債務免脱という利益を得る例である。

　強盗利得罪の典型的な1場合としてタクシー強盗がある。タクシーを利用した場合、目的地に着いたところで乗車代金を支払うのが一般的である。タクシーを降りる際に、運転手を殴って気絶させ、運転席の脇に置いてあった売上金1万円を奪えば、暴行を用いて財物（金銭）を強取した1項強盗罪である。これに対して、運転手から乗車代金1万円を請求されたとき、その支払いを免れるために、運転手を殴って、なにもとらずに逃走した場合はどうだろうか。この場合、「財物」を奪っていないが、支払うべき1万円の乗車代金の支払を免れている。殴って1万円札をつかんで逃げていくのと、払うべき1万円を殴り倒すことにより支払わずに逃げていくのと、やっていることと得られた利益は実質的に同等であろう。この後者の場合が暴行を用いて「財産上の利益」を得た強盗利得罪（236条2項）となる[14]。

12　参照、最決昭和45年12月22日刑集24巻13号1882頁。

13　古い判例には、反抗抑圧状況下でそれを利用して財物を奪えば強盗罪になるとするものもある（大判昭和19年11月24日刑集23巻252頁）が、近時の下級審判例においては新たな暴行・脅迫が必要であるとするのが大勢である（大阪高判平成元年3月3日判タ712号248頁など）。なお、東京高判平成20年3月19日高刑集61巻1号1頁。

14　脅迫して不動産の登記名義を移転させた場合は、1項強盗ではなく、2項強盗になるというのが通説である。これに対して、西田・各論7版187頁は、登記名義を移転させ、その不動産の処分可能性を取得した場合には1項強盗罪を認めてよいとするが、盗取罪において処分可能性を重視するのは疑問である。

強盗利得罪が認められるべきかどうかが争われたものとして、XがA宅に侵入して、Aのキャッシュカードの窃取に着手し、いつでもその占有を取得できる状態に置いたうえで、Aに脅迫を加えてキャッシュカードの暗証番号を聞き出したという事案がある。この事案に関して、東京高判平成21年11月16日東高刑時報60巻1~12号185頁は、「キャッシュカードを窃取した犯人が、被害者に暴行、脅迫を加え、その反抗を抑圧して、被害者から当該口座の暗証番号を聞き出した場合、犯人は、現金自動預払機（ATM）の操作により、キャッシュカードと暗証番号による機械的な本人確認手続を経るだけで、迅速かつ確実に、被害者の預貯金口座から預貯金の払戻しを受けることができるようになる。このようにキャッシュカードとその暗証番号を併せ持つ者は、あたかも正当な預貯金債権者のごとく、事実上当該預貯金を支配しているといっても過言ではなく、キャッシュカードとその暗証番号を併せ持つことは、それ自体財産上の利益とみるのが相当であって、キャッシュカードを窃取した犯人が被害者からその暗証番号を聞き出した場合には……事実上、ATMを通して当該預貯金口座から預貯金の払戻しを受け得る地位という財産上の利益を得たものというべきである」と判示し、強盗利得罪の成立を認めた[15]。

（2）財産上の利益の取得が、被害者の処分行為に基づく必要があるのか否かは争われてきた。

> 【事例1】　Xは、資産家の老人Aから多額の金銭を借りていたところ、返済期限を過ぎAからその返済を執拗に迫られていたが、返済資金をどうしても工面することができず、Aの所に返済猶予を頼みに行った。しかし、AはXの言い分を一切聞かずその申し出を即座に拒絶し、さらに口汚くXを罵倒した。かっとなったXは、Aさえいなくなれば債務の存在を知る者がいなくなり、返済をしなくて済むことになるだろうと考え、Aの首を絞めAを殺害した。なお、XとAの間で借用証書などの文書はまったく作成されておらず、また、Aに身寄りはないという事情があった。
>
> 【事例2】　事例1と同様の経緯で同様の行為が行われたが、YとBの間では借用証書が作成されており、また、Bには息子Cがおり、CはBが他人に金銭の貸付けを行っていること、それを帳簿につけて管理していることなどをBから聞いて知っていた。

---

[15] 取得した利益に対応した利益喪失が必要であり、いわば「利益の移転」が必要であるとの理解に立ち、暗証番号を聞き出しただけでは、情報が「共有」されているだけで、利益の移転はないとの批判がある。これに対して、東京高裁は、「2項強盗の罪が成立するためには、財産上の利益が被害者から行為者にそのまま直接移転することは必ずしも必要ではなく、行為者が利益を得る反面において、被害者が財産的な不利益（損害）を被るという関係があれば足りると解される」と判示した。また、キャッシュカードと暗証番号を取得しただけでは、まだ現金を手にしたわけではなく、利益の現実性・具体性がないとも批判される。しかし、これに対して、「預金通帳……と印鑑……を強取した場合、1項強盗既遂罪が成立することに問題はないと思われるが、この場合も、行為者は預金を引き出し得る地位を取得し、被害者は引き出される危険に陥ったことが、実質的な理由になっていると解される。電子技術の進歩によって、通帳・印鑑は、キャッシュカード・暗証番号によって代替されることになったが、そのことで犯罪の成否を動かすことに理由があるとは思われない」（林幹人・百選II7版83頁）との反論がある。

かつて、大審院は、強盗利得罪の成立のためには処分行為が必要であるとしていた[16]が、その後、最高裁は、判例変更して、処分行為は不要であるとの立場に立っている[17]。(ア) 2項強盗罪は1項強盗罪と同じ条文・刑で罰せられ、同じ方法により遂行されるものと規定されていることから、1項強盗罪で処分行為を必要としない以上、2項強盗罪でも同様である。(イ) 相手の反抗を抑圧する程度の暴行・脅迫を加えることが要件とされている強盗罪において、実質的に意味のある処分行為を求めることはできない。(ウ) 処分行為必要説によれば、相手に処分行為すら許さず、より直接的・強引に利益を取得する場合（被害者を殺害する場合など）に強盗にならないことになってしまい、その結論は妥当でなかろう。処分行為不要説が妥当である（通説）。

　事例1の場合、Aは債務免除の意思の表明など、なんら処分行為を行っておらず、いきなり殺害されており、もし処分行為必要説に立つのであれば、2項強盗殺人は成立しないことになろう。しかし、それでは、より強度の反抗抑圧手段（この場合、殺害）を用いれば用いるほど、被害者は処分行為を行うことができず、その結果、2項強盗罪は成立しないことになり、より悪質な行為がより軽く評価されるという評価矛盾が生じてしまう。このようなことから処分行為必要説は支持を失った。しかし、「利益の取得」がどのような場合に認められるのかは必ずしも明確ではなく、たとえば、債務者が債権者を殺害した場合、相続人が被相続人を殺害した場合には常に2項強盗殺人が成立する、ということにもなりかねない[18]。しかし、そうであれば、行きすぎであろう。そこで、処分行為不要説に立った場合でも、支払の一事猶予などを「財産上の利益」に含めるべきか否か、含める場合どの程度の「猶予」であれば「財産上の利益」に含めてよいのか、とくに債権者を殺害する事例を中心に議論されてきた。

　「財産上の利益」は、1項の「財物」と並列的に、それに続いて規定されている客体であるから、行為者の暴行・脅迫により1項強盗における財物の移転と同視できるだけの財産的利益の取得の具体性（現実性）および確実性が必要であると解すべきであろう。現在では一般的な理解といえる。問題は、どのような場合に利益の具体性・確実性が認められるかである。ある見解は、債務者が債権者を殺害した場合に2項強盗殺人罪が成立するには、「債権者の死亡により、債務の存在を知る者がいなくなる等の理由により、事実上支払いを免れたのと同じ状態を作りだしたことが必要であ」るとし[19]、債務の支払いを一時猶予されただけでは十分ではなく、事実上支払いを免れなければならないと論ずる。この見解からは、借用証書もなく、身寄りもないAの殺害により事実上支払いを免れることになる事例1の場合、利益の取得（事実上の債務免脱）が認められ、Xには2項強盗殺人が成立するが、借用証書もあり、債権を知りうる相続人の息子の存在する事例2の場合には、利益の取得、2項強盗罪は認められず、Yには殺人罪の成立にとどまることとなろう。

　「財産上の利益」（2項強盗の成立）の限定の必要性という点は理解できるが、1項強盗の場合の財物の移転が

16　大判明治43年6月17日刑録16輯1210頁。

17　最判昭和32年9月13日刑集11巻9号2263頁。

18　処分行為必要説は処分行為不要説をこのように批判した。もちろん、強盗罪も領得罪であるから、不法領得の意思、2項強盗の場合には不当利得の意思がなければならず、利益の取得を意図した場合でなければ強盗とはならない。参照、斎藤・各論4版124頁。

19　西田・各論7版188頁。また、曽根・各論5版132頁。

永久的なものでなくともその成立が認められていることとのバランスを考えれば、過大な要求であるように思われる。判例も次のように判示する。「債務者が債務の支払いを免れる目的で債権者を殺害した場合において、右殺害の結果、債権の相続人等においてこれを行使することが不可能もしくは著しく困難になつたときは」、「財産上不法の利益を得たと認めうるのは当然である」。しかし、「右の場合のみに限定するのは、やや狭きに失して妥当でない。なぜなら、たとえば、債務者が、履行期の到来し又は切迫している債務の債権者を殺害したときは、債権者自身による追及を絶対的に免れるだけでなく、債権の相続人等による速やかな債権の行使をも、当分の間不可能ならしめて、債権者による相当期間の支払猶予の処分行為を得たのと実質上同視しうる現実の利益を得ることになる」からである。「債務者が債務の支払いを免れる目的で債権者を殺害した場合においては、相続人の不存在又は証憑書類の不備等のため、債権者側による債権の行使を不可能もしくは著しく困難ならしめたときのほか、履行期の到来又は切迫等のため、債権者側による速やかな債権の行使を相当期間不可能ならしめたときにも、財産上不法の利益を得たと認めうる」[20]と判示する。このような理解を支持しえよう。

　「財産上の利益」は、前述のように、一般的には、「財物以外の一切の利益をいう」というように定義されるが、これには一定の限定が必要なのは確かである。ただ、どのような観点からどのように限定すべきかが課題である。

---

[20]　大阪高判昭和 59 年 11 月 28 日高刑集 37 巻 3 号 438 頁。これは、次の 2 項詐欺に関する最高裁の判断とも整合的であるといえよう。すなわち、最判昭和 30 年 4 月 8 日刑集 9 巻 4 号 827 頁は、「すでに履行遅滞の状態にある債務者が、欺罔手段によって、一時債権者の督促を免れたからといって、ただそれだけのことでは、刑法 246 条 2 項にいう財産上の利益を得たものということはできない。その際、債権者がもし欺罔されなかったとすれば、その督促、要求により、債務の全部または一部の履行、あるいは、これに代りまたはこれを担保すべき何らかの具体的措置が、ぜひとも行われざるをえなかったであろうといえるような、特段の情況が存在した……場合にはじめて、債務者は一時的にせよ右のような結果を免れたものとして、財産上の利益を得たものということができる」と判示している。

第19講　財産に対する罪5（強盗罪2）

I　事後強盗罪（238条）

（1）238条は、「窃盗が、財物を得てこれを取り返されることを防ぎ、逮捕を免れ、又は罪跡を隠滅するために、暴行又は脅迫をしたときは、強盗として論ずる」と規定する。「強盗として論ずる」とは、236条1項における「強盗の罪とし」に対応しており、すべての点（法定刑・罰条の適用）で強盗罪として扱う趣旨である[1]。つまり、事後強盗罪の法定刑は「5年以上の有期拘禁刑〔懲役〕」（5年以上20年以下の拘禁刑〔懲役〕）となり、事後強盗にあたる暴行・脅迫により被害者等に致死傷結果を生じさせれば強盗致死傷罪（240条）[2]に発展する。ただ、「窃盗」を出発点とする犯罪類型なので、客体は財物に限られている。典型的な[1]場合として、万引き犯人（つまり、窃盗犯人）が、万引きをみつけた店員に声をかけられ、「やばっ。逮捕される」と思い、その店員をいきなり殴りつけて、店から逃走するような場合である[3]。窃盗犯人が財物確保や逮捕免脱のために窃盗の現場で暴行・脅迫を加える場合があり、その必死の抵抗が被害者等の身体、さらには生命に対する危険を伴う場合もあることも確かである。しかし、強盗罪は、財物を奪うために被害者に暴行・脅迫を加え、被害者をねじ伏せる（反抗を抑圧する）ことによって無理やり財物を奪い取っていくという相当乱暴で凶悪な犯罪類型である。それに対して、事後強盗罪は、財物をこっそり盗る窃盗にとりかかった後で、状況的に追い込まれて、財物取還・逮捕免脱・罪跡隠滅目的で暴行・脅迫を加える場合とみることもでき、強盗罪とは犯情（暴行・脅迫行為の選択の積極性）がかなり異なるといえる。立法者は、財物の奪取と暴行・脅迫の順序が逆であるが、その両者が近接して行われるということに着目して「強盗として論ずる」としたが、立法論としては再考すべき点があるといえよう[4]。

　昏酔強盗罪は「人を昏酔させてその財物を盗取した」場合に成立する（239条）。飲食店において、従業員が客の知らないうちに酒の中に睡眠薬を混入し、客が眠り込んだときに財布やカードを抜き取るような場合である。殴りつけたり、脅したりしているわけではないから「強盗」にはならないが、昏酔させることにより抵抗を不可能（ないしは困難）な状態にして財物を奪うので、「強盗として論ずる」こととされた。

---

[1] 事後強盗罪が成立する場合、先行する窃盗（未遂）罪はこれに吸収され、別罪を構成しない。

[2] そのあと、強制性交等に及べば241条が成立する。強盗致死傷罪（240条）、強盗・強制性交等罪（241条）は後述する。

[3] たとえば、詐欺を行おうとした犯人が、相手方に詐欺を見抜かれ、相手から「この詐欺師！」などといわれ、逮捕されそうになったため、それを免れようと、相手を殴ったとしても、事後強盗罪にはならない。

[4] 後述、注10も参照。

（2）事後強盗罪の要件をみていこう。「窃盗が」とは、「窃盗の罪を犯し」という意味である。より厳密には、「窃盗の実行に着手し」という意味であり、ここでの「窃盗」には、窃盗行為が既遂の場合だけでなく、未遂の場合も含まれる。窃盗の実行に着手した者が、財物の取還防止・逮捕免脱・罪跡隠滅目的をもって、被害者等に対して暴行・脅迫を加えれば事後強盗罪が成立し、その目的が達成されたか否かは問わない（目的犯）。先行する窃盗が既遂の場合に事後強盗罪の既遂となり、先行する窃盗が未遂の場合に事後強盗罪の未遂になるというのが判例・通説である。すなわち、事後強盗罪の未遂・既遂は、先行する窃盗の未遂・既遂を基準に判断されると解されている[5]。暴行・脅迫を加える相手方は、窃盗の被害者に限られず、目撃者・警察官など追跡・逮捕しようとする第三者でもよい。強盗として論じられることから、暴行・脅迫の程度は、強盗罪の場合と同様に、相手方の反抗を抑圧する程度のものであることを要する[6]。

（3）条文上明示されていないが、暴行・脅迫は、窃盗の現場ないしは窃盗の機会の継続中に行われなければならない。裁判で争われた事案として、Xが、A宅に空き巣に入り、そのままA方の天井裏に潜んでいたところ、犯行の約1時間後に帰宅したAに、窃盗の被害に遭ったことおよびその犯人が天井裏に潜んでいることを察知され、犯行の約3時間後にAの通報により駆けつけた警察官に対し、逮捕を免れるため、持っていたナイフで切りつけるなどし、警察官に傷害を負わせたという事案がある。これに関して、最決平成14年2月14日刑集56巻2号86頁は、Xは「窃盗の犯行後も、犯行現場の直近の現場にとどまり、被害者等から容易に発見されて、財物を取り返され、あるいは逮捕され得る状況が継続していたのであるから、上記暴行は、窃盗の機会の継続中に行われたものというべきである」と判示し、Xに強盗致死傷罪の成立を認めた。これに対して、YがB宅に空き巣に入り、現金等を窃取した後誰からも発見、追跡されることなくそこから約1キロメートル離れた公園に行き、そこで盗んだ現金等を確認したところ3万円余りしかなかった。そこで、Yは、再度B宅で盗みをしようとB宅に戻り、その玄関扉を開けたところ、帰宅していたBに発見されたためBにナイフを示し逃走したという事案に関して、最判平成16年12月10日刑集58巻9号1047頁は、Yは「財布等を窃取した後、だれからも発見、追跡されることなく、いったん犯行現場を離れ、ある程度の時間を過ごしており、この間に、Yが被害者等から容易に発見されて、財物を取り返され、あるいは逮捕され得る状況はなくなったというべきである」と判示し、窃盗の機会の継続中であることを否定した。また、Zが、隣家C宅に盗みに入り、財物を盗って誰からも追跡されることなく隣接する自宅に戻ったが、窃盗現場から立ち去る際にCに見つかったのではないかと考え、Cを殺害するほかないと考え、C宅に戻りCを殺害した。この事案に関して、東京高判平成17年8月16日判タ

---

[5] このような未遂・既遂の区別は、かなりイレギュラーな未遂・既遂の区別である。たとえば、これによれば、窃盗未遂犯人が、事後強盗罪の実行の着手と判断される暴行を加えた場合、その「実行の着手」時には既遂に至りえないことが確定していることになる。しかし、この場合が「不能犯」であるとはされていない。これに関して、原口伸夫『未遂犯論の諸問題』156頁注48（成文堂、2018年）も参照。

[6] 暴行・脅迫が加えられたが、この程度に至らない場合、事後強盗未遂ではなく、窃盗（未遂）罪と暴行罪の併合罪となる。

1194号289頁は、Zが自宅に戻ったことにより、「被害者側の支配領域から完全に離脱したというべきであるから、被害者等から容易に発見されて、財物を取り返され、あるいは逮捕され得る状況がなくなったと認めるのが相当である」。「たとえ時間的かつ距離的に近接していても追跡されないまま自宅という独立したいわばZ自身の安全圏に脱した以上」、窃盗の機会の継続中に行われたものとはいえないと判示し、（事後）強盗殺人の成立認めた原判決を破棄し、殺人罪と窃盗罪の併合罪とした。

　窃盗の機会の継続中が問題となりうる状況を類型化すれば、窃盗犯人が、窃盗の着手後、①逃走したが追跡されている場合、②現場に滞留し続けている場合、③一旦現場を離れた後もう一度現場に戻る場合に類型化できる。窃盗の機会の継続中かどうかは、窃盗の現場ないしその継続的延長とみられる状況（①②の場合。判例のいう、容易に発見・財物取還・逮捕されうる状況）にあるかどうかにより判断され、③類型の状況は消極の方向に作用する状況的な要因となろう。

　（4）事後強盗罪の予備が処罰されるのかどうかが議論されてきた。事後強盗罪は強盗として論じられるのであり、強盗予備が処罰されている（237条）ことなどを根拠に、判例・多数説は、これを積極に解している[7]。しかし、窃盗後の暴行・脅迫によって強盗として扱われる事後強盗罪の予備を処罰することは、実質的には不可罰な窃盗予備を可罰的な範囲に取り込むことになることから消極に解し、強盗の（未遂の）故意の認められる限りで強盗予備罪を認めるべきであるように思われる。

　（5）Xが窃盗（未遂・既遂）の罪を犯した後、窃盗に関与していないYが、Xと意を通じて、238条所定の目的で追跡者等に暴行・脅迫を加えた場合のYの罪責について争いがある。判例は、事後強盗罪を身分犯、しかも真正（構成的）身分犯と解し、Yについて65条1項により事後強盗罪の共同正犯の成立を認める[8]。学説においてこれを支持する見解もある[9]が、以下の理由から事後強盗罪は窃盗と暴行・脅迫の結合犯と解すべきである。まず、（ア）事後強盗罪の未遂・既遂を先行する窃盗の未遂・既遂に求める判例・通説の理解によれば、238条は、窃取および暴行・脅迫の完全な充足をもって、その構成要件を充足する（既遂になる）と考えられていることになる。つまり、かかる理解からは、窃取行為も238条の実行行為であり、窃取行為による財物の占有移転が事後強盗罪の違法性の重要な部分を形づくっていると考えざるをえない。「窃盗」を身分と解するのであれば、

7　最決昭和54年11月19日刑集33巻7号710頁。

8　大阪高判昭和62年7月17日判時1253号141頁など。以前の判例では、事後強盗罪を不真正（加重的）身分犯と解し、Yには65条1項により事後強盗罪の共同正犯が成立し、65条2項により暴行罪・脅迫罪の刑が科せられる（65条2項により暴行罪・脅迫罪の共同正犯が成立する）との裁判例もあった（新潟地判昭和42年12月5日下刑集9巻12号1548頁、東京地判昭和60年3月19日判時1172号155頁）。参照、原口伸夫「判例批評」法学新報126巻3・4号123頁以下（2019年）。

9　238条を真正身分犯と解する見解、不真正身分犯を解するのほか、窃盗犯人が財物を得てその取返しを防ぐために暴行・脅迫を加える場合は真正身分犯であり、窃盗犯人が逮捕を免れ、罪跡を隠滅するために暴行・脅迫を加える場合は不真正身分犯であると区別する見解（複合的身分犯説）もある。

理論的には、暴行・脅迫にその未遂・既遂の基準を求めるべきことになろう。238条の身分たる「窃盗」を窃盗既遂犯人に限るならば、窃盗未遂の場合には事後強盗罪は成立せず、「窃盗」に窃盗未遂犯人も含むと解するならば、窃盗未遂犯人であれ、「窃盗」が所定の目的での暴行・脅迫を加えることによりただちに事後強盗罪の既遂となるはずである。「窃盗」を身分と解した場合に、事後強盗の未遂・既遂を窃盗の点の未遂・既遂に求めることはできない。（イ）暴行・脅迫は「窃盗の機会」に行われなければならないが、身分犯説からは、窃盗犯人という身分を有する者が、暴行・脅迫を加えればよく、窃取行為との時間的および場所的な接着性が要求される理由はなく[10]、また、（ウ）暴行・脅迫の程度が強盗罪と同程度であるべき理由もない。さらに、（エ）罪数の関係でも、先行する窃盗行為は主体の限定にとどまり、事後強盗罪の処罰の対象行為ではないから、窃盗行為と暴行・脅迫は、別罪を構成すべきことになろう[11]。以上のように、身分犯説は、238条について判例・通説がとってきた解釈と整合せず、結合犯説が妥当である。結合犯説に立てば、Yについては承継的共同正犯の考え方により処理されることになる。当初の窃盗行為に関与していないYは、事後強盗全体の事象の中では従的な位置づけといえるから、原則的には、暴行罪・脅迫罪の共同正犯と事後強盗罪の従犯の成立となろう。ただし、窃盗既遂の場合でYの暴行・脅迫がその財物確保に寄与している場合、Yは事後強盗罪の共同正犯になりうる。

Ⅱ　昏酔強盗罪（239条）

「人を昏酔させてその財物を盗取した者は、強盗として論ずる」（239条）。「昏酔させ」るとは、人の意識作用に障害を生じさせて、盗取に対する抵抗を不可能ないしは困難にすることをいう。意識を喪失させることまでは必要ない。財物奪取の意思は昏酔させる際になければならない。自己または他人により被害者の昏酔状態が作出された後で財物奪取意思が生じ、その状態を利用して財物を奪った場合、窃盗罪にとどまる[12]。

有害物などを食べさせる行為が「暴行」にあたると解するならば[13]、睡眠薬を混入した飲み物を飲ませ財物を

---

[10]　窃盗犯人が犯行終了後、または現場を離れる際に暴行・脅迫を加えることが多いという実態に着目し、人身保護の観点を重視して「窃盗の機会」の要件を要求するのであれば、暴行・脅迫の程度に関して、たとえば、窃盗犯人によるその機会における暴行・脅迫であればよい、または、逮捕免脱目的など238条所定の目的を達するに足りる程度の暴行・脅迫であればよいということになろう。人身保護という観点からは、「刑の加重の程度がなぜ強盗罪と同等なのか」ということの理由も出てこない。人身保護を重視した解釈は立法論としては首肯できるところもあるが、現行法の解釈としては難しいといえよう。佐伯仁志「強盗罪(2)」法学教室370号88頁（2011年）は、立法論的には238条後段は事後強盗罪から削除すべきだとしたうえで、逮捕免脱・罪跡隠滅目的での暴行・脅迫は「窃盗犯人だけでなく、他の犯罪者にも見られることであって、加重処罰の必要があれば、司法に対する罪として独立に規定すべきである」とする。また、松宮・各論5版233頁も参照。

[11]　事後強盗罪を真正身分犯と解する説は、窃盗未遂の場合に暴行にのみ関与した者も事後強盗罪の共同正犯とする点で、その関与者の行為の評価として厳しすぎるように思われる。なぜなら、事後強盗罪の正犯者でさえ犯情においては強盗罪よりも軽いと考えられるべき場合が少なくなく、まして先行する窃盗が未遂の場合には本来の強盗との距離が一層遠くなるからである。不真正身分犯と解する説は、事後強盗罪をいわば加重暴行罪・脅迫罪として理解する点でも疑問があろう。

[12]　昏酔強盗の共謀をしたが、共犯者が強盗（傷害）に及んだ事案で、東京地判平成7年10月9日判時1598号155頁は、「昏酔強盗とは手段方法が質的に異なっている暴行脅迫を手段とする強盗についての共謀が認められないのであれば、右暴行によって生じた致傷の結果について直ちに被告人に責任を負わせることはできない」とした。

[13]　第7講Ⅰ（1）参照。

奪取する場合、239条ではなく、236条が成立することになろう[14]。しかし、そのように理解する場合、催眠術をかけて昏酔させる場合など239条の適用事例は残るとはいえ、239条の適用範囲は相当に縮減されてしまう。腐敗物を食べさせるような行為は「暴行」にあたらないと解すべきである。239条は、暴行にあたらない行為によりひき起こされた昏酔状態を利用して財物を盗取する強盗罪の拡張類型と解すべきである。

「強盗として論ずる」ので、致死傷結果が生ずれば240条が成立する。意識障害を生じさせることは204条の「傷害」にあたるが、239条を経由した240条の「負傷」も同様に解するとするならば、昏酔強盗行為は常に強盗致傷罪（240条前段）となってしまいかねない。239条の行為態様が類型的に予定する程度の意識障害（財物奪取に類型的に必要な程度が目安になろう）は、239条を経由した240条の「負傷」から除外されると解すべきである。

Ⅲ　強盗致死傷罪（240条）

（1）強盗致死傷罪（240条）は、刑事学的にみて強盗の機会に犯人が死傷結果を生じさせる場合が多いため、生命・身体の安全をとくに保護する観点から、強盗罪の加重類型を設けたものである。240条は、「強盗が、人を負傷させたときは無期又は6年以上の拘禁刑〔懲役〕に処し、死亡させたときは死刑又は無期拘禁刑〔懲役〕に処する」と規定している。前回の講義で論じたように、強盗致死傷罪はきわめて刑の重い犯罪である。

（2）240条後段の「死亡させたとき」に、強盗が強盗の機会に人を死に至らしめてしまった場合（強盗致死）だけでなく、人を殺して財物を奪った場合（強盗殺人）も含まれるのか、議論されてきた。殺意のある場合と殺意のない場合とでは本質的に異なるから、それをあわせて規定したとみることはできず、「殺した」（たとえば、199条参照）ではなく、「死亡させた」（たとえば、210条参照）という文言は、殺意のない場合に用いられる表現であるとし、240条後段には強盗致死罪のみを含み、強盗殺人罪を含まないという見解があった。条文の読み方としては1つの読み方であることは確かであるが、このように解した場合、刑の点で問題が生ずる。XがAを意図的に殺害してその財物を奪った場合、Aを殺害した行為について殺人罪、財物を奪った行為について強盗罪だとし、両罪が観念的競合だとすると、強盗が殺意なく人を死に至らしめた場合（強盗致死）には死刑または無期拘禁刑〔懲役〕になるのに対して、より悪質な殺意がある場合には、殺人罪（199条）の刑が適用され、刑の上限は同じく死刑であるが、下限は5年の拘禁刑〔懲役〕となり、より軽く評価されるという不均衡が生じてしまうのである[15]。そこで、判例・通説は、240条後段の「死亡させた」には、強盗致死罪だけでなく、強盗殺人

<hr />

[14] そこで、239条は236条の注意規定であるとの理解も主張されている。参照、佐伯仁志「身体に対する罪」法学教室358号122頁注13（2010年）。

[15] Xに殺人罪と強盗致死傷罪（240条）が成立する（観念的競合）と考える見解もあるが、この場合、Aの死を「殺人」と「致

罪も含んでいると解し、さらに、240条前段の「負傷させた」には、強盗死傷（傷害に故意のない場合）だけでなく、強盗傷人（傷害に故意のある場合）も含むと解している。結局、240条には、強盗致傷・強盗傷人・強盗致死・強盗殺人の4つの犯罪類型が含まれていると解すべきことになる[16]。

（3）「強盗が」とは強盗の実行に着手した者、強盗既遂犯人・強盗未遂犯人のことをいう。強盗殺人罪（240条後段）の未遂・既遂は、強盗犯人により行われた殺人行為が未遂か、既遂かによって判断される。したがって、財物奪取に失敗していたとしても、被害者を殺害した時点で240条は既遂に達する。たとえば、Xが被害者Aを殺害して財物を奪う計画であった場合、強盗に着手したXがAを殺害した時点で強盗殺人罪は既遂に達する。この場合、被害者の悲鳴を聞いて人が駆けつけてくるのをみたXが財物を奪わずに逃走したとしても、強盗殺人罪は既遂である[17]。

前述のように、「強盗」には、事後強盗（238条）・昏酔強盗（237条）の犯人も含む。相手方の「人」は強盗の被害者であることを要しない。たとえば、強盗の被害に遭っていることを見聞きした者、たとえば、通報により現場に急行した警察官が、強盗犯人を逮捕しようとして強盗犯人と格闘になり、その際に殺傷されたような場合にも240条が適用される。

（4）240条の死傷結果がどのような行為から生じたものでなければならないのは非常に争われてきた。

【事例1】　強盗犯人Aが財物強取後逃走したところ、被害者の助けを呼ぶ声を聞いたBがすぐにAを追いかけた。BがAに追いつき逮捕しようとしたところ、Aは所持していたナイフでいきなりBを刺し、Bに怪我を負わせた。

【事例2】　強盗を行っている際、強盗の共犯者であるCとDが奪った物の分配のことで口論となり、気の短いCはかっとなりDを殴り、Dに怪我をさせた。

死」と二重に評価すること、240条に殺意のある場合は含まれないとしながら（殺人の点は殺人罪で評価するとしながら）この場合に240条を適用するのは首尾一貫していない。

[16] 現行法の解釈として刑の均衡から判例・通説は支持されうるが、立法論としては、死傷につき故意がある場合とない場合で別の規定（異なる法定刑）とすべきであろう。

[17] 傷害を負わせる意思があったが、暴行にとどまったときは、強盗傷害未遂ではなく、単に強盗罪となると解されている。そして、結果的加重犯である強盗致死・強盗致傷には未遂はないから、240条の未遂は強盗犯人による殺害行為が未遂に終った場合だけということになる。

【事例3】　押し込み強盗に入ったＥは、一人暮らしの高齢者Ｆを縛り上げ、現金などを奪った後、Ｆ
がＥの行動を諭すような、「上から目線」の発言をしたことに腹を立て、携帯していた刃物でＦを刺し
Ｆに重傷を負わせた。

　最も限定的に解する見解は、その死傷結果が、強盗の手段としての暴行・脅迫から生じたものに限られるとする（手段説）。この見解によれば、事例１から事例３まで、被害者に怪我を負わせた原因行為は強盗の手段たる（財物を強取するための）暴行・脅迫ではないから、強盗罪は成立するが、強盗傷人罪は成立しない。しかし、このように解すると、窃盗犯人が逮捕免脱のために被害者に暴行を加えた場合に事後強盗になり、その際に怪我を負わせれば強盗傷人罪が成立するのに対して、窃盗犯人ではなく、より凶悪な強盗犯人が同種の行為をした場合には強盗傷人罪は成立しない（強盗罪と傷害罪の併合罪）というのはバランスがとれないと批判されてきた[18]。

　このような手段説の問題点を考慮して、強盗の手段たる暴行・脅迫に加え、事後強盗類似の状況における暴行・脅迫から死傷結果が生ずればよいとの見解が主張される（拡張的手段説）。この見解によれば、事例１の場合、事後強盗類似の状況における暴行（逮捕免脱のための暴行）から傷害結果が生じた場合であるから、Ａには強盗傷人罪が成立することになる。それに対して、事例２および事例３の場合には、事後強盗類似の状況、つまり、被害者（追跡者）に対する財物取還防止・逮捕免脱・罪跡隠滅目的の暴行ではないから、強盗罪（と傷害罪）にとどまることになる。事例２の場合に強盗致傷罪を認めるべきではないということは、学説の一致がみられる。それに対して、事例３のように、強盗の際に偶然に生じた結果ではなく、強盗の機会において強盗の残虐ぶり・凶悪さが現実化したといえる場合であり、240条の予定する加重処罰対象のケースと考えるべきであるように思われる。そのように考えるならば、拡張的手段説ではまだ狭すぎるということになろう。

　判例は、その死傷結果が「強盗の機会」に行われた行為によって生じたものであればよいと解している（機会説）。しかし、その立場からは、事例２のような場合には、強盗の機会の傷害として強盗致傷罪が成立することになり不当ではないかとの批判もなされてきた。そこで、学説では、たとえば、「強盗の機会においてなされた行為であり、かつ、少なくとも被害者に向けられた当該強盗行為と、性質上、通常、密接な関連性をもつ行為によって発生した死傷について、本罪の適用を認めるべき」である[19]とか、「その原因行為が性質上強盗に付随してなされるものと通常予想しうる程度に、強盗行為と密接な関連性を有する場合に限られると解すべきである」[20]と論じられてきた（制限的機会説・密接行為説）。制限的機会説からは、事例２のような強盗の現場での仲間割れによる殺傷行為の場合に強盗傷害罪は成立しないが、事例１、事例３の場合には強盗傷害罪が成立すること

---

[18]　このことから、238条の「窃盗」に強盗犯人も含むと解釈する見解もあるが、これは判例・通説のとるところではく、また、窃盗の場合には利益窃盗は不可罰であるのに対して、強盗の場合には２項強盗も処罰されるところ、この解釈により２項強盗の犯人を238条の「窃盗」に含めるのは困難であり、この解釈によっても、２項強盗の場合に問題が残ることになる。

[19]　大塚・各論３版増補231頁。

[20]　大谷・各論新版５版258頁以下。

になろう。制限的機会説が基本的に妥当である。もっとも、判例も、具体的な事案の処理において強盗行為との一定の関連性を考慮しているといえ、判例と制限的機会説ではそれほど違いはないとみることができる。

【事例4】 夜間G宅に強盗に押し入ったHが、包丁を突きつけてGを脅迫したところ、その過程で誤って、布団の中で寝ていた赤ちゃんIを気づかずに踏みつけてしまい、Iに怪我を負わせた。

【事例5】 押込み強盗のJが、刃物を突きつけてKを脅迫したところ、驚いたKは一目散に屋外に逃げ出し、逃げている際に転倒しKは怪我をした。

　制限的機会説が妥当であると考えたとしても、さらに、致傷結果の原因行為の主観面に関してなお検討を要する。過失により傷害がひき起こされたのでもよいとし、事例4のHに強盗傷害罪の成立を認める見解もある[21]。しかし、格段に重く加重される強盗致死傷罪が偶然生じた結果に基づいて成立するというのは妥当ではなかろう。一方で、240条の「負傷させた」といえるために204条の傷害罪の要件を具備することを要し、少なくとも暴行の意思が必要であると解し、脅迫致傷を含まないとする見解も有力である[22]が、そうすると、事例5のような（傷害の故意のない）脅迫行為に死傷結果が起因する場合に強盗致死傷罪は成立しないことになる。しかし、強盗罪の実行行為として暴行と脅迫とが並列して規定されているのであり、暴行を加えられて逃げ出した被害者が怪我をした場合と、事例5のように、脅迫を加えられて逃げ出した被害者が怪我をした場合とで区別する合理的な理由はないように思われる。死傷結果の原因行為に故意が必要であるとしても、暴行の故意だけでなく、脅迫の故意でもよいと考えるべきであろう[23]。

---

[21]　藤木・各論300頁は、「強盗犯人が、脅迫中誤って乳児をふみ殺した場合」も含むとし、前田・各論7版213頁は、「強取の際に過失で生ぜしめた傷害、例えば被害者たる母親が布団の中に隠した乳児を強盗犯人が、財物を奪う過程で誤って踏んで重傷を負わせた場合などは、本〔240〕条に該当する」とする（また、215頁も）。制限的機会説からは通常随伴性が否定されると考えることもできる。

[22]　団藤・各論3版595頁、大塚・各論3版増補233頁など。傷害の故意を要するとするのは、斎藤信治「強盗罪の諸問題」『刑法理論の現代的展開──各論』205頁以下（日本評論社、1996年）。

[23]　Xが、登山ナイフをAの脇腹に突き付け、「騒ぐと殺すぞ」などと申し向けたうえ、Aの運転する原動機付自転車のハンドルに手錠でAの左手を固定し、「倒れろ」と命じてAを転倒させ、同車のかごに入っていた現金約1160万円および小切手在中の鞄を強取し、その際、Aに傷害を負わせたという事案において、大阪高判昭和60年2月6日高刑集38巻1号50頁は、「強盗の手段たる脅迫によつて被害者が畏怖し、その畏怖の結果傷害が生じた場合に、強盗致傷罪の成立を否定すべき理由はない」とし、Xには「強盗の手段たる脅迫によつて傷害の結果を生じたものとして」強盗致傷罪が成立すると判示した。第1審判決は、Xの所為は「刑法上は、自ら直接被害者に向けて有形力の行使をしたもの、すなわち自ら暴行を加えたのと同一に評価するのが相当である」と判示し、また、佐伯仁志・昭和60年度重判解160頁が、脅迫も致死傷の原因行為たりうると解しつつ、この事案の場合、「脅迫による過失致傷と評価するよりは、被害者を利用した間接正犯としての暴行およびその結果的加重犯としての傷害と評価する方が、より適切であった」と指摘しており、注目される。河村博「判例批評」研修449号59頁以下（1985年）、橋爪・各論228頁も参照

V 強盗・強制性交等罪（241条）

　2017年（平成29年）の刑法改正前は、強盗犯人が女子を強姦した場合を強盗強姦罪（241条）として加重類型を設けていたが、強姦犯人が強盗をした場合には特別な規定がなかった。行為の順序によって扱いを異にするのは理由がないとして、2017年改正により、強盗の罪（未遂の場合も含む）を犯した者が強制性交等の罪（未遂の場合も含む）を犯した場合——改正前の強盗強姦罪——に加え、強制性交等の罪（未遂の場合も含む）を犯した者が強盗の罪（未遂の場合も含む）を犯した場合も、等しく、「無期または7年以上の拘禁刑〔懲役〕に処する」と規定した（241条1項）。強盗には事後強盗、昏酔強盗も含まれる。強制性交等には監護者性交等は含まれない。2017年改正では、総則の未遂規定（43条）の適用ではなく、未遂に類似する効果をもつ特別規定を設けた。すなわち、強盗と強制性交等の結合犯である強盗・強制性交等罪において、構成要件の不充足ということであれば、①先行する強盗が未遂の場合に後行の強制性交等を遂げた場合、②強盗が既遂の場合に強制性交等を遂げなかった場合、③強盗が未遂の場合で、かつ強制性交等も未遂の場合がある（強制性交・強盗罪の場合、強制性交等が先行し強盗が後行するパターンとなる）[24]が、241条2項は、③の場合（「その犯した罪がいずれも未遂罪であるとき」）で、かつ、その場合でも「人を死傷させたときを除き」、「その刑を減軽することができる」と規定した。これは、①②の場合、および、③の場合でも死傷結果が生じた場合に、刑の任意的減軽、中止による刑の必要的減免という効果を認めず、その限りで、構成要件不充足という意味におけるいわば「未遂」の場合と、それを完全に充足する場合とを同一の刑に処すものである[25]。241条1項には、（ア）当初から強盗と強制性交等の両罪の遂行が計画されている場合と、（イ）一方の罪（の未遂）を遂行した後で他方の罪の犯意が生ずる場合とがあり、後者の場合には、後行する罪の実行に着手したときに241条が成立する。前者の場合には、先行する行為の実行の着手が同時に後に計画されている行為の実行の着手にもあたる場合であれば、その着手時点で241条が成立する。つまり、いずれの場合でも、241条1項は後行する罪の実行の着手が認められる時点で「既遂」となる。

　241条1項にあたる行為により人を死亡させた場合[26]、死刑又は無期拘禁刑〔懲役〕に処される（強盗・強制性交等致死罪。241条3項）。「人を死亡させた」には殺意のある場合も含む。未遂も処罰され（243条）、殺意をもって行われた殺害行為が未遂に終った場合がこれにあたる。

---

[24] 改正前の強盗強姦罪は——強盗の未遂であれ、既遂であれ——強盗犯人が強姦を行った犯罪として、その未遂・既遂は、強姦の点の既遂・未遂によるとされていたから、改正前には強盗既遂犯人が強姦未遂を行った場合（本文②の場合）に43条が適用可能であったが、改正後はこの場合に241条2項の適用が排除された。

[25] 個々の結合犯についてどの場合に未遂となるのかは相当に議論されてきたが、各事例の刑のバランスなどの考慮にとどまり、「結合犯」全般に妥当する未遂の考察は必ずしも十分でないように思われる。今後の検討課題である。松原・各論2版は、「原因 - 結果型結合犯に対する総則の未遂規定（43条）の適用方法が一義的に定まらないことから、本罪については、結果の発生がなくとも総則規定との関係では一律に既遂犯とする形式をとりつつ、未遂犯および中止犯に相当する効果を付与するための要件を各則で規定した」と指摘する。

[26] 致傷は規定されておらず、致傷結果が生じた場合も241条1項の成立にとどまり、致傷の点は量刑事情として考慮される。

第20講　財産に対する罪6（詐欺罪1）

I　詐欺罪（246条）

（1）欺く行為 → 被害者の錯誤 → 被害者の交付（処分）行為 → 財物（利益）の取得

　詐欺罪は、被害者をだまして財物[1]を交付させ、または財産上の利益を得る罪である。被害者の意思に反して財物を奪う窃盗罪・強盗罪（盗取罪）と異なり、被害者が、瑕疵[2]ある意思に基づいてであれ、その意思に基づいて財物の占有（財産上の利益）を行為者に移転させるところに詐欺罪の特徴がある（交付罪）。詐欺罪という犯罪類型においては、被害者の行為が犯罪実現過程の中に組み込まれている。すなわち、詐欺罪の成立要件を充たす（既遂に至る）ためには、行為者が欺く行為（欺罔行為）を行い、それにより被害者がだまされて錯誤に陥り、被害者が財物（財産上の利益）を行為者に交付（処分）し、行為者が財物を得るという流れをたどらなければならないのである。欺く行為はなされたが、相手がそれを見破り、しかし、憐憫の情から財物を交付した場合、詐欺未遂にとどまる。

　たとえば、骨董屋を営むXが、客Aに対して、土産物屋で数千円程度で買ってきた壺を、「これは中国の○○の古い壺で、貴重な掘り出し物だ。今日来店したあなたは運がいい。しかも、この商品に目がいくとは相当の目利きだ。」などとAをおだてながらあれこれ嘘をついて（欺く行為）、これを信じたAが「いいものを見つけた」と心の中で思い（錯誤）、100万円を払い（財物の交付行為）、XがAにその壺を渡し、Aから現金を受け取った（財物の取得）という場合、詐欺罪が成立する。あるいは、詐欺グループに属するYが、B宅に電話して、息子を装って「……で失敗した。急いでお金が必要になった。300万円を△△口座にすぐに振り込んで欲しい。300万円がすぐに無理なら、半分の150万円でもいい。」等々と嘘を並べ立て（欺く行為）、息子の窮状を信じた（錯誤）Bはすぐに銀行に赴き、指定された口座にいわれた金額を送金し（交付行為）、詐欺グループのZがそれを引き出した（財物の取得）[3]場合、特殊詐欺（振込め詐欺）の場合であるが、詐欺罪の1例である。

　そこで、ある行為が詐欺罪となるのかどうかを考える場合、①欺く行為、②被害者の錯誤、③交付（処分）行為（以下では、まとめて「処分行為」という）、④財物（財産上の利益）の取得という各要件の充足の有無を確

---

[1] 詐欺罪における「財物」には、窃盗罪とは異なり、動産だけでなく、不動産も含まれる。たとえば、被害者を欺いて不動産の所有権の登記名義を移転させれば、1項詐欺罪が成立する。この限りで、詐欺罪の占有には法律的支配（登記による不動産の占有）も含まれる。第22講注6も参照。

[2] 「瑕疵（かし）」とは、「きず」という意味で、法律上なんらかの欠陥があることを意味する。詐欺罪が成立するためには、その財物を知らないうちにまたは無理やりとられたのというのではなく、被害者が、だまされて財物を処分する意思を形成しているとはいえ、自らの意思により財物を交付した（利益を処分した）ということが必要である。

[3] 振込み型の特殊詐欺の場合、詐欺罪が既遂に至るために、詐欺グループの者がATM等から現金（財物）を引き出すことまで必要なく、詐欺グループの口座に振り込まれた段階で既遂になるというのが一般的な理解である。ただ、口座に振り込まれた段階で、1項詐欺とすべきか、2項詐欺とすべきなのかは議論がある。

認していくことが重要である。無銭飲食の場合にこれらの要件にあてはめて考えてみよう。

> 【事例1】　Xは、お金をまったくもっていないことをわかっていながら（支払う意思もなく）、あまりに空腹だったのでラーメン屋に入って、味噌ラーメンの大盛りを注文してこれを食べた。Xは食べ終わると店員の隙をみて逃走した。
>
> 【事例2】　Yは、ラーメン屋で豚骨ラーメンを注文し、それを食べたあと、その時点ではじめてお金を全然もっていないことに気づいた。Yは、いろいろと思案したものの、結局、店員の隙をみて逃走した。

事例1は犯意先行型といわれる場合であり、事例2は犯意後行型（単純逃走型）といわれる場合である。当初から所持金をもたず、支払う意思もなく（つまり、代金を踏み倒す意思で）食事を注文し、食後逃走するという犯意先行型（事例1）は、支払う意思がないのにあたかも支払うつもりがあるかのごとく注文したことが欺く行為（挙動による欺罔[4]）であり、これに基づいて、ラーメン屋の店員が後で代金を支払ってくれるものと錯誤し、ラーメン（＝財物）を提供するという処分行為をし、それを食べることにより1項詐欺罪が成立する。ラーメンに最初に口をつけた段階で詐欺罪は既遂に達する。その後食べ続けることは、詐欺の被害の増大をもたらすだけである。これに対して、犯意後行型（事例2）の場合、代金を踏み倒す意思、つまり、詐欺の意思が生じたのは、飲食後である。詐欺の意思に担われていない行為は「欺く行為」たりえない。詐欺の意思が生じた時点以降をみると、Yはラーメン屋の店員に対してなんら欺く行為をしていない。欺く行為がないのだから、それによってひき起こされる店長の錯誤、それに基づく処分行為もなく、したがって、Yの行為は詐欺罪の成立要件を充たさない。事例1のXと事例2のYとで実質的に同じような行為をしているが、以上みたように、詐欺罪の成立要件にあてはめて考えると、Xには詐欺罪が成立し、隙を見て逃走したYの行為は「利益窃盗」といえ、現行刑法上は不可罰とならざるをえない[5]。

---

[4] （後払い方式の）飲食店で食事を注文する場合、食事後の代金の支払いが注文する際の暗黙の前提であり、そのようなやり方が日常的に反復して行われ、社会的にも（社会通念上または取引慣行上）そのようなものとして考えられている。そこで、いちいち「後で代金を支払いますから、○○を注文します。」などと言う必要はない。逆にいうと、代金支払意思・能力がないのに、当然に備わっているべきそのような事実を秘して食事を注文する（または、契約・取引きする）行為は、代金支払意思・能力を偽る行為ということになる。これを挙動による欺罔という。推断的欺罔ともいわれる。この場合、告知義務があるのにそれを告げないという不作為ではなく、支払意思・能力を秘した注文（契約・取引）という積極的な挙動、作為が問題であるから、作為義務（またその発生根拠）は問題にならない。いわゆる取り込み詐欺（代金後払いの約束で商品等を仕入れ、その後姿をくらますなどにより代金を踏み倒す手口の詐欺）の事案において、最決昭和43年6月6日刑集22巻6号434頁は、「商品買受の注文をする場合においては、特に反対の事情がある場合のほかは、その注文に代金を支払う旨の意思表示を包含しているものと解するのが通例であるから、注文者が、代金を支払える見込もその意思もないのに、単純に商品買受の注文をしたときは、その注文の行為自体を欺罔行為と解するのが相当である」と判示し、挙動による欺罔を認めている。

[5] 刑法上の責任はなくても、民法上は不当利得の返還をしなければならないだろう（民法703条）。犯罪にならないということから、民事責任などその他の法律上の責任を負わないということはただちには導かれない。なお現実の事件では、どの時点で詐欺の意思が生じたと「立証できるのか」ということが重要な問題となる。

（2）「欺く」行為（欺罔行為）

　詐欺罪（246条）が成立するために、まず「人を欺いて」という要件が充たされなければならない。たとえば、自動販売機に通貨類似の金属片を投入し、飲み物等を不正に取得した場合、「人」を欺いていないので、詐欺罪は成立せず、この場合は窃盗罪となる[6]。

　欺く行為は、財物（利益）の処分に向けて人を錯誤に陥らせるような行為をいう。相手方がそのことを知っていれば財産的処分行為を行わなかったであろうような、財産処分の判断の基礎となる重要な事項に関して錯誤を生じさせるようなものでなければならない[7]。たとえば、商品の売買にあたり、売り手がその商品の名称を偽って売ったが、買い手がその名称にこだわっておらず、商品の性質・価格に違いがなく、自分でその商品を鑑識して買ったのであれば、その売却行為は欺く行為とはいえない[8]。また、物の売買・取引をする場合、内容を多少誇張して売買・取引することは一般にみられるところであり、取引の内容・性質、相手方の知識・経験などを考慮して社会的に許容される範囲内の誇張や事実の不告知は、欺く行為にあたらない。

　欺く行為は、積極的に嘘をいい、虚構の事実を告げるなど、作為によるのが一般的であるが、真実を告げる（告知）義務のある者が、相手方がすでに誤解していることを知りながら真実を告げない場合のように、不作為がそれにあたる場合もある。判例において不作為による欺罔が認められた場合として、抵当権が設定・登記されている不動産を、その旨を告げずに売却する行為[9]、自己の銀行口座に誤振込させたことを知りながらそれを秘して払戻しを受けた行為[10]、住宅の欠陥を告知せず残りの工事代金を受け取った行為[11]などがある。買い物で支払いをした際、釣り銭が多いことに気づきながら、なにもいわず受け取って立ち去った場合、通説は、信義則上釣り銭が多いことの告知義務があるとし、不作為による欺く行為であるとする（釣り銭詐欺）[12]。

---

[6] 他人のキャッシュカードを拾ったり、窃取した者が、その暗証番号が推測できたため、現金自動預払機を操作して現金を引き出した場合も、人を欺いていないから詐欺罪は成立せず、現金を占有する銀行（の責任者）を被害者とする窃盗罪が成立する。これに対して、通貨類似の金属片を使ってゲーム機で遊んだり、コインロッカーを利用したりする場合、「財物」を得ていないので窃盗罪になりえず、無罪となる（利益窃盗の場合である）。

[7] 暴力団員であることを秘してゴルフ場の施設利用を申し込む行為について、最決平成26年3月28日刑集68巻3号646頁は、「利用客が暴力団関係者かどうかは、本件ゴルフ倶楽部の従業員において施設利用の許否の判断の基礎となる重要な事項であるから、同伴者が暴力団関係者であるのにこれを申告せずに施設利用を申し込む行為は、その同伴者が暴力団関係者でないことを従業員に誤信させようとするものであり、詐欺罪にいう人を欺く行為にほかならず」、2項詐欺罪を構成すると判示している（これに対して、最判平成26年3月28日刑集68巻3号582頁は詐欺罪の成立を否定した）。暴力団員でないことを確約して銀行で口座開設等を申し込み、通帳等の交付を受けた行為について、最決平成26年4月7日刑集68巻4号715頁は「総合口座の開設並びにこれに伴う総合口座通帳及びキャッシュカードの交付を申し込む者が暴力団を含む反社会的勢力であるかどうかは、本件局員らにおいてその交付の判断の基礎となる重要な事項であるというべきであるから、暴力団員である者が、自己が暴力団員でないことを表明、確約して上記申込みを行う行為は、詐欺罪にいう人を欺く行為に当たり」、詐欺罪を構成すると判示している。

[8] 大判大正8年3月27日刑録25輯396頁。

[9] 大判昭和4年3月7日刑集8巻107頁。

[10] 最決平成15年3月12日刑集57巻3号322頁。

[11] 東京高判平成21年3月6日高刑集62巻1号23頁。

[12] これに対して、この場合に不作為による欺罔行為を認めることは、通常の売買において相手方の財産の保護義務を認めることになってしまい妥当ではないとの見解もある。作為犯との同価値性も問題になりえよう。その場を離れた後、つり銭が多いことに気づいたにもかかわらず、これを自分のものにした場合、占有離脱物横領罪（254条）が成立する。

（3）三角詐欺 ── 誰がだまされて、誰が財物を処分したのか

　詐欺罪は、だまされた者（被欺罔者）が相手に自己の財物を処分することによって被害を被るというのが通常の場合である。だます者とだまされる者の２者間で詐欺罪が成り立つ場合である。しかし、被欺罔者と被害者が同一でない場合でも詐欺罪が成立する場合がある。この場合を、「だます者」と「だまされる者」と「財産的被害を受ける者」の３人が登場することから、三角詐欺（三者間詐欺）という。このケースにおいて詐欺罪が成立するためには、次の２つの点を充たす必要がある。第１に、詐欺罪は、欺罔行為により錯誤がひき起こされ、その錯誤に基づいて処分行為がなされるということが必要であるから、被欺罔者と処分行為者は同一でなければならない。第２に、その場合の被欺罔者＝処分行為者は、被害者の財物を処分しうる権限（権能）または地位を有していなければならない。たとえば、Ａが、アパートの玄関を掃除していた大家Ｂに対して、「○号室のＣからパソコンを取ってくるように言われてここに来たのですが、預かった鍵を置いてきてしまいました。すいませんがＣの机の上にあるパソコンをもってきてくれませんか。」などと嘘をいい、これを信じたＢがＣのパソコンを取ってきてＡに渡したという場合、ＢにはＣの財産を処分する権限はないから、Ａには窃盗罪（の間接正犯）が成立する。ＢはＡの窃盗罪の実現のために、いわばその道具として利用されただけということになる。

　三角詐欺として議論されてきた代表例として訴訟詐欺がある。訴訟詐欺とは、Ｘが虚偽の申立て（虚偽の証拠の提出など）をし、裁判所（裁判官）がその虚偽を見抜けずＸ勝訴の判決を下し、その効力に基づき、強制執行などにより敗訴者Ｙの財物をＸに交付させる場合である。

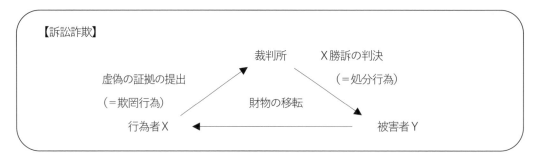

　形式的真実主義ないし弁論主義[13]を採用する民事訴訟においては、裁判官はＸの主張が虚偽とわかっていてもＸ勝訴の判決を下さなければならないから、裁判官を欺く行為が欠け、また、敗訴者Ｙはその意思に反して財物を引き渡すのであり、意思に基づく処分行為とはいえないと指摘し、詐欺罪の成立を疑問視する見解も主張されてきた。しかし、判例は、一貫して訴訟詐欺の場合に詐欺罪の成立を認めてきた[14]。次のように考える。第１の

---

[13] 形式的真実主義とは、裁判において事実認定をする場合、当事者間に争いのない事実については（たとえ真実に反していても）真実として扱い、また、争いのある事実についても、当事者の提出した証拠にだけ基づいて認定するという立場をいう。弁論主義とは、裁判の基礎となる資料（事実および証拠）の収集を当事者の権能・責任とする原則をいう。具体的には、①当事者が主張しない事実は裁判の基礎にしてはならない、②当事者間で争いのない事実はそのまま裁判の基礎にしなければならない、③当事者間で争いのある事実の認定は当事者が申し出た証拠によらなければならない、などが一般に考えられている。

[14] 大判明治44年11月27日刑録17輯2041頁など。なお、Ｘが、Ａの所有・占有に移った建物甲を奪還しようと、簡易裁判所に対して、自己が建物甲を所有・占有しているように装って（債務完済により効力を失っているＹとの間の）Ｙを債権者とする和解調書正本につき執行文付与の申請をし、裁判所書記官補Ｂにその旨誤信させ、執行文の付与を受け、建物甲に対する

点について、Yが口頭弁論期日に欠席し、そのことにより原告の主張を認めたことになる擬制自白（民訴法159条1項、179条）の場合には確かにそのようにいえるが、これはかなり限られた場合であり[15]、それ以外の場合には、民事訴訟においても証拠の評価は裁判所の自由な心証によるのであるから、裁判所の錯誤を考えることができる。第2の点は、裁判所が欺罔され、（任意の）処分行為を行うのであり、Yは被害者にすぎず、三角詐欺の場合と考えればよい。そして、裁判所には、訴訟当事者のためその係争財産を処分しうる権限が法令の範囲内で認められているといえ、訴訟詐欺の場合にXに詐欺罪を認めることができる。

（4）クレジットカードの不正使用

【事例3】　Aは、十分な支払い能力がなく、また支払う意思もないにもかかわらず、かつて作成した自己名義のクレジットカードがまだ有効期限内であったことから、これを使って電気店で商品を購入し、これを質屋で換金しようと考え、電気店Bにおいて、店員にパソコンの購入を申し込み、店員の指示するとおりに、クレジットカードによる代金決済に必要な伝票の所定欄に、なにもいわずに自己の名を署名するなどしてパソコンを購入した。後日、B店が売上伝票をCクレジットカード会社に送り、それに基づきC社からB店に商品代金の支払いがなされた。Aは、B店でのパソコン購入後すぐに、それをD質店に持ち込み、買い取りを求めた。D質店の店長Eは、その経験とAの態度などからすぐに「訳ありの品物」だと確信し、足元をみて、通常の買い取り価格よりかなり安い値段を提示し、その値段なら買い取るとAに伝えたところ、Aが「それでいい」といったので、Aの持ち込んだパソコンを買い取った。

【クレジットカードの不正使用】

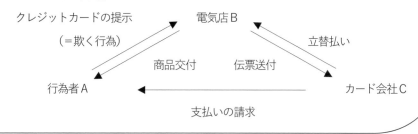

強制執行によりその占有をYに移転させたという事案につき、最判昭和45年3月26日刑集24巻3号55頁は、「強制執行に用いられた債務名義の執行債務者は、あくまで被告人Xであって、Aではないから、もとより右債務名義の効力がAに及ぶいわれはなく、したがって、本件で被欺罔者とされている裁判所書記官補および執行吏は、なんらAの財産を処分しうる権能も地位もな」く、「同人に代わって財産的処分行為をしたわけでもない」と判示し、詐欺罪の成立を否定した。

[15] この場合、裁判を欠席すれば敗訴になることをわかっていながら、そのような行動をとったのであるから、被害者の承諾により詐欺罪の構成要件に該当しないといえよう。

自己名義のクレジットカードの不正使用の場合に詐欺罪が成立するのか否か、成立する場合にそれをどのように構成するのかについて議論されてきた。

クレジットカード会社Cと会員契約を締結したAは、Cと加盟店契約を結んでいる電気店Bにおいて、クレジットカードを提示し、サイン等をすることにより、現金での支払いをせずに、パソコン等を購入することができる。では、その場合パソコン代はどうなるかというと、加盟店Bからカード会社Cに売上伝票等が送られ、それに対して、CはBにパソコン代を立替払をする。そして、Cは、Aとのカード契約の際に決められた日（たとえば、毎月10日など）にAの指定した預金口座からパソコン代を引き落とし、立替代金を回収する。このようなクレジットカードシステムにより、Aは現金を持ち歩かなくても、商品を購入することができるといったメリットがある。加盟店は、クレジットカードを使っての購入を望む客の増加を見込むことができる。カード会社は、売るべき物・サービスを有していなくても、立替払（信用貸し）により、その手数料等により利益を得ることが可能になる。では、事例3の場合、どのように考えたらよいであろうか。

このケースの重要な点の1つは、Aの使用したクレジットカードは自己名義のクレジットカードであるということである。他人のクレジットカードをその他人に成り済まして使用したとすれば、他人に成り済ました点において明らかに嘘、欺く行為があり、それに基づく店員の錯誤、商品の交付、そして、その取得というように詐欺罪の成立要件を充たすと考えることができる[16]。それに対して、事例3のような、自己名義のクレジットカードの使用の場合、他人への成り済ましという点での欺罔行為はない。ある見解は、自己名義のクレジットカードの不正使用の場合、電気店Bはカード名義人であるAの本人確認とカードの有効性の確認をすればよく、支払能力・意思の有無の確認までは必要ではないのだから、Aにそもそも欺罔行為を認めることはできず、無罪であるとする。

この種の事案において留意しておくべきなのは、事例3の1行目にもあるように、Aには「十分な支払い能力がなく、また支払う意思もない」ということである。この種の行為を行う者の典型は、いわゆる多重債務者である。たとえば、クレジットカード契約を締結したときは仕事に就いて月々の給与をもらっていたが、その後、なんらかの事情により仕事をやめ、収入がなくなり、生活費に困ってある消費者金融から借金をする。しかし、その返済期限になっても返済するお金がなく、別の消費者金融から借金をし、それを先に借りた借金の返済に充て、さらに、その返済期限にまた別の消費者金融から借金をし……、というように借金がかさんでいく。いわゆる自転車操業状態での借金返済である。そのうち借りる先もなくなり、そこで、まだ有効期限内にあるクレジットカードで商品を購入し、それを質屋等にもっていって換金し、それで借金を返済するということを考える。Aには商品代金を支払う能力はなく、はなから支払う意思もないのである。しかし、クレジットカードシステムにより、カード会社Cが電気店Bにパソコン代を立替払する。カード会社Cは、後日、指定の期日にAの銀行口座からその代金分を引き落とそうとするが、口座にはその分のお金が入っていない。こうして、カード会社Cがカード利

---

16 最決平成16年2月9日刑集58巻2号89頁（「被告人は、本件クレジットカードの名義人本人に成り済まし、同カードの正当な利用権限がないのにこれがあるように装い、その旨従業員を誤信させてガソリンの交付を受けたことが認められるから、被告人の行為は詐欺罪を構成する」）。

用の商品代立替分を得ることができず、財産的損害を被るという結果が生ずる。

　先の無罪説の主張のように、電気店B（その店員）においてAの支払能力・意思の有無を確認する必要（義務）がないということになれば、Aはだますようなことをなにもいっていないことになり、欺罔行為がない以上詐欺罪は成立しえない。しかし、判例・通説はそうは考えない。電気店Bが、Aに支払能力・意思がないことを承知のうえでパソコンを売ったとしたら、カード会社Cは立替払い契約があるとはいえ、信義則違反を理由に支払を拒絶しうると考えられている。そうだとすれば、電気店Bは、カード名義人とAの同一性だけではなく、Aの支払能力・意思に無関心ではありえず、この点についての欺罔[17]、それに基づく錯誤を認めることができる。

　福岡高判昭和56年9月21日刑月13巻8・9号527頁は次のように判示した。すなわち、「会員がカードを呈示し売上票にサインすることは、とりも直さず右利用代金を信販会社に立替払してもらい、後日これを同会社に返済するとの旨の意思を表明したものにほかならず、カードの呈示を受けた加盟店においても、その趣旨で利用客から代金が信販会社に返済されることを当然視して利用客の求めに応じたものと解するのが相当である。若し利用客に代金を支払う意思や能力のないことを加盟店が知れば、クレジットカードによる取引を拒絶しなければならないこと信義則上当然のことであ」る。「一見確かに、加盟店はカード利用による代金を信販会社から確実に支払つてもらえるから、利用客の信販会社に対する代金支払の有無などにかかずらう必要がないかのように考えられがちであ」るが、これは「一面的な見方と言うほかはない。結局被告人が、本件において、信販会社に対してその立替払金等を支払う意思も能力も全くなかつたのに、クレジットカードを使用した以上、加盟店に対する関係で、右カードの使用（呈示）自体がこれをあるように仮装した欺罔行為と認めるのが相当であり、その情を知らない加盟店からの財物の交付を受け、若しくは財産上の利益を得た本件各行為は、詐欺罪に当たる」と判示し、加盟店を被害者とする、財物を詐取した1項詐欺を認めた[18]。

　詐欺罪が成立すると点では判例に賛同しつつ、その理論構成において、三角詐欺（2項詐欺）として構成すべきだとする見解も有力である。判例の構成によれば、行為者Aが、電気店B（その店員）を欺罔し、錯誤に基づく処分行為により、パソコンという財物を詐取した（246条1項成立）と考える。この場合、だましとられたのはパソコンであり、被害者は電気店Bになるが、電気店Bはその後カード会社Cからパソコン代の立替払を受けるのであり、電気製品を売る店が商品を売って、その代金を（確かにAからではないが）支払ってもらっている以上、商売としてとくに問題とすべきことはなく、電気店Bを「被害者」とするのが適切なのか、ということを問題視するのが三角詐欺構成の主張である。

　確かに、実質的な（最終的な）被害者がカード会社Cであるというのは、この限りでクレジットカードの不正使用の実態に沿う理解であるように思われる。また、三角詐欺構成が、理論構成として採りえないということではない。しかし、三角詐欺構成をとるとすれば、Aがカード会社に支払うべきパソコン代金立替分の支払を免れたとみることになり、債務免脱という利益を得た246条2項が成立すると考えることになるところ、Aの目

17　無銭飲食において後で飲食代を払うかのごとく振舞い、注文する場合（挙動による欺罔）と同じである。
18　宿泊サービスを受けることにより財産上の利益を得ているので、この限りで、加盟店を被害者とする2項詐欺を認めている。

的としたのはパソコンの取得であり、債務の免脱ではなく、この点においては実態に合わないように思われる。また、債務免脱に焦点を合わせるならば、詐欺罪の既遂時点がパソコン購入代金を口座から引き落とす日となり、パソコン購入時より後の時点となってしまい、既遂時点が遅くなる[19]。さらに、債務免脱による2項詐欺と構成した場合、行為者が得たパソコンは盗品関与罪（256条）の「盗品」にあたらないことになり、その処分にかかわるEの行為を盗品関与罪で処罰することができない[20]。三角詐欺構成の前述の問題点を考えれば、判例の1項詐欺罪説を支持しえよう。実質的な（出来事全体からみた最終的な）被害者がカード会社であることは1項詐欺罪説も否定しないが、電気店B「も」被害者であると考え、個別財産に対する罪である詐欺罪において、欺かれなければ処分しなかったであろうところのパソコンを詐取されたことをもって被害と考えることはなお可能であるように思われる。

---

[19] 2項詐欺罪説（三角詐欺構成）でも、この問題点を意識して、商品購入時点で詐欺罪の既遂を認めようとする見解もある。たとえば、「クレジット契約の実体を債務引受けと解すれば……、Aが商品を購入した時点で、Cがその債務を引き受けることによりAは代金債務を免れるという利益を得ており、それゆえ、この時点で2項詐欺の既遂が成立する」（西田・各論7版219頁。また、松原・各論2版305頁以下）などと論じられる。そうであれば、1項詐欺構成の方が簡明であるように思われる。

[20] 三角詐欺構成を支持する中森・各論4版141頁注77も、「犯人の目的は物・利益の取得であって支払いの免脱ではない、犯人が得た物について盗品関与罪を認めることができない、という点に難がある」と認める。

第21講　財産に対する罪7（詐欺罪2・恐喝罪）

I　詐欺罪（第20講の続き）

（5）処分行為 ── 処分対象の認識の有無・程度

　（i）詐欺罪が成立するためには、行為者の欺く行為によって被害者が錯誤し、それに基づいて、被害者が行為者に財物（または財産上の利益）を移転させる処分行為を行い、その結果、行為者が財物（利益）を取得するということが必要である。たとえば、Aが、B宅に行って、Bに対して、「近くの公園で有名人がロケをしている」と嘘をいい、それを信じたBが外出している間に、B宅にあった現金を持ち去ったという場合、AはBに「嘘をつく」という手段を用いて財物をとるためのいわば下準備をしているが、この場合、詐欺罪ではなく、窃盗罪になる。Aによる財物の処分行為がないからである[1]。処分行為は、被害者の意思に反して財物を奪う盗取罪たる窃盗罪と、瑕疵ある意思であれ被害者の意思に基づいて財物（利益）を交付する交付罪たる詐欺罪を区別する要素となる。そこで、処分行為の有無は、客体が財物である場合、窃盗罪が成立するか詐欺罪が成立するかという成立犯罪の振り分けの問題にすぎない（いずれかの罪が成立する）[2]。しかし、客体が財産上の利益にかかわる場合には、処分行為が認められず、詐欺罪が成立しない場合、現行刑法上不可罰な利益窃盗となり犯罪不成立となってしまう。そこで、「処分行為」の内容をどのように理解すべきかが重要な問題になるのである。「処分行為」（とくに処分意思）の内容を緩やかに理解し、詐欺罪の成立を認める場合、そのことは、事実上、利益窃盗にあたる行為の1部を解釈により詐欺罪の中に取り込む機能を果たすことになる。このことの是非も処分行為をめぐる議論の背景にあるといえよう。

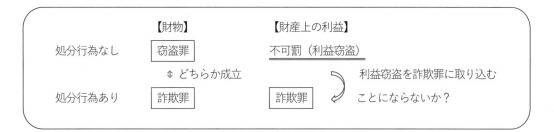

---

[1] この場合、厳密にいえば、そもそも財物の処分に向けられた欺く行為が否定される。詐欺罪における「欺く行為」は、相手に処分行為を行わせる目的で行われるもの、処分行為に向けられたものでなければならないからである。この場合のAの嘘は、Bを外出させるためのものであり、財物を手渡すことに向けられたものではない。

[2] もっとも、窃盗罪の法定刑には拘禁〔懲役〕刑（1月以上10年以下の拘禁刑〔懲役〕）のほかに罰金刑（50万円以下の罰金）があるのに対して、詐欺罪の法定刑は拘禁〔懲役〕刑（1月以上10年以下の拘禁刑〔懲役〕）だけであり、罰金刑という選択肢はない。また、窃盗罪の場合には事後強盗罪・強盗致死傷罪に発展する可能性があるが、詐欺罪の場合にはその可能性がなく、窃盗罪には盗犯等防止法2条・3条の常習特殊窃盗・常習累犯窃盗があるが、詐欺罪にはそのような加重類型はない。

（ⅱ）処分行為があるというためには、だまされた者の（瑕疵ある）意思に基づいて、財物の占有が被害者側から行為者側に移転したことが必要である。たとえば、Cが、服を持ち去る意図を秘して、店員Dに「服を試着したい」旨の申し出をし、Dが「どうぞ、いいですよ。」と試着を許可したところ、CはDの隙をみてその服をもったまま逃走したという場合、Dは試着の許可により、あくまで店の中でのその服の占有を許可しているにすぎず、店外への持ち出しまで許可してはいない。店内においてはDの服への支配はなお及んでいる。この場合、Dの処分行為（意思）は認められず、服を持ち去ったCには窃盗罪が成立することになる。最判昭和26年12月14日刑集5巻13号2518頁は、Eが虚言によってFに現金を用意させ、Fがそれを自らGの所に持参するつもりで玄関においてトイレに行ったところ、その隙にEがこれを持ち去ったという事案に関して、詐欺罪の成立を認めた原判決を是認した。しかし、この判例に対しては、FによるEへの財物の交付はなく、窃盗罪を認めるべきであったとの批判が多い[3]。

（ⅲ）被害者の意思に基づいて財物の占有が行為者側に移転した場合、処分対象の財物について被害者が必ずしも正確に認識している必要はない。たとえば、果物屋において、1箱リンゴ10個入りで売っている箱の中にこっそりリンゴを追加し何食わぬ顔で1箱分の値段で購入した場合、詐欺罪となる。箱の中のリンゴをいくつかマンゴーと入れ替えてリンゴ1箱分で購入した場合も同様である。

（ⅳ）前述のように、財物が客体である場合には、処分行為が認められず、詐欺罪が否定されても、窃盗罪が成立しうるが、財産上の利益がかかわっている場合には、処分行為が否定されれば無罪となってしまう。この場合がとくに問題になるのが無銭飲食・宿泊の場合である。最決昭和30年7月7日刑集9巻9号1856頁は、Iが、所持金がないのに、J方に1泊し、その間3回食事をし（その代金合計は約3万円、その後、帰宅する知人を見送ると嘘をいって店外に出て、そのまま逃走したという事案に関して、246条2項の成立が認められるためには、「相手方たる債権者を欺罔して債務免除の意思表示をなさしめることを要するものであつて、単に逃走して事実上支払をしなかつただけで足りるものではない」と判示した[4]。下級審判決には無銭宿泊につき詐欺罪の成立を積極に解するものと消極に解するものがある。東京高判昭和31年12月5日東高刑時報7巻12号460

---

[3] 財物の占有が被害者側から行為者側に移転したとみるべきか、どの時点で移転したとみるべきかという判断は必ずしも容易でない場合もある。東京地八王子支判平成3年8月28日判タ768号249頁は、Hが、試乗車の乗り逃げを考え、購入客を装って試乗を申し入れ、その旨誤信した自動車販売店の営業員がHだけでの試乗を認めたことから、Hは試乗車を発車させてそれを乗り回したという事案において、「自動車販売店の営業員等が試乗車に添乗している場合には、試乗車に対する自動車販売店の事実上の支配も継続しており、試乗車が自動車販売店の占有下にあるといえるが、本件のように、添乗員を付けないで試乗希望者に単独試乗させた場合には、たとえ僅かなガソリンしか入れておかなくとも」、試乗者が「ガソリンを補給すれば試乗予定区間を外れて長時間にわたり長距離を走行することが可能であり」、また、「自動車は移動性が高く、……殊に大都市においては多数の車輌に紛れてその発見が容易でないことからすれば、もはや自動車販売店の試乗車に対する事実上の支配は失われたものとみるのが相当である。そうすると、添乗員を付けなかった本件試乗車のHによる乗り逃げは、被害者がHに試乗車の単独乗車をさせた時点で、同車に対する占有が被害者の意思によりHに移転しているので、窃盗罪は成立せず」、詐欺罪が成立するとした。警察官を装って被害者宅を訪れ、預金の不正な引出しを防ぐためとだましてキャッシュカードを用意させ、被害者がその場を離れた隙にダミーのカードとすり替えて、本物のキャッシュカードを持ち去ったという事案において、京都地判令和元年5月7日LEX/DBは窃盗罪を認めている。

[4] ただし、この事案においては、Iには宿泊・飲食の前から無銭宿泊・飲食の犯意があったと認定し（犯意先行型）、宿泊・飲食したときに詐欺罪が成立するとしており、このことから、本文引用の判示を「傍論」だとし、判例として重視しない見方もある。

頁は、旅館に宿泊した行為者が、所持金を使い果たして支払いに窮し、女中に対し「映画を見に行ってくる」と偽って外出し、そのまま逃走したという事案に関して、246 条 2 項の処分行為は、「被欺罔者が錯誤に基き債務を免除するとか、支払の猶予を与えるとか、その他なんらかの財産上の利益供与に関する積極的な処分行為を必要とする」とし、これが認められず無罪であるとしたのに対して、仙台高判昭和 30 年 7 月 19 日高刑裁特 2 巻 16・17 号 821 頁は、旅館で 1 泊した後、旅館の者に対して「外出して夕方帰るから」と告げて旅館を出てそのまま逃亡したという事案に関して、欺罔手段を施し事実上一時宿泊料の支払を免れたとして、2 項詐欺罪の成立を認めている[5]。

　無銭飲食・宿泊の事案において、処分意思の内容として「債務免除の意思表示」まで要求するとすれば、詐欺罪の成立する範囲が必要以上に狭められてしまうように思われる。代金の支払い（債権の実現）がもっぱら行為者のその後の行動に委ねられる状況に至ることを承知したうえで[6]、そのことを許諾していれば、2 項詐欺罪における処分行為（意思）を肯定してよいようにも思われる。このように考えた場合、最高裁昭和 30 年決定の事案では、店の者は I が店先に出ることを許諾したにすぎず、そのような状況に至るという意識はなかった事案といえよう。それに対して、東京高裁昭和 31 年判決の事案では（また仙台高裁昭和 30 年判決も）、支払いの免除はなされてはいないが、旅館から離れた場所に行くこと、代金の支払いがもっぱら行為者のその後の行動に委ねられる状況に至ることを承知したうえで、そのことを許諾しているといえ、処分行為を認めてよいようにも思われる。

（6）財産的損害の発生は詐欺罪の成立要件か

　詐欺罪の成立に財産的損害は必要であるか。条文上「財産的損害」は明示的に規定されていないが、通説は、詐欺罪も財産犯である以上、被害者になんらかの財産的損害が生じたことが必要であると解している。ただ、その場合に、詐欺罪は個別財産に対する罪であるから[7]、欺かれなければ（真実を告げられたとすれば）財物を交付しなかったであろうといえる場合、その財物を交付したこと自体が財産的損害であると考える。「財産的損害」に関する判例の立場は必ずしも明確ではないが、「交付の判断の基礎となる重要な事項」について欺くことが必要であるとし、「欺く行為」の判断の中で、学説が「財産的損害」の要件により問題にしてきたことを解決しようとしているとも分析されている[8]。財産的損害を詐欺罪の成立要件の 1 つとするか、それを欺く行為の要件の

---

[5] 東京高判昭和 33 年 7 月 7 日高刑裁特 5 巻 8 号 313 頁は、「今晩必ず帰ってくるから」と偽り、立ち去った事案につき、246 条 2 項の成立を肯定している。

[6] 宿泊客が宿泊期間の途中で荷物等を置いたまま外出する場合のように、客が戻ってくることが信頼できる状況や、後から請求できる手段が確保されている状況がある場合は事情が異なる。

[7] 財産犯は、①行為者による財物の持去りなど、その財物の喪失によって、それを使用・収益・処分する利益が失われること（個別の財物の占有喪失）を損害（被害）ととらえる「個別財産に対する罪」と、②被害者の財産状態全体の価値が（その行為によるプラス・マイナスをした結果）減少したことを「損害」としてとらえ、犯罪成立にそのことを必要する「全体財産に対する罪」とにわけられ、詐欺罪は①に属し、背任罪は②に属する。

[8] 参照、橋爪・各論 240 頁以下。第 20 講注 7 も参照。なお、最判平成 13 年 7 月 19 日刑集 55 巻 5 号 371 頁は、くい打ち工

中で実質的に考慮する[9]かは争いがあるが、いずれの立場でも、被害者が獲得しようとして失敗したものが経済的に評価して損害といいうることが必要であるということを問題にする見解が多い。

詐欺罪は、窃盗罪と同様に個別財産に対する罪である。しかし、窃盗罪の場合には、当該財物が手元にあることに基づく利用可能性（財物の占有に基づく使用・収益・処分の可能性）が維持されていることが重要であり、その侵害、占有侵害が窃盗罪の被害を基礎づけるのに対して、詐欺罪の場合には、被害者は、財物を手元に置いた利用ではなく、その財物の交換という方法での利用（利益取得）を考えていたのであり、したがって、「当該財物が手元を離れ利用できなくなること」を基礎において実質的な損害を考えるのは適切とはいえず、被害者が交換によって得ようと考えたことが欺罔により得られなかったこと、目的とした交換にだまされて失敗したことに重点が置かれるべきであるように思われる。もちろん、「目的の不達成」にあたる場合を明確にしていくことが必要であろう。

詐欺罪における財産的損害の問題は、「相当対価[10]と詐欺罪の成否」というテーマのもとで論じられてきた。最決昭和 34 年 9 月 28 日刑集 13 巻 11 号 2993 頁は、Aが、一般に市販されており容易に入手しうる電気アンマ器を、中風や小児麻痺に特別な効果のある新しい特殊治療器であり、一般に入手困難で高価なものであるかのように偽り、ほぼ市価と同じ 2,200 円で販売したという事案に関して、「たとえ価格相当の商品を提供したとしても、事実を告知するときは相手方が金員を交付しないような場合において、ことさら商品の効能などにつき真実に反する誇大な事実を告知して相手方を誤信させ、金員の交付を受けた場合は、詐欺罪が成立する」と判示した。買い手にとって、難病の治療に効果があり、かつ、入手の難しい医療機器であるという事情は、この機器購入の判断の基礎となる重要な事項であるといえ、たとえ市場価格として相当価格での販売であってとしても、事情を知っていれば買わなかったであろうような場合には、いわば「不要な物をつかまされた」のであり、実質的な損害を認めることができる。

航空機によるカナダへの不法入国を企図するBのために、Cが、その目的を秘し、自己が搭乗する者であるように偽って航空機の搭乗券の交付を受けた（その搭乗券代は支払っている）という事案に関して、最決平成 22 年 7 月 29 日刑集 64 巻 5 号 829 頁は、「搭乗券の交付を請求する者自身が航空機に搭乗するかどうかは、本件係

事を行った業者が、汚泥処理にかかる内容虚偽の文書を提出することにより、工事代金の支払を受ける時期を早めたという事案に関して、「本来受領する権利を有する請負代金を不当に早く受領したことをもって詐欺罪が成立するというためには、欺罔手段を用いなかった場合に得られたであろう請負代金の支払とは社会通念上別個の支払に当たるといい得る程度の期間支払時期を早めたものであることを要すると解するのが相当である」と判示しており、実質的な損害も問題にするものだと理解されている。

9　「財産的損害」は条文上規定されておらず、「欺く行為」の問題として考えるべきだとするのは、中森・各論 4 版 134 頁、山口・各論 2 版 267 頁以下など。

10　相当対価の算定にあたり、所有者の愛着など主観的な事情も考慮に入れる必要もあり、純粋に経済的な観点のみからその算定をすることができないとすれば、その算定は必ずしも明確になされるわけではない。佐伯仁志「詐欺罪(1)」法学教室 372 号 110 頁（2011 年）は、「『相当な対価』といっても、取引価格は交渉によって決まるものであって、客観的に定まっているものではないから、錯誤がなければその価格では取引しなかったといえる場合には、経済的損害を認めることができる。」「『相当な価格』で購入したとしても、それが購入者の購入目的にとって不要な物であれば、経済的損害と認めることができる。地デジテレビを購入しようとして不要なアナログテレビを買わされた者は、それが価格相当であったとしても、経済的損害を被っている」と指摘している。

員らにおいてその交付の判断の基礎となる重要な事項であるというべきであるから、自己に対する搭乗券を他の者に渡してその者を搭乗させる意図であるのにこれを秘して本件係員らに対してその搭乗券の交付を請求する行為は、詐欺罪にいう人を欺く行為にほかならず」、Cには詐欺罪が成立すると判示した。航空会社にとって、航空機の安全な運航はその経営にとって根本的に重要な事項であり、乗客の本人確認等はハイジャック、テロ等を防止し、運航の安全を確保するために必要不可欠なことである。したがって、本人性を偽って航空機に搭乗されることは、搭乗券代を支払っていたとしても、航空会社への財産的損害を認めることができる[11]。

（7）国家的法益の侵害と詐欺罪の成否、証明書の詐取

詐欺罪は「個人的法益としての財産的法益に対する罪であるから……本来の国家的法益に向けられた詐欺的……行為は、詐欺罪……の定型性を欠く」と論ずる見解も有力であり、その立場から、「欺罔的方法による脱税は——行為者がそれによって不法の利益を得ることはたしかであるが——各種税法の違反であって……詐欺罪にならない」。「係員を欺罔して旅券の下付を受ける行為なども、詐欺罪にあたらない」。「欺罔的手段による統制機能の侵害がたまたま財物騙取にあたるようにみえるばあいなども、おなじ見地から問題とされるべき」であると論じられる[12]。

確かに、脱税などの租税法違反はその違反に問われ、別途詐欺罪は成立しない。しかし、租税法違反は国の徴税権の侵害であり、また、詐欺罪の特別法として「特別法は一般法に優先する」場合と考えることもできる。

旅券等の詐取について、判例は、「免状、鑑札、旅券の下付を受ける行為のごときものは、刑法246条の詐欺罪に問擬すべきではなく、右刑法157条2項だけを適用すべきものと解するを相当とする」[13]との立場をとっている。157条2項（免状等不実記載罪）は「公務員に対し虚偽の申立てをして、免状、鑑札又は旅券に不実の記載をさせた者は、1年以下の拘禁刑〔懲役〕又は20万円以下の罰金に処する」と規定する。この規定は、「不実の記載をさせた」ことを処罰対象としているが、このように虚偽の申立てをして旅券等に不実の記載をさせる者は、その虚偽内容の旅券を受け取るためにかかる行為を行っているのであり、この規定も、当然に、虚偽内容記載後の旅券等の受交付という詐欺の類型まで含めて処罰していると考えるべきであり、このような観点から、別途詐欺罪は成立しないと考えるべきである[14]。そして、157条2項と同様の証明書の詐取[15]も、157条2項と246

---

11 近時の詐欺罪の適用範囲の拡大傾向に対して、反社会的勢力の排除、マネーロンダリングの防止、特殊詐欺の防止といった社会政策を「詐欺罪」を用いて実現しようとするものではないか、そうであるとすれば、それは懸念すべき傾向であるとの指摘もなされている。検討に値する指摘である。

12 団藤・各論3版607頁以下。また、大塚・各論3版増補240頁以下。

13 最判昭和27年12月25日刑録6巻12号1387頁。

14 旅券等、この種の証明書について「財物性」を否定する見解もあるが、旅発給を受けた人から旅券を窃取または詐取した場合に窃盗罪または詐欺罪の成立は否定されえないであろう。そうであれば、この種の証明書もその「財物性」は否定しえない。

15 建物所有証明書（大判大正3年6月11日刑録20輯1171頁）、印鑑証明書（大判大正12年7月14日刑集2巻650頁）、運転免許証再交付（高松地丸亀支判昭和38年9月16日下刑集5巻9・10号867頁）。この種の行為の場合、申請書を偽造し、提出する行為が、私文書偽造罪（159条1項）・同行使罪（161条1項）にあたることも多いであろう。

条の刑の均衡から考えて、詐欺罪にはならないと考えるべきである。これに対して、157条2項は、それ自体として は経済的価値の高くないところの、公文書に虚偽の記載をさせる行為を処罰するものであるから、社会生活上重要な経済的価値を有するもの、とくに一定の給付を内容とする文書である場合は同様に考えられず、たとえば、簡易生命保険証書[16]、健康保険証[17]、預金通帳[18]など、詐欺罪の成立が認められる。

　国家・地方公共団体も財産権の主体たりうる以上、その財産権を侵害したときは詐欺罪が成立する。受給資格を偽って配給食糧を受ける行為[19]、営農意思を偽って国有地を買い受ける行為[20]など、国は、自由市場で形成されるであろう価格よりも、政策的に低い価格を設定し、財を適正に配分しようとするのであり、買受け資格のない者が偽って買い受けるなどした場合には国に経済的損害を認めることができるから、詐欺罪が成立する。

（8）不法原因給付と詐欺罪

　Xが売春するとAを欺いて、あるいは、覚醒剤を入手してやるとBを欺いて、その代金（の前払い）として金銭を詐取した場合、「不法な原因のために給付をした」A（B）は、「その給付したものの返還を請求することができない」（民法708条）とすれば、Xの行為は詐欺罪となるのか。判例は一貫して詐欺罪成立を肯定しており[21]、通説も同様に解している。Aの適法な財産状態がXの欺く行為により侵害されているといえ、この場合、「不法な原因が受益者についてのみ存したときは、この限りではない」（民法708条ただし書）にあたり、A（B）に返還請求権が認められ、Xに詐欺罪が成立すると解することができるように思われる[22][23]。Yが売春後その代金を支払うと欺き、その後支払いをしなかった場合、Yに（2項）詐欺罪は成立するかどうかにつき、判例・学説ともに積極・消極に分かれている[24]。公序良俗に反する売春の対価は法的保護に値せず、「財産上の利益」の免脱がないというのが消極説の論拠である。

16　最決平成12年3月27日刑集54巻3号402頁。

17　最決平成18年8月21日判タ1227号184頁。

18　最決平成14年10月21日刑集56巻8号670頁（他人名義）、最決平成19年7月17日刑集61巻5号521頁（自己名義）。

19　最大判昭和23年6月9日刑集2巻7号653頁。

20　最決昭和51年4月1日刑集30巻3号425頁。

21　通貨偽造の資金と欺いて金銭を詐取した場合につき、大判明治43年5月23日刑録16輯906頁、闇米を買うと欺いて代金を詐取した場合につき、最判昭和25年12月5日刑集4巻12号2475頁、売春をすると偽って前借金を詐取した場合につき、最決昭和33年9月1日刑集12巻13号2833頁、詐欺賭博合につき、最決昭和43年10月24日刑集22巻10号946頁、殺害の依頼を請け負うかのように装い2200万円を詐取した場合につき、神戸地判平成14年1月8日裁判所web。

22　佐伯・民法との対話56頁以下も参照。

23　これに対して、Xを詐欺罪で処罰することはXを窮地に追い込み売春を強いることになりかねないとして詐欺罪成立を消極に解する見解もあるが、Xには金銭をAに返すなどの途もあろう。なお、Xがいわば経済的窮状からこの種の行為を行ったという場合だけでなく、組織的に他の共犯者とこの種の行為を繰り返すというような場合も考えられよう。

24　積極判例として、名古屋高判昭和30年12月13日高刑裁特2巻24号1276頁、消極判例として、札幌高判昭和27年11月20日高刑集5巻11号2018頁、福岡高判昭和29年3月9日高刑判特26号70頁。

II　準詐欺罪

248 条は、「未成年者の知慮浅薄又は人の心神耗弱に乗じて、その財物を交付させ、又は財産上不法の利益を得、若しくは他人にこれを得させた者は、10 年以下の拘禁刑〔懲役〕に処する」と規定する。これは、知慮不十分な者に、人を欺く手段とはいえない単なる誘惑的行為によって、財物（利益）を交付させる行為を詐欺罪に準じて処罰するものであり、詐欺罪の補充的な規定である。未遂も罰する（250 条）。

「未成年者」とは 18 歳未満の者をいう。「知慮浅薄」とは、知識が乏しく、思慮の足りないことをいう。「心神耗弱」とは、精神の健全を欠き、物事を判断するのに必要な普通人の知能を備えていない状態をいい、39 条 2 項の「心神耗弱」とは同じではない。「乗じて」とは、誘惑にかかりやすい状態を利用することをいう。未成年者等に対しても、誘惑的な行為を超えて、人を欺く手段を用いる場合には、248 条ではなく、246 条に該当する。

III　電子計算機使用詐欺罪（246 条の 2）

（1）コンピュータの普及により、各種の事務処理、多くの取引決済がこれを用いて行われるようになったが、これを悪用して財産上の利益を得る行為がみられるようになり、このようなコンピュータ・システムを悪用した新たな財産侵害行為に対処するために、1987 年（昭和 62 年）に、詐欺罪の特別類型として電子計算機使用詐欺罪が新設された[25]。

電子計算機使用詐欺罪の新設前でも、盗んだ（または偽造した）他人のキャッシュカードを不正に利用して現金自動預払機（ATM）から現金を引き出した場合、金融機関を被害者とする窃盗罪として処罰することができた。しかし、ATM 機から現金を引き出さず、その口座の預金を自己の口座に振替送金する場合、それだけではいまだ「財物」を取得していないから、財物のみを客体とする窃盗罪に問うことはできない。さらに、自己の口座に振替送金した後で現金化せずに電話料金、電気・水道料金等の引き落としがなされた場合、行為者は一度も現金を手にしていないから窃盗罪の成立を認めることはできない。そうかといって、機械を不正に操作しているだけで、「人を欺いて」いないから詐欺罪に問うこともできない。246 条の 2 は、このような処罰の間隙に対処するために新設された。したがって、上記のような窃取・偽造したキャッシュカードを不正に利用して他人の預金を自己の口座に振替送金する場合が電子計算機使用詐欺罪の典型的な 1 場合である。

246 条の 2 は、「人の事務処理に使用する電子計算機に虚偽の情報若しくは不正な指令を与えて財産権の得喪若しくは変更に係る不実の電磁的記録を作り、又は財産権の得喪若しくは変更に係る虚偽の電磁的記録を人の事

25　1987 年にコンピュータ犯罪に対応するための刑法の一部改正が行われ、電子計算機使用詐欺罪の新設のほかに、電磁的記録不正作出罪（161 条の 2）、電子計算機損壊等業務妨害罪（234 条の 2）が新設され、「電磁的記録」に関する定義規定（7 条の 2）が設けられた。246 条の 2 は冒頭で「前条〔246 条〕に規定するもののほか」と規定し、詐欺罪が成立する場合には本条は適用されず、詐欺罪の補充類型として規定されているが、実質的には、コンピュータの不正利用による利益窃盗を処罰するものである。

務処理の用に供して、財産上不法の利益を得、又は他人にこれを得させた者は、10年以下の拘禁刑〔懲役〕に処する」と規定する。これを前述の預金の付け替えの場合にあてはめてみると、銀行のATMが「人の事務処理に使用する電子計算機」であり、ATMを操作して他人の暗証番号・振込先口座・金額等の事実に反するデータを入力することが「虚偽の情報を与えて」といえ、その結果、銀行の顧客元帳ファイル上の口座残高記録を変更したことが「財産権の得喪・変更に係る不実の電磁的記録を作り」ということになり、預金の不正な付け替えによって事実上預金を自由に処分できる状態となったことが「財産上不法の利益を得た」にあたり、246条の2前段が成立することになる[26]。

（2）A駅からB駅・C駅を通過してD駅まで行くにあたり、A駅－B駅間の乗車券を購入し、それに用いてA駅から入場し、電車に乗り、あらかじめ用意したC駅－D駅間の乗車券を用いてD駅から出場し、このようなやり方よりB駅－C駅間の乗車賃の支払いを不正に免れる行為をキセル乗車という[27]。この「キセル乗車」の場合に2項詐欺罪が成立するのかどうかという問題は、詐欺罪の構造やその成立要件の理解に大きくかかわることから、かつては活発に議論され、さまざまな見解が主張されてきた。しかし、詐欺罪は人を欺かなければならないから、「キセル乗車と2項詐欺罪の成否」という問題は有人改札を前提とし、その結果、自動改札機の普及に伴って詐欺罪の適用が問題となりうる場面が減少してきた。このような状況の中で、自動改札機設置駅におけるキセル乗車に関して、電子計算機使用詐欺罪の成立を認める裁判例が現れている。東京地判平成24年6月25日判タ1384号363頁は、246条の2の「『虚偽』とは、電子計算機を使用する当該事務処理システムにおいて予定されている事務処理の目的に照らし、その内容が真実に反するものをいう」としたうえで、下車駅の自動改札機に対し、自動改札機未設置駅で購入した回数券を投入する行為は、「本件回数券を持った旅客が有効区間内の自動改札機未設置駅……から入場したとの入場情報を読み取らせるものであって、この入場情報は……実際の乗車駅……と異なるのであるから、本件回数券の電磁的記録は、自動改札機の事務処理システムにおける事務処理の目的に照らし、虚偽のものであるといえる」と判示し、246条の2の成立を認めた[28]。

---

[26] 最決平成18年2月14日刑集60巻2号165頁は、Xが、窃取したクレジットカードの名義人Aの氏名・番号・有効期限等の情報を入力し、インターネットを介し、決済代行業者の電子計算機に送信し、「Aによる電子マネー購入申込み」という虚偽の情報を与え、「Aによる購入」という不実の電磁的記録を作り、その電子マネーの利用権を取得したという行為につき、246条の2前段の成立を認めている。

[27] 煙草の吸煙器具である煙管（キセル）は、刻み煙草を詰める雁首と吸い口が金属製でつくられ、間の管の部分は竹などが使われ、金（金属）が使われていないことから、本文のようなやり方での不正乗車を「キセル乗車」といわれてきた。

[28] この判決の事実について詳細に、和田俊憲「キセル乗車」法学教室392号93頁（2013年）。控訴審の東京高判平成24年10月30日高検速報（平成24年度）146頁も原判決を是認した。これに対して、名古屋地判令和2年3月19日裁判所webは、キセル乗車が問題の駅における自動改札機が「出場の許否の判定において入場情報をおよそ問題としていなかった」として電子計算機使用詐欺罪の成立を否定したが、控訴審の名古屋高判令和2年11月5日高検速報（令和2年）522頁はこれを破棄し、電子計算機使用詐欺罪の成立を肯定した。参照、和田俊憲「判例批評」法学教室480号117頁（2020年）、同・法学教室487号157頁（2021年）。なお、鉄道好きの人には、和田俊憲『鉄道と刑法のはなし』（NHK出版、2013年）がお薦めである。興味・関心のあることに関連づけて法律の諸問題にアプローチしていくのは法律の理解を深めるのに効果的である。

Ⅳ 恐喝罪 (249 条)

　恐喝罪は、暴行・脅迫により相手方に恐怖心を生じさせ、財物・財産上の利益を交付させ、それを取得する犯罪である。暴力団などの反社会的勢力が用心棒代・場所代と称して飲食店等にみかじめ料を要求する場合[29]などが恐喝行為の1例である。249条は、〔1項〕「人を恐喝して財物を交付させた者は、10年以下の拘禁刑〔懲役〕に処する」。〔2項〕「前項の方法により、財産上不法の利益を得、又は他人にこれを得させた者も、同項と同様とする」と規定する。恐喝とは、財物・財産上の利益を交付させる意思をもって行われる暴行・脅迫[30]であって、被害者の反抗を抑圧するに至らない程度のものをいう[31]。被害者の瑕疵ある意思に基づいて被害者に財物を交付させる（交付罪）点で詐欺罪と共通する。財物（1項）とともに「財産上の利益」（2項）も客体である。財物については242条（自己物に関する特例）・245条（電気のみなし規定）が準用され、1項・2項ともに244条（親族相盗例）が準用される。

　期限徒過後もなかなか借金を返済しない借主に対して、貸主が業を煮やしてやや強引に借金を取り立てる場合のように、正当な債権を有する者が脅迫して債務を弁済させた場合に恐喝罪が成立するのか否かという「権利行使と恐喝罪の成否」が、古くから議論されてきた[32]。かつての判例は、正当な権利をもつ者が権利の範囲内でのその実現に際して脅迫しても恐喝罪は成立しないとし、手段が行き過ぎの点については脅迫罪が成立するとしていた[33]。それに対して、戦後の判例は、「他人に対して権利を有する者が、その権利を実行することは、その権利の範囲内であり且つその方法が社会通念上一般に忍容すべきものと認められる程度を超えない限り、何等違法の問題を生じないけれども、右の範囲程度を逸脱するときは違法となり、恐喝罪の成立することがあるものと解するを相当とする」[34]との立場を示した。学説において、債権等権利の範囲内では財産犯（恐喝罪）は成立しえず、用いた手段の違法性は暴行罪・脅迫罪として評価すべきであるとする消極説も有力ではあるが、判例（積極説）を支持するのが多数説といえよう。積極説によれば、債権の有無・内容だけでなく、返済期限徒過の長さや債務者のとっている対応（権利実現の必要性・緊急性）、用いられた権利実行の手段（手段の相当性）も考慮し、「社会通念上一般に忍容すべきもの」といえるのか否かを考えて恐喝罪の成否が判断されることになる。金銭債権の場合、履行期を徒過したからといって、その所持している金銭を不法に占有していることにはならない。行為者側の事情（債権およびその実現方法）と被害者側の事情（債務弁済にかかわる事情）を比較衡量して、「そのようなやり方で返済を迫ったのももっとだ」、「借金を返済しない借主の対応からみてやむをえまい」と考えられる

29　このような行為は「暴力団員による不当な行為の防止等に関する法律」によっても規制されている。

30　告知される害悪の対象は限定されず、脅迫罪における脅迫よりもその範囲が広い。

31　被害者の反抗を抑圧する程度の暴行・脅迫は、強盗の手段としての暴行・脅迫となり、この点で強盗罪と接している。

32　窃盗犯人から所有権者が盗まれた物を取り返す場合のように、他人が不法に占有している自己所有物を取り戻す場合、第17講Ⅰで学修した「本権説と所持説の対立」の問題の1つといえる。

33　債権の範囲を超えて財物・利益を取得したときも、それが可分であるときは権利を超過した部分の取得だけが恐喝罪となり、それが不可分であるときは全部について恐喝罪が成立する。権利実行の意思がなくそれに仮託（藉口）したときは全部について恐喝罪が成立する。参照、大連判大正2年12月23日刑録19輯1502頁。

34　最判昭和30年10月14年刑集9巻11号2173頁。

のか、「それはちょっとやりすぎだ」、「法的（民事的）な手続を用いるべきだ」と考えられるのかが、恐喝罪の成否にとって重要であることになる。

第22講　財産に対する罪8（横領罪）

I　横領罪

（1）横領罪（252条）は、「自己の占有する他人の物を横領した」場合に成立し、その刑は「5年以下の拘禁刑〔懲役〕」である。最初に、横領罪の特徴として2つの点を確認しておこう。第1に、横領罪の客体が、「自己の占有する他人の物」であるということである。これまで検討してきた窃盗罪・強盗罪・詐欺罪・恐喝罪は、いずれも「他人の占有する財物」を窃取し、強取し、詐取し、喝取する犯罪であった。平たくいえば、人のもっている物を奪う犯罪[1]であったのに対して、横領罪は、他人の物が客体である[2]が、自己が占有している他人の物を領得する犯罪、占有侵害を伴わないで領得する犯罪なのである。たとえば、人から預かっているお金を着服する場合である。ここに、財産犯の中での横領罪の最大の特徴がある。

　第2は、横領罪の刑が、他の財産犯よりも軽い（5年以下の拘禁刑〔懲役〕）ということである。強盗罪（236条）は、財産犯にとどまらず、人身犯罪の面もあり、その刑は重い[3]、その他、窃盗罪・詐欺罪・恐喝罪の刑は10年以下の拘禁刑〔懲役〕である。横領罪の悪質さの評価は、法定刑でみると、窃盗・詐欺・恐喝の半分にとどまっている[4]。これは、横領罪の場合に、行為者が客体の物を占有している、物が手元にあるという誘惑的状況の存在のためその領得に対する責任非難の程度が低くなりえ、また、他人の占有侵害がない、利用妨害が少ないという点において、違法性も低いと評価されうるからである。お腹が空いているときに、目の前においしい料理があり、それをつまみ食いしたといった場合をイメージしてもよいかもしれない。もちろん、これはあくまで横領罪の特徴を理解するためのイメージにすぎない。ここで確認してもらいたいのは、他人のもっている物を奪うという攻撃的な態様に比べて「相対的に」違法性・責任の程度において軽いとみうる面があり、そのことから立法者も窃盗・詐欺・恐喝よりもその法定刑を半分にしている、ということである。まず横領罪のこの2点の特徴を確認しておこう。

---

[1]　他人の占有する物を自己の占有下に移す犯罪であり、その占有の奪い方（行為態様）が、ひそかにとる（窃盗）のか、無理やり奪いとる（強盗）のか、だましとる（詐欺）のか、脅しとる（恐喝）のかによって、成立する犯罪が変わってくる。

[2]　自己の所有物をどのように処分したとしても、それは、基本的には、所有権の行使として犯罪にならない。ただし、窃盗罪の保護法益の問題で検討したように、他人の占有がかかわり、242条の自己の物に関する特例（横領罪では252条2項）が適用される場合は別である。

[3]　第18講 I（1）参照。

[4]　業務上横領罪となると、その刑は10年以下の拘禁刑〔懲役〕に加重される（253条）。一方で、遺失物横領罪（254条）の法定刑は、1年以下の拘禁刑〔懲役〕または10万以下の罰金・科料である。

（２）横領罪の成立要件をみていこう。

（ⅰ）「自己の占有する」の「占有」は、基本的には、窃盗罪において検討したことと同じであるが、重要な違いもある。それは、横領罪における「占有」は、事実的支配のほか、法律的（法律上の）支配も含むということである。具体的には、登記による不動産の占有が認められる、登記不動産の場合、登記名義人がその不動産を占有していると考えられている[5]。横領罪における占有（物の支配・管理）の本質は、その支配により、その支配を濫用して、その物を処分できる状態にあるということ（処分可能性の存在）にあるから、場所的に移動しない不動産に関しては、登記名義の変更による法的な処分が重要になるのである。

なお、横領罪の占有は、委託・信任関係に基づく占有であると解されている（書かれざる構成要件要素）。委託・信任関係に基づかずに占有に離れた場合は占有離脱物横領罪の問題となる[6]。

（ⅱ）「他人の物」の「物」は「財物」と同じであり、窃盗罪のところですでに検討した。「他人の」については、節を改めて（３）で検討する。

（ⅲ）「横領した」については、越権行為説と領得行為説の対立があるが、領得行為説が判例・通説であり、妥当でもある。

越権行為説は、「横領した」とは、行為者が占有物に対してその権限を越える行為をしたことであると解し、横領罪の成立要件として不法領得の意思を不要とする。これに対して、領得行為説は、「横領した」とは、不法領得の意思が客観的・外部的に発現したことであると解する。具体的には、法律行為として、物を売り払う[7]、債務弁済に充当する、質入する、贈与する、抵当権を設定する[8]、預金するなどがあり、事実行為として、費消する、着服する、持ち逃げする、毀棄・隠匿する、共有物を独占するなどがある。横領という犯罪の性質上「領得」の意思を考慮しない越権行為説は、そもそもその出発点において疑問がある。比較的些細な一時的無権限使用（いわば使用横領）や単なる毀棄・隠匿の意思しかない行為は、不法領得の意思がないとして横領の成立が否定されるべきである[9]。占有侵害を伴う窃盗罪の場合に一時使用が不可罰であるならば、占有侵害を伴わない横領

---

[5] 最判昭和30年12月26日刑集9巻14号3053頁、最判昭和34年3月13日刑集13巻3号310頁。処分可能性のある支配が問題であるから、不動産でも未登記の場合には、事実上支配・管理する者が占有すると考えられる一方で、登記不動産の場合でもその処分に必要な一切の書類（登記済権利書その他実印等）の所持者も、当該不動産を占有しているとされる（福岡高判昭和53年4月24日判時905号123頁）。重要なのは、形式的な登記名義ではなく、登記名義を有効に移転させることのできる地位にあるといえよう。法律的占有として、不動産以外では、倉荷証券・船荷証券の所持による占有があげられる。なお、預金による金銭の占有も特別な考慮を必要とする問題である。

[6] 売買契約が取り消された場合、契約取消後民法上遡及的に効力を失うが、法令上の原状回復義務ないし不当利得返還義務としてその物の返還義務を負い、その物を返還するまでの間、委託信任関係に基づいて物を占有しているといえる。

[7] 動産の売却は売却の意思表示により既遂に達し、相手方の買受の意思表示は不要である（大判大正2年6月12日刑録19輯714頁）。

[8] 抵当権の設定は、所有権者の使用・収益権能をただちに損なうものではないとしても、その処分権能を制約し、抵当権の実行により不動産自体を失う危険を伴い、不動産の価値を低下させるものであるから、その所有権（に基づく使用・収益・処分の可能性）の侵害と考えられ（最判昭和31年6月26日刑集10巻6号874頁など）、抵当権の設定によりその設定時点で横領罪は既遂となる。

[9] 佐伯仁志「横領罪(2)」法学教室376号108頁（2012年）は、窃盗罪における不法領得の意思否定説からは毀棄隠匿目的での物の奪取を窃盗罪とするが、横領罪について同様の立場に立つと、「他人の物を単に毀損する行為を『横領』ということ」になろうが、これは「日常用語の範囲を超える疑いが強い」。また、「占有離脱物横領罪でも『横領』という言葉が使われているが、路上に落ちている他人の物を破壊する行為を『横領』と呼ぶことは考えられない」とする。

罪の場合にはなおさら一時横領は不可罰であるべきであり、また、利欲犯的性格を有するがゆえに毀棄・隠匿罪よりも横領罪の刑の方が重いと考えられるからである。窃盗罪における不法領得の意思に関して検討したことに相応して、横領罪においても不法領得の意思必要説、横領行為に関する領得行為説が妥当である。

　横領行為に関して代表的な判例として次のものがある。寺の住職が関東大震災により壊れた寺を再建しようとしたが、その再建資金を十分に集めることができず、売却に必要な檀徒総代の同意と主務官庁の許可を得ずに、しかし、買戻約款を付し、後日買い戻して寺の所有に戻す意思をもって、寺の木像を無許可で売却し、その売却代金を寺の再建費に充てたという事案に関して、大判大正15年4月20日刑集5巻136頁は、「右処分は被告人か不法に本件木像三体を自己に領得する意思に出てたるものと謂ふを得さるを以て被告人の前記所為は横領罪を構成せす而して被告人か成規の手続を経すして売却したる所為は住職たる任務に背きたるものなること疑なきも前記の事情に鑑み被告人自己若は第三者の利益を図り又は其の代表する寺院に損害を加ふる目的ありたることは到底是認し難きを以て背任罪を以て問擬すへきものにも非す」と判示して、寺の住職を無罪とした。この行為は明らかに越権処分ではあるが、所有者本人（寺）のための行為として、不法領得の意思、したがって、横領行為が否定された。また、最判昭和28年12月25日刑集7巻13号2721頁は、農業協同組合の組合長が組合の資金を定款外の用途で支出した場合に、もっぱら組合のためになされたと認められる場合には不法領得の意思が欠けるとした[10]。なお、使途を特定された金銭その他不特定物をその保管者が一時流用する行為は、後日これを補填する意思と資力があっても、不法領得の意思に欠けるところはなく、横領罪が成立する。

　判例は、横領罪における不法領得の意思を「他人の物の占有者が委託の任務に背いて、その物につき権限がないのに所有者でなければできないような処分をする意思」と定義し[11]、不法領得の意思必要説をとるが、その定義は、権利者排除意思および利用処分意思を要求する窃盗罪におけるそれとは異なっている。前述のように、基本的には、窃盗罪などの奪取罪と同様に、他人の所有権を著しく侵害してでも、自己の利益になるように他人の物を処理しようとする意思が問題にされるべきである。

　横領罪は、不法領得の意思が発現（横領）した時点をもって既遂に達する。横領罪には未遂処罰規定はない。

（3）「他人の」（物の他人性）

　「他人の」物とは、「他人の所有する」物を意味すると解されている。所有権がだれに属するのかは民法上の所有権の帰属を基礎にして判断されるが、それと横領罪における「他人の」の判断とは、厳密には一致しない場合がある。

10　最決平成13年11月5日刑集55巻6号546頁（國際航業事件）も参照。

11　最判昭和24年3月8日刑集3巻3号276頁（供出米の流用）、最判昭和33年9月19日刑集12巻13号3127頁（納金ストでの安全保管のための無断預金）。なお、東京地判昭和60年2月13日刑月17巻1・2号22頁は、自己の保管する会社の機密資料をコピーするため一時的に社外に持ち出し、その後返還した場合に関して、「使用後返還する意思があったとしても、その間、所有権者を排除し、自己の所有物と同様にその経済的用法に従ってこれを利用又は処分をする意図がある限り、不法領得の意思を認めることができ」、業務上横領罪が成立すると判示している。

（ⅰ）不動産の二重売買

【事例1】　複数の金融業者から多額の借金をし、その返済に窮していたＸは、自己所有の土地甲を
Ａに売却し、Ａから代金全額の支払いを受けたが、すぐにＡへの所有権移転登記を行わなかった。そ
の折、かねてよりＡを強く恨んでいたＢが、Ｘの土地売却の事情を知り、Ａに嫌がらせをするため、
「少々高くてもよいから土地甲を売ってほしい。」とＸに対して土地甲の売却を積極的かつ執拗に働き
かけた。ＸはＢに土地甲を売却し、その代金を受けとるやすぐにＢへの所有権移転登記も済ませ、荷
物をまとめて所在をくらました。

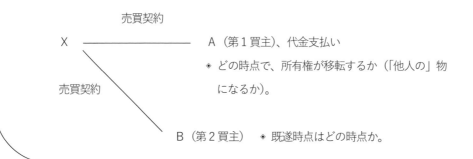

事例1は不動産の二重売買の場合である。不動産の二重売買とは、不動産の所有者が、当該不動産をある者
（第1買主）に売却した後、その所有権移転登記を完了する前に、その不動産を別の者（第2買主）に売却する
場合である。物権変動に関する民法の意思主義（民法176条）によれば、売買契約の成立により所有権は売主か
ら買主に移転するから、ＸとＡの間で土地甲の売買契約が成立した時点において、土地甲の所有者はＡとなる[12]。
所有権移転登記はなされていないが、その登記は第三者への対抗要件であり（民法177条）、所有権の移転には
かかわらない。代金授受（の大部分）の行われた時点で売却された不動産の所有権が移転すると解する立場に立
っても、事例1においてＡは代金全額の支払いをしているから、やはり所有権はＡに移っていることになる（Ｘ
にとって土地甲は「他人の物」）。そして、前述のように、登記不動産の場合、登記名義人がその不動産を占有し
ている（法律的支配）と解されているから、所有権移転登記がいまだなされていない段階では依然として登記名
義人であるＸが土地甲を「占有している」ということになる。売買契約に基づき、ＸはＡに対して不動産の引渡
し、所有権移転登記の協力義務を負うから、その占有は契約上または信義則上の委託信任関係に基づいていると

12　この場合の所有権の移転時期について、民法上も争いがある。第1説は、売買契約が成立した時が所有権の移転時期である
　とする。民事判例（最判昭和33年6月20日民集12巻10号1585頁）はこの立場をとる。もちろん、特約があればそれに従
　う。第2説は、代金支払・引渡し・移転登記のいずれかがあった時が所有権の移転時期であるとし、これが不動産取引の実情
　に合致しているとする。さらに、所有権移転時期を1点に画定する必要はなく、危険負担、果実取得権等々、それぞれを規律
　する条文を適用すれば足りるとする見解もある。参照、佐伯・民法との対話114頁以下。同書118頁において、道垣内弘人は、
　近時の学説状況について、「私は、以前と違って、最高裁判例の抽象的な命題どおりに、売買契約の締結時点で所有権が移転す
　るといって問題ないじゃないか、という説が再び強まっているような感じを抱いています」と述べている。

いえる。そうすると、土地甲は、Xにとって「自己の占有する他人の物」といえる。そして、Xは、自分が（登記により）占有するA所有の土地甲を勝手にBに売却したのだから、Bへの土地甲売却の意思表示により不法領得の意思を示し、第2買主Bへ所有権移転登記をした時点で第1買主の所有権を喪失させる意思が確定的になり、土地甲を「横領した」といえ、Xに横領罪（252条）が成立する[13]。

　事例1では、Bは第1売買について知ったうえで[14]土地甲の売却を積極的かつ執拗に働きかけている。Bが単なる悪意の場合、つまり、第1売買について知っていただけであれば、それは経済取引上許容される行為であり、BはXの共犯にならないが、事例1のように、第2買主が売却を執拗かつ積極的に働きかけ、または背信的悪意者といえるならば、売り主の共同正犯となりうる[15]。

（ⅱ）譲渡担保

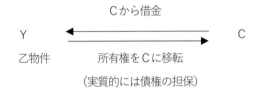

【事例2】　Cから借金をしたYは、その担保として乙物件の所有権を債権者Cに移転させたうえ、乙物件の占有を続けていたが、弁済前に乙物件を第三者に売却してしまった。

Cから借金

Y　　　　　　　　　　　　　　　C

乙物件　　　所有権をCに移転
　　　　　（実質的には債権の担保）

　事例2は譲渡担保と横領罪の成否がかかわっている。譲渡担保とは、債権者（C）が債務者（Y）に対して有する債権を担保するために、債務者の物（乙物件）の所有権を債権者に移転することをいう。債務者が被担保債権を履行すればその所有権は再び債務者に戻される。判例によって認められた担保物権であり、非典型的担保の1つである。債務不履行の場合に備えて、あらかじめ担保目的物の所有権を債権者に移転しておく制度であり、債権者にとって、裁判所の手続（競売など）を経ずに債権の回収を図ることができるというメリットがある。

　このような譲渡担保物を債務者が債務履行前に不法に処分してしまった場合に横領罪は成立するのか。実質的に担保権の設定にすぎないとして、その所有権はY（譲渡担保設定者）にあり、「他人の」物の要件を否定する

13　Xが、土地甲をAに売却した後、その所有権移転登記前に、Bから借金をし、その担保として土地甲に抵当権を設定し、その登記を済ませた場合も、「二重売買」の1バリエーションとしてXに横領罪が成立する。Aに売却後の土地甲は、Xにとって「自己の占有する他人の物」であり、典型的な二重「売買」とは、横領行為の内容（土地を売却するのか、土地に抵当権を設定するのか）において異なるだけである。

14　Yが第1売買について知らなかった場合、XはYに対して詐欺罪が成立するか否かが問題になりうるが、第1売買について告げずに売却した点で詐欺罪の欺罔行為を認めうるが、Yには最終的に所有権移転登記がなされており、財産的な損害がないから、この場合にXはYに対する詐欺罪は成立しない。

15　福岡高判昭和47年11月22日刑月4巻11号1803頁。Yが背信的悪意者であれば、第1買主Aは土地甲の所有権を取得できる。これに対して、そうでない場合（Bが横領罪の共犯にならない場合）、Bが土地甲の所有権を取得し、AはXに対して代金相当額の損害賠償を請求できるが、実際に二重売買をしたXがそれを払う見込みは少ないと思われる。

見解もある[16]が、多数説は、事例2のYは、自己（Y）の占有する他人の（Cの所有する）物（乙物件）を横領した（売却した）として横領罪の成立を認める[17]。

（iii）所有権留保

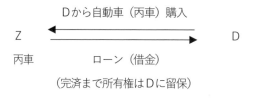

【事例3】　Zは丙車をDから購入したが、Zがその代金を完済するまではDに所有権が留保されるという契約になっていた。Zは当初は月々その代金を分割払いしていたが、半分くらい支払ったところで、丙車を第三者に売却した。

Dから自動車（丙車）購入

Z ← D

丙車　　　ローン（借金）

（完済まで所有権はDに留保）

　事例3は、所有権留保と横領罪の成否が問題になる。所有権留保とは、売買をしたときに、売主が、売買代金債権を担保するために、売買の目的物の所有権を買主に移転せず、売主に留保する特約である。一般に、売買契約においては、売買目的物の占有を買主に移転すると、売買代金の全額を売主に支払わなくても、所有権も買主に移転すると解されている。そのため、売買代金完済前に目的物を引き渡すことが多い割賦販売（ローン）において所有権留保の特約がなされることが多いとされる。

　所有権留保の特約がなされている丙車をZがその代金完済前に第三者に売却した場合、Zに横領罪が成立するか。この場合も実質的には担保であるとみる見解はあるが、判例[18]・通説は、Zは、自己の占有する他人の（Dの所有する）物（丙車）を横領した（第三者に売却した）として横領罪の成立を認める。代金完済に近い時期の売却の場合にはZにとって「他人の」物にあたらないと解する余地はあるが、判例・通説が妥当であろう。

16　平川・各論381頁など。

17　譲渡担保権設定者は弁済により「完全な」所有権を回復でき、担保権者はその実行によって所有権を「確定的に」取得できとみて、「所有権の分属」を認め、債権者（譲渡担保権者）による弁済期前の処分も横領罪とする見解も有力である。斎藤・各論4版180頁、佐伯仁志「横領罪(1)」法学教室375号132頁（2011年）など。なお、適正価格で売却し、その代金をまず弁済に充てるような場合には領得意思が欠けうるし、食品の購入など、契約の性質上、代金完済前の処分が委託の趣旨に反しない場合もある。

18　最決昭和55年7月15日判時972号129頁。

（ⅳ）不法原因給付物と横領罪

> 【事例4】　Eは、Fに事情を打ち明けて政治家Gに賄賂として100万円を届けることを依頼した。Fは
> これを引き受けたが、途中で気が変わり、Eから渡された現金をもったまま姿をくらませた。

　事例4は、不法原因給付物と横領罪の問題である。民法708条は、「不法な原因のために給付をした者は、そ
の給付したものの返還を請求することができない」と規定しているが、判例は古くからFに横領罪が成立すると
考えてきた。贈賄のために預かった資金を領得したという事案に関して、「不法原因の為め給付をした者はその
給付したものの返還を請求することができないことは民法第708条の規定するところであるが刑法第252条第
1項の横領罪の目的物は単に犯人の占有する他人の物であることを要件としているのであつて必ずしも物の給
付者において民法上その返還を請求し得べきものであることを要件としていないのである。……本件金員は結局
被告人の占有する他人の物であつてその給付者が民法上その返還を請求し得べきものであると否とを問わず被
告人においてこれを自己の用途に費消した以上横領罪の成立を妨げない」と判示している[19]。

　しかし、民事判例は、妾関係を維持するために建物を贈与した事案に関して、贈与が公序良俗に反し無効であ
る場合、建物の所有権は贈与により受贈者に移転しないが、「贈与者において給付した物の返還を請求できなく
なつたときは、その反射的効果として、目的物の所有権は贈与者の手を離れて受贈者に帰属するにいたつたもの
と解するのが、最も事柄の実質に適合し、かつ、法律関係を明確ならしめる」と判示した[20]。

　不法原因給付物の所有権が受給者に帰属し、事例4の贈賄資金が不法原因給付物にあたるのであれば、Fが占
有しているのは他人（E）の物（現金）ではなく、自己の所有物であるから、横領罪の成立要件を充たさないこ
とになりそうである。民法上返還義務のない者にその返還を強制することは法秩序の統一性を破ることになると
して事例4のFは無罪であると考える見解も多い。

　これに対して、有力説は、物を給付した場合と寄託しただけの場合を区別して、給付の場合には横領罪は成立
しないが、寄託しただけの場合には横領罪が成立すると主張する。これは、民法708条にいう「給付」を終局的
利益を与えるもの、すなわち、所有権を付与する場合を意味すると解し、寄託する場合に民法708条の適用はな
く、寄託者に返還請求権も所有権も認められ、事例4のFのように、贈賄の目的で資金が寄託されて（預けられ
て）いた受託者がその資金を費消した場合には横領罪が成立するとする。このような理解は民法708条の理解
と一致しないと批判される[21]が、252条の解釈において、物を委託したにとどまる場合に、受託者にとって「他
人の」物であると解し、その領得を横領罪に問うことは可能であるように思われる[22]。

19　最判昭和23年6月5日刑集2巻7号641頁。

20　最大判昭和45年10月21日民集24巻11号1560頁。

21　参照、佐伯・民法との対話43頁以下。なお、51頁。

22　参照、斎藤・各論4版182頁以下、西田・各論7版262頁など。なお、塩見・道しるべ189頁以下、松宮・各論5版285
頁も参照。麻薬の取引をすれば儲かるとYだましてYからその入手資金を預かったXが、その金員を領得するためYを殺害した
という事案につき、最判昭和35年8月30日刑集14巻10号1418頁は強盗殺人罪の成立を認めている。不法原因寄託の場合、

（ⅴ）金銭の所有権も検討を要する。民法的には、原則的に金銭の占有者が所有者である（金銭の占有者と所有者とは一致する）と解されている[23]。これに対して、刑法上（横領罪の関係では）、①使途を定めて寄託された金銭[24]、②委託された行為（販売・集金・債権取立て）に基づいて受領した金銭[25]、③金銭の返還までその保管を委ねられた場合も委託者に所有権があると解されており、この委託された者、保管する者が、その金銭を使い込むなどすれば、横領罪が成立する。

（4）罪数（横領後の横領）

かつての判例は、他人の不動産の登記名義人がその地位を利用して抵当権を設定する行為により横領罪が成立し、その後、その不動産に新たな抵当権を設定したり、その不動産を売却しても、不可罰的事後行為として横領罪は成立しないとの判断を示していた[26]。しかし、最高裁（最大判平成15年4月23日刑集57巻4号467頁）は、判例変更をして、自己の管理する他人の不動産に不当に抵当権を設定した後、さらに、この不動産を売却した行為につき横領罪の成立を認めた。この事案は、先行する抵当権設定行為が処罰されていなかった事案であり、先行の行為（窃盗・横領など）と共罰的な事後行為（毀棄など）の両方を処罰することは、重複的な評価・処罰の嫌いがあるため許されないものの、後者のみを訴追・処罰すること、とくに前者のそれが証拠不十分・公訴時効完成・責任無能力などのため、不可能・困難である場合、問題はないといえよう。

Ⅱ　業務上横領罪

業務上他人の物を占有している者がそれを横領した場合、刑が加重され、10年以下の拘禁刑〔懲役〕となる（253条）。刑法において「業務」とは、一般に、社会生活上の地位に基づき反復・継続して行われることと考えられている。業務上横領罪の「業務」は、その性格上、金銭などの財物を、委託を受けて保管することを内容とする職業もしくは職務をいう。たとえば、銀行やその他の会社において金銭を保管・管理することを担当しているその従業員が、その金銭を自己の借金返済のために着服する場合などがこれにあたる。洗濯のために衣類を預かっているクリーニング屋、質物を預かる質屋、荷物を預かる倉庫業者なども業務上の占有者にあたる。

返還請求権が認められ、その領得に横領罪の成立を認める立場からは、返還請求を免れるための殺人は二項強盗・強盗殺人となりうることになる。

[23] ただし、封金（特定物として委託された場合）は別であり、民法上も寄託者に所有権があると解されている。

[24] 最判昭和26年5月25日刑集5巻6号1186頁（製茶買受資金として寄託）。

[25] 大判大正11年1月17日刑集1巻1頁（売掛代金の取立て）、大判昭和8年9月11日刑集12巻1599頁（債権の取立て）、最決昭和28年4月16日刑集7巻5号915頁（委託販売代金の横領）。

[26] 大判明治43年10月25日刑録16輯1745頁。

Ⅲ　遺失物横領罪（占有離脱物横領罪）

　人の所有する財物[27]を誰が占有しているのかによって、その物の領得について成立しうる犯罪・刑の重さが変わってくることはすでに示した[28]。

　占有離脱物横領罪は、「遺失物、漂流物その他占有を離れた他人の物を横領した者は、1 年以下の拘禁刑〔懲役〕又は 10 万円以下の罰金若しくは科料に処する」と規定する（254 条）。法定刑が軽いのが特徴である[29]。「占有を離れた」とは、遺失物や漂流物と例示されているように、占有者の意思に基づかずにその占有を離れたものをいう。落し物のように、誰の占有にも属さない場合が典型的であるが、所有者など元の占有者の委託に基づかずに行為者の占有下に置かれた場合も含まれる。たとえば、行為者の家に誤って郵便・宅配された物である[30]。自分の物だと誤信して持ち去ったが、後で他人の物であると気づき、しかし、返却せずに自分の物にしてしまったという場合、当初の持ち去った際は窃盗の故意がなく、後の不法領得の意思の発現時（着服時）には占有侵害がなく、窃盗罪は成立しない。その物は所有者の委託によって行為者が占有しているものではなく、委託信任関係がないから、横領罪も成立しない。このような場合、誤配郵便物と同様に、占有者の意思に基づかずにその占有を離れており、占有離脱物横領罪の客体となる。占有離脱物横領罪も「横領」といえるために不法領得の意思が必要である[31]。

Ⅳ　親族相盗例の準用（244 条、255 条）

　親族相盗例（244 条）[32]は横領罪にも準用される（255 条）。家庭裁判所により孫Aの未成年後見人に選任されていたAの祖母XがAの財産を横領した[33]ケースにおいて、XはAの祖母であるから、Aの直系血族にあたり、

27　誰も所有しない物、無主物を領得した場合には財産犯は成立しない。占有離脱物横領罪においても「他人の物」がその客体である。

28　第 16 講Ⅰ参照。

29　平川・各論 379 頁は、「遺失物等横領罪は最も単純で誘惑されやすい財産犯であること、財物の遺失等は個人の努力で防止することが比較的容易であること」を考えると、「遺失物等横領罪の位置付け、処罰範囲、法定刑などは、なお検討を要する課題であろう」と指摘する。

30　大判大正 6 年 10 月 15 日刑録 23 輯 1113 頁。

31　放置自転車（占有離脱物）の一時使用といえるのか否か、そして、その場合の不法領得の意思の内容が問題となった事案において、福岡高判令和 3 年 3 月 29 日 LEX/DB は、権者等の占有が排除された状態にある占有離脱物横領罪において「重ねて権利者を排除する意思を求めることは無意味であり、『他人の物を自己の所有物としてその経済的用法に従い利用・処分する意思』をもって必要十分」であると判示した。占有侵害がないことから権利者排除意思は不要であるとまでいってしまってよいかどうかはなお検討を要しよう（福岡高裁も、「自己の所有物として振る舞ったといえない程度の短時間で限定的な利用行為の場合」、「例外的に不法領得の意思が認められないとして、占有離脱物横領罪が成立しない」ことを認める）。

32　第 16 講Ⅲ。

33　Xは、Aの母Bの母（つまり、Aの祖母）であったが、Bが死亡したため、Aの未成年後見人に指定されていた。Xが、Y・Zと共謀して、Aの預金口座から 1500 万円以上引き出して横領したとして起訴された。BがAに残した約 4500 万円の財産は、Xの未成年後見人の職務執行停止当時 1000 万円くらいまで減少していたという。

XとAの間には244条1項所定の親族関係があり、244条（255条）により刑が免除されるべきではないかが問題となった[34]。最決平成20年2月18日刑集62巻2号37頁は、「未成年後見人の後見の事務は公的性格を有するものであって、家庭裁判所から選任された未成年後見人が、業務上占有する未成年被後見人所有の財物を横領した場合」、「国家が刑罰権の行使を差し控え、親族間の自律にゆだねる方が望ましいという政策的な考慮」に基づく趣旨で定められた「244条1項を準用して刑法上の処罰を免れるものと解する余地はない」と判示し、244条（255条）の適用を否定し、Xに業務上横領罪の成立を認めた。

最高裁は、家庭裁判所を「委託者」ととらえ、それと行為者との親族関係のないことを理由として244条（255条）の適用を否定する理由づけをとらなかった。物に対する委託関係は被後見人と後見人の間にあり、家庭裁判所を委託者そのものとみるのは無理があり、また、家庭裁判所は財産的被害を受ける被害者の立場にもなく、横領罪においてこのような家庭裁判所の委託信任関係を問題とすることは疑問であるとの批判を考慮したものと思われる。最高裁は、後見人の後見の事務の公的性格を強調して244条（255条）の適用を否定したが、この場合に条文上どの要件を欠くのは明確ではない。家庭裁判所を「委託者」とみられないのであれば、親族相盗例の適用を否定する条文上の根拠がなく、その適用排除は罪刑法定主義に反するとも批判されている。この種のケースの親族相盗例の適用を否定するという結論は妥当なものであろう。そして、この種事案の処理に関して消極に解すべきことは、本判決によって実務的には決着をみたといえる[35]。しかし、（成年・未成年）後見制度を悪用して後見人による管理財産の横領というケースは今後も増加するだろうともいわれる。戦前の家制度を前提とした家族観のもとでつくられた親族相盗例は、その立法から110年以上経過し、その間に戦前の家制度が廃止され、「家族」をとりまく状況が大きく変化しているなかで、現行刑法の親族相盗例は、「時代遅れ」もしくは「時代に合わない」ものになってしまっているといわざるをえない。立法的な対応が必要であろう。

---

[34] 横領罪の場合、親族相盗例適用に必要な親族関係は、行為者（X）と、所有者（A）および委託者双方との間になければならないと解されていることから、家庭裁判所がこの「委託者」といえるのであれば、行為者（X）と家庭裁判所との間に所定の親族関係はありえず、244条（255条）は適用されないということになる。本文引用の事件の第1審判決（福島地判平成18年10月25日刑集62巻2号63頁）は、家庭裁判所との信任関係を問題とし、後見人の「地位は被後見人自身との間の信任関係に基づくというよりも、家庭裁判所との信任関係に基づくというべきである」。後見人は、「被後見人との間の信任関係に代わるものとしての家庭裁判所との間の信任関係を裏切って横領行為に及んだものであるから、家庭裁判所という親族でない第三者を巻き込んだことが明らかな本件犯行について、『法は家庭に入らず』との考えに基づき親族相盗例を適用して刑罰権の行使を差し控えるべき余地はないというべきである」と判示し、244条（255条）の適用を否定した。また、家庭裁判所により叔母Cの成年後見人に指定されていたWが、Cの預貯金計1800万円を着服したという事案に関して、仙台高秋田支判平成19年2月8日判タ1236号104頁も、「被害者との間に親族関係が存在したとしても、親族関係の想定できない家庭裁判所との間で上記のような委託信任関係が形成されている以上、これに違背して行われた犯罪について親族相盗例の準用はあり得ないと解するのが相当である」と判示し、244条（255条）の適用を否定した。

[35] 成年後見人による横領につき同様に、最決平成24年10月9日刑集66巻10号981頁。なお、「任意後見契約に関する法律に基づく任意後見人にも本決定が当然に及ぶものとはいえ」ず、「未成年後見ではなく養子縁組により養親となった者が養子の財産を費消する場合も問題となる」として、立法的手当ての必要性を指摘するのは、西田・各論7版251頁。

第23講　財産に対する罪9（背任罪）

I　背任罪

（1）背任罪とは任務に背く犯罪である。そして、背任罪も財産犯の1つであるから、任務に背いただけではなく、その結果、財産的損害が発生することが必要である。では、どのような任務に背き、誰に財産的損害が発生することがその要件とされているのだろうか。まず、背任罪の条文を確認することからはじめよう。

247条は、「他人のためにその事務を処理する者が、自己若しくは第三者の利益を図り又は本人に損害を加える目的で、その任務に背く行為をし、本人に財産上の損害を加えたときは、5年以下の拘禁刑〔懲役〕又は50万円以下の罰金に処する」と規定する。

条文自体長く、わかりづらいと思った人は少なくないだろう。条文の最初に出てくる「他人」、真ん中あたりに2か所に出てくる「本人」とは同じ人を指しており、この3か所を、たとえば、「会社」と置き換えて条文を読むと、多少意味がわかってくるのではないだろうか。

置き換えてみよう。「会社のためにその事務を処理する者が、自己若しくは第三者の利益を図り又は会社に損害を加える目的で、その任務に背く行為をし、会社に財産上の損害を加えたときは……」となる。

社会の中で会社（企業）組織（法人）が発展し、その社会的な意義が増大したことが、組織の対内的関係における財産侵害行為（背任行為）を処罰することになった重要な背景事情であるといえよう。1880年（明治13年）制定の旧刑法にはなかった犯罪類型であり、人の物を盗る、奪い取る、だまし取るといった窃盗・強盗・詐欺などの古典的な財産犯とはその性格を大きく異にしている[1]。背任罪が、被害者の財産状態全体の価値の減少を「損害」としてとらえ、その損害発生を犯罪成立要件とする「全体財産に対する罪」[2]であるという点でも、個別財産に対する罪である他の財産犯と異なっており、背任罪の1つの特徴をなしている。背任罪が適用される場合を単純化すれば、会社の従業員が、その会社の服務規程に違反して、会社に財産的損害を与える、ということになる。背任行為として、たとえば、銀行など金融機関の役職員・融資担当者が、回収する見込みのないのに十分な担保

---

[1] 平川・各論389頁以下は次のように説明する。すなわち、「背任罪は、比較的新しい財産犯類型である。それは、資本主義市場経済が発達し、分業形態による組織的経済活動が一般化するのに伴って、そこにおける事務の委託の安全を保護するために生まれてきた犯罪類型のように思われる。すなわち、資本主義市場経済が発達すると、財産を大規模かつ高度に利用・運用して効率的な経済活動を行うためには、会社組織や各種の代理・代行機関を利用するなどして、他人を自己の分身・手足・頭脳として利用として財産の管理・処分にかかわらせ、組織的な経済活動を行わざるをえなくなる。しかし、そうすると、その者が信頼に反して不正行為を行い、かえって財産的損害を被るおそれが生じる。そこで、このような行為を刑法で処罰し、財産の保護をはかるために生まれてきたのが背任罪であると考えられる」。「背任罪は、組織的な財産運用の場における信頼違反行為による財産侵害を罰するものであり、その本質は内部的信頼関係の破壊にある」と説明する。確かに、背任罪の成立を「組織的な財産運用の場における信頼違反行為による財産侵害」だけに限定するとすれば、それは（条文上）狭すぎるが、背任罪の中心部分の説明としては適切であると思われる。

[2] 第21講注7参照。

や保証を提供させずに貸付を行う不良貸付（不正融資）がある。バブル経済期には十分な担保をとらずに融資がなされたこともあり、バブル崩壊の際の経営破綻により多くの不良債権の発生をもたらし、それを処理する過程で、経営者・銀行の役職員らの民事責任の追及、背任罪などの刑事責任の追及が行われた[3]。法令や定款に違反して虚偽の決算を行い、利益がないのにあったように仮装して株主に利益配当をしたり（違法配当、蛸配当）、役員賞与を支給したりする粉飾決済などが背任罪に問われることもある。

（2）背任罪の成立要件

背任罪の成立要件は、（i）他人の事務処理者、（ii）図利・加害目的、（iii）任務違背行為、（iv）財産上の損害である。

（i）背任罪は、誰でも犯せる犯罪ではなく、「他人のためにその事務を処理する者」にその主体が限定されている身分犯[4]である。「他人」は事務処理を委託する者であり、前述のように、法人（企業）[5]の場合が重要であるが、自然人（個人）もこれにあたりうる。背任罪は、厳密にいえば、組織（企業）内での対内的財産侵害行為だけにその適用が限定されるわけではない。その範囲は、この「他人のためにその事務を処理する者」がどこまで認められるかにかかっている。「事務」は財産上の事務に限定されるというのが通説である。

【事例1】　Xは、Aとの間で、自己所有の甲不動産につき極度額20万円とする根抵当権[6]設定契約を締結し、Aに抵当権設定登記に必要な書類を交付した。しかし、Xは、Aがまだその登記を完了する前に、そのことを知りながら、自己の営業資金を得るためにBから20万円借り受け、甲不動産につきBを第1順位とする極度額20万円の根抵当権設定契約を締結し、これを登記した。その結果、Aの抵当権は後順位の抵当権となった。

背任罪の事務処理者にあたりうるのか否かが古くから争われてきたのが、事例1のXのような二重抵当をした者である。前回横領罪のところで二重売買を扱ったが、判例は、二重売買は横領罪、二重抵当は背任罪が成立す

---

[3] 北海道拓殖銀行事件（最決平成21年11月9日刑集63巻9号1117頁）もその1つである。それは、銀行頭取らが実質倒産状態に陥っている企業グループに対して、実質無担保で融資を継続したという特別背任事件である。

[4] 65条1項の構成的身分犯である。会社の取締役、執行役などの身分を有する者が、背任罪を犯した場合、刑が加重される（特別背任罪・会社法960条）。特別背任罪の刑は、10年以下の拘禁刑〔懲役〕もしくは1000万円以下の罰金、またはこれらが併科される。

[5] 法人には、法人格なき社団も含み、国、地方公共団体も含む。

[6] 特定の継続的取引契約等から生ずる多数の債権につき、あらかじめ一定の限度額（極度額）を定めておき、その限度において、将来確定する債権額を担保する抵当権を根抵当権といい、民法398条の2〜398条の22で規定されている。普通の抵当権は特定の債権を担保し、債務の弁済によりその抵当権も消滅する。したがって、普通の抵当権であれば新たな債権に関してはその都度新たな抵当権を設定しなければならないところ、根抵当権は、継続的取引関係がある場合に、限度額を定め特定債権ごとに担保権の設定をしなくてよいものとして考えられた。

るとの立場をとっている。

　事例1のような事案において、判例7・通説は、Xは他人（A）のために抵当権の登記手続をするという事務の一部を処理する者であると考え、Xは自己の資金調達上の利益を図る目的で、その任務に背いて、登記に必要な書類をAに渡さず、または、渡していてもBの登記を先にすることによりAの抵当権を後順位のものとし、Aの抵当権の価値を減少させ、その財産上の損害を生じさせたとしてXに背任罪の成立を認める。

　物の売買契約をした場合、一方はその代金を支払い、他方は物の引き渡しをする義務を負う。しかし、この場合の双方が行うべきことは、契約当事者の合意として自ら行うべき「自己の」事務であって、「他人の」事務ではないから、一方がその義務を履行しなかった（たとえば、物を受け取ったのに支払いをしない）場合、247条の「他人の事務処理者」の要件にあたらず、背任罪は成立しない。もしこの場合に背任罪の成立を認めるとすれば、民事上の債務不履行一般を刑法上「犯罪」とすることにもなってしまいかねない。しかし、債務不履行が背任罪にあたらないということは異論のないところである。二重抵当の場合に背任罪成立に消極的な見解は、二重抵当の場合をこの債務不履行と同じように考え、事例1のXの事務は、「他人（A）のための」事務ではあっても、「他人（A）の」事務ではなく、自己（X）の事務であり、したがって、Xは247条の「他人の事務処理者」にあたらず、背任罪は成立しないと主張する。このような消極説の指摘はもっともな面もあるが、他人の財産を擁護すべき信任関係がある場合には、「他人のためにその事務を処理する者」と認めてよいように思われ8、判例・通説の結論（二重抵当の場合、背任罪成立）を支持しうるように思われる9。

　（ⅱ）背任罪の成立には、「自己若しくは第三者の利益を図」る目的（図利目的）、または、「本人に損害を加える目的」（加害目的）という主観的要件を充たさなければならない（目的犯）。2つの目的の性格は同じではなく、前者の図利目的は背任罪を利欲犯的性格のものとして特徴づけるのに対して、後者の加害目的での行為は毀棄罪的性格をもつものである。

　判例は、（ア）事務処理者が本人図利目的で（本人の利益のために）行為した場合には背任罪の成立を否定し10、（イ）本人図利目的と自己・第三者図利目的が併存する場合には、この2つの目的の主従により判断す

<hr />

7　最判昭和31年12月7日刑集10巻12号1592頁（「抵当権設定者はその登記に関し、これを完了するまでは、抵当権者に協力する任務を有するということはいうまでもないところであり、右任務は主として他人である抵当権者のために負うものといわなければならない」）。この事案で、弁護人は、Aの抵当権が第2順位に落ちても、抵当物件の価格が十分であれば、Aに財産上の損害は生じない旨主張して争ったが、この財産的損害に関して、最高裁は、「抵当権の順位は当該抵当物件の価額から、どの抵当権が優先して弁済を受けるかの財産上の利益に関する問題であるから、本件被告人の所為たるAの1番抵当権を、後順位の2番抵当権たらしめたことは、既に刑法247条の損害に該当するものといわなければならない」と判示した。

8　参照、塩見淳「背任罪」法学教室297号52頁（2005年）。

9　近時、背任罪の事務処理者にあたるかどうかが争われたものとして、最決平成15年3月18日刑集57巻3号356頁がある。これは、株式を担保としてこれに質権を設定した者が、株券を質権者に交付した後、裁判所を欺罔して除権判決を得てこれを失効させたという事案に関して、最高裁は、「株式を目的とする質権の設定者は、株券を質権者に交付した後であっても、融資金の返済があるまでは、当該株式の担保価値を保全すべき任務を負い、これには、除権判決を得て当該株券を失効させてはならないという不作為を内容とする任務も当然含まれる。そして、この担保価値保全の任務は、他人である質権者のために負うものと解される」と判示して、背任罪の成立を認めた。

10　大判大正3年10月16日刑録20輯1867頁など。

る[11]。そして、（ウ）「背任罪における図利加害目的を肯定するためには、図利加害の点につき、必ずしも……意欲ないし積極的認容までは要しないものと解するのが相当であ」るとする[12]。このような判例の立場は消極的動機説といわれる。消極的動機説とは、当該任務違背行為が本人の利益を図る目的の場合には背任罪の目的の要件を充たさないが、それ以外の場合にはその目的の要件を充たすと考える立場であり、本人図利目的が認められない場合には図利・加害目的は未必的なもので足りるとする。

これに対して、背任罪は故意犯であるから、背任罪の故意が認められるためには、構成要件要素である「財産上の損害を加え」ることの認識が必要であるところ、消極的動機説のいうように、上記②の場合に加害の認識（予見）の存在により本罪の「目的」の要件も充たすとするならば、背任罪の故意があれば同時に「加害目的」も肯定されることになり、故意と別個の主観的要件として加害目的を規定した意味が失われてしまい妥当でないとし、図利・加害の事実について意欲を必要とする見解（積極的動機説）も有力である[13]。両説の対立は、本人図利の動機も、自己・第三者図利の動機も（決定的には）認められない②の場合に、加害の認識・予見という背任罪の故意のみをもって背任罪の目的を認めることの是非にある。消極的動機説は、本人の利益を図る目的ではなく行われ、その結果本人に財産的損害を生じさせた場合、その任務違背行為を正当視する理由はないということであろう。しかし、条文の文言とは整合せず、理論的には、積極的動機説が妥当であるように思われる。

なお、図利目的には、面目・信用の維持、保身などの非財産的利益も含まれる。

（ⅲ）任務違背行為（「その任務に背く行為」）は、誠実な事務処理者としてなすべきものと法的に期待されるところに反する行為をいう。法令、通達、定款、内規、契約等に照らして、任務・職務に反するものかどうかが判断される。貸付や債務保証などの法律行為だけでなく、財物の保管を委託された者による財物の毀損行為、企業秘密の管理者による秘密漏示行為、コンピュータ・プログラムの不正入力など事実行為も任務違背行為にあたりうる。財産的損害を生ぜしめる性質のものである必要がある。

（ⅳ）背任罪は任務違背の結果「本人の財産上の損害を加えた」ことが必要である。全体財産に対する罪であ

11 大判昭和7年9月12日刑集11巻1317頁、最決昭和35年8月12日刑集14巻10号1360頁など。
12 最決昭和63年11月21日刑集42巻9号1251頁。
13 斎藤・各論4版192頁以下、佐伯仁志「背任罪」法学教室378号107頁以下（2012年）。

る背任罪において、本人の「全体財産」（プラス・マイナスをした後で残っている財産）が減少することを要し、それは積極的損害（既存財産の減少）でも、消極的損害（得べかりし利益の損失）でもよい。

　最決昭和58年5月24日刑集37巻4号437頁は、信用保証協会の支所長Xが、保証先の企業Yが多額の負債を抱え、倒産寸前であることを知りながら、担保をとらずに債務保証を認めたという事案において、「本人に財産上の損害を加えたとき」とは、「経済的見地において本人の財産状態を評価し、被告人の行為によって、本人の財産の価値が減少したとき又は増加すべかりし価値が増加しなかったときをいうと解すべきである」ところ、Xが「同協会をしてYの債務を保証させたときは、同人の債務がいまだ不履行の段階に至らず、したがって同協会の財産に、代位弁済による現実の損失がいまだ生じていないとしても、経済的見地においては、同協会の財産的価値は減少したものと評価されるから」、本人に財産上の損害を加えたときにあたると判示した。甲が返済能力のない乙に無担保で500万円貸し付けた場合、甲は500万円の債権を取得するから法律的にはこの貸付けにより損害はないとみうる。しかし、乙から回収の見込みがなく、また担保もないことから、経済的にみれば、乙への貸付けの時点で損害はすでに発生しているといえる。この債権を譲渡しようとしても、回収の見込みのない債権には買い手がつかないか、500万円よりも相当に価値が低くなるであろう。つまり、経済的には（不良）貸付けの時点で損害が発生している（背任罪は既遂になる）のである。上記引用の判例はこのことを認めたものであり、妥当である。

　（ⅴ）背任罪は「他人のためにその事務を処理する者」を主体とする身分犯であるが、65条1項により非身分者も共犯として加功しうる。たとえば、不正融資が背任罪にあたる場合、融資の相手方はその共犯になりうる。ただ、融資の相手方はその資金繰りに困っているなど、融資をする事務処理者とは異なる経済状況に置かれており、担保の評価などについても異なる認識をもちうるから、そのような対向的関係にある者を共犯者としてその罪責を問うことは慎重であるべきであり、不正融資（の決定）に強く影響を及ぼした場合（積極的な関与）、実質的に事務処理側の者といえるような場合（利害関係の共通性）などの事情が必要であろう[14]。

Ⅱ　横領罪と背任罪の関係

　古くから、横領罪と背任罪の関係が議論されてきた。両罪の成立が競合しうる場合があるからである。もっとも、「他人のためにその事務を処理する者」にあたらない者が、「自己の占有する他人の物」を不法に処分したとしても、主体の点で背任罪の成立要件を充たさないから、横領罪の成否しか問題にならない。そして、権利など財物以外のものを不法に侵害したとしても、「物」のみを客体とする横領罪は成立しえず、背任罪の成否のみを検討するほかない。事例1の二重抵当の場合、Xは、先に抵当権設定契約をしたAよりもBの抵当権の登記を先

---

[14] 参照、東京地判平成12年5月12日判タ1064号254頁（高峰リゾート開発事件）、最決平成15年2月18日刑集57巻2号161頁（住専事件）、最決平成20年5月19日刑集62巻6号1623頁（石川銀行事件）など。

に行い、そのことによりＡの抵当権を後順位のものとし、Ａの抵当権の価値を減少させているが、抵当権（権利）は「物」ではない[15]から、横領罪は成立しえず、背任罪の成否のみが問題になる。それに対して、「他人のためにその事務を処理する者」が、「自己の占有する他人の物」を不法に処分した場合、横領罪が成立するか、背任罪が成立するのか、両罪の競合、その関係が問題になりうる。

判例は、第三者への貸付け等が「本人の名義・計算」で行われれば背任罪、「自己の名義・計算」で行われれば横領罪としていると分析されてきた。これは、横領罪と背任罪は法条競合の関係に立ち、横領罪の方が重く[16]、横領罪が優先的に成立すると考えたうえで、不法領得の意思の発現が横領行為であると考える領得行為説[17]から、不法領得の意思の発現が認められれば横領罪が成立し、これが否定された場合に、背任罪の成否が問題になる、と説明できる[18]。すなわち、自己の利益を図ったときには、不法領得の意思の発現（横領行為あり）といえ、横領罪が成立する。これに対して、もっぱら本人の利益を図ったときには、不法領得の意思が認められず、横領罪は成立せず、かつ、図利加害目的も否定され、背任罪も成立しないことになる。金融機関による融資・債務保証など、第三者の利益の処分を図る場合、その処分が「本人（＝金融機関など事務の委託者）の名義・計算で」行われている場合、すなわち、本人の事務処理として行われているのであれば、その経済的効果は反対債権の取得等により本人に帰属するから領得行為（不法領得の意思の発現）とは認められないということになる。それに対して、「自己（＝行為者）の名義・計算」で行われる場合にはその物を自己に領得したと考えられる。たとえば、村の収入役が自己の保管する公金を村の名義でなく第三者に貸し付けた場合、業務上横領罪が成立する[19]のに対して、村長が自己の保管する公金を村の計算で第三者に貸し付けた場合には背任罪が成立する[20]。ただし、行為者または本人に厳禁されている処分は、基本的に、横領罪となる。たとえば、名目的には本人の名義による貸付であっても、正規の貸付手続を踏まず帳簿に記載することもなく貸し付けた場合[21]、信用組合の支店長が成績向上のため特別の預金謝礼金を支払い、その不足分を補填するため組合員への架空貸付によりプールした金銭を高利で員外貸付した場合[22]、横領罪の成立が認められている。

---

[15] 抵当権のつけられる不動産（土地・建物）は「物」であるが、この不動産は行為者の所有物であるから、この不動産は、行為者にとって「自己の占有する自己の物」であり、やはり横領罪は問題にならない。二重抵当の場合、不動産の（所有権）侵害ではなく、担保権の価値の毀損が問題になっているのである。

[16] 特別背任罪の法定刑が引き上げられたことにより（前述、注4参照）、業務上横領罪より特別背任罪の方が重いという見方もあり、この点は議論がありうる。

[17] これに対して、横領行為についての越権行為説から、一般的権限の逸脱が横領罪、一般的権限の濫用が背任罪であると論じられる。越権行為説に対する疑問のほか、二重抵当の場合や、会社の企業秘密の漏示のように、明らかな権限逸脱も背任罪になるとするならば（これらは物の領得ではないから横領罪は問題となりえない）、一般的に妥当する区別たりえないとも批判されている。また、背任罪における権限濫用説についても、処罰範囲が狭くなりすぎ妥当でないということのほか、刑法247条の背任罪と会社法960条の特別背任罪を主体の点を除いて同じであると解する場合、「会社法の特別背任罪の主体に監査役や会計参与が含まれているので……権限濫用説はとれない」（佐伯・前掲注⑶法学教室378号102頁）とも批判されている。

[18] 参照、斎藤信治・百選Ⅱ4版116頁。

[19] 大判昭和10年7月3日刑集14巻745頁。

[20] 大判昭和9年7月19日刑集13巻983頁。

[21] 広島高岡山支判昭和28年6月25日高刑集6巻12号1631頁。

[22] 最判昭和33年10月10日刑集12巻14号3246頁。

【横領罪と背任罪の区別】

```
┌─ 自己のための費消                              ⇨ 横領罪（不法領得の意思の発現）
│
│
├─ 第三者の利益を図る ─┬─ 自己の名義・計算 ⇨ 横領罪（不法領得の意思の発現）
│                     │
│                     │
│                     └─ 本人の名義・計算 ⇨ 背任罪（本人の事務処理であり、経済的
│                                            効果が反対債権等の取得により本人に帰
│                                            属し、原則的に領得行為と認められない）
│                                         ⇔ ただし、貸付権限がまったくないよう
│                                            な場合は横領罪。
│
│
└─ 本人のための処分                              ⇨ 無罪（不法領得の意思はなく、図利加害
                                                  目的もない）
```

第24講　財産に対する罪10（盗品関与罪・毀棄隠匿罪）

I　盗品関与罪（256条）

　盗品関与罪は間接領得罪といわれ、窃盗罪などにより得られた物を情を知りつつ譲り受けるなど、事後的にその処分にかかわる行為を処罰する点において、ほかの財産犯と比べて、特殊な財産犯である。盗品関与罪が問題となる場面では、窃盗などの罪を本犯、窃盗犯人などを本犯者という。

　256条1項は、「盗品その他財産に対する罪に当たる行為によって領得された物を無償で譲り受けた者は、3年以下の拘禁刑〔懲役〕に処する」と規定し、2項は、「前項に規定する物を運搬し、保管し、若しくは有償で譲り受け、又はその有償の処分のあっせんをした者は、10年以下の拘禁刑〔懲役〕及び50万円以下の罰金に処する[1]」と規定する[2]。その成立要件は、客体（「盗品その他財産に対する罪に当たる行為によって領得された物」）と実行行為（無償譲受け、運搬、保管、有償譲受け、有償処分のあっせん）からなる。次の事例をもとに、盗品関与罪の成立要件を整理しよう。

> 【事例1】　Xが、Yに対して、「Aのところに純金製の彫刻がある。それを盗んでくれば高値で買いとってやるが、どうだ、やるか。」と誘ったところ、Yはこの話に乗り、後日、Aのところからその彫刻を盗み出し、ただ、そのままでは足がつくと考え、これを溶解し金塊にしたうえで、Xのところへもっていき、100万円で買い取ってもらった。その後、Xは、この金塊の買い手が見つかるまで、Xの実母Zのところで預かってもらおうと考え、Zのところに持参した。Zは、Xの態度と普段の素行から考えて、この金塊はことによると盗品かもしれないと思ったが、息子の頼みであるので、それを家で保管した。

　（1）256条の客体は、「盗品」とか「盗品等」と略記されるが、条文のまま記載すれば、「財産に対する罪に当たる行為によって領得された物」である。「財産に対する罪に当たる行為」によって領得された物でなければならないから、収賄、偽造、賭博、密漁、密輸等、財産犯以外の罪によって得られた物は256条の客体にあたらない。たとえば、Bは、賄賂として収受した物品を、贈収賄のことが週刊誌等で取りあげられはじめたことから、

---

[1]　必要的併科である。本罪の営利的性格に着目したものである。

[2]　1995年（平成7年）の刑法の一部改正（刑法の平易化の改正）までは、臓物罪（贓物罪〔ぞうぶつざい〕）といわれ、（1項）「臓物ヲ収受シタル者ハ三年以下ノ懲役ニ処ス」、（2項）「臓物ノ運搬、寄蔵、故買又ハ牙保ヲ為シタル者ハ十年以下ノ懲役及ヒ五十万円以下ノ罰金ニ処ス」と規定しており、難解な語句で、多くの人にとって理解の難しい条文の代表例であった。なお、盗品関与罪には未遂処罰規定がないが、これにつき、団藤・各論3版666頁は、「処罰の範囲が不当にせばめられているとおもう。立法論としては再考を要する」と指摘する。

証拠として発見されないようにCに事情を話して保管してもらったという場合、Cに盗品保管罪は成立しない[3]。財産に対する罪に「当たる行為」であれば足りる。本犯たる「財産犯」は、構成要件に該当し違法な行為であればよく、有責な行為である必要はないから、責任無能力者が窃取した物も「盗品」にあたる[4]。本犯者が親族相盗例により刑を免除された場合[5]、本犯の公訴時効が完成した場合[6]も、「盗品」たることを失わない。客体は財産犯によって「領得された物」であるから本犯が既遂に達していることを要し、たとえば、本犯者の窃盗実行前に、事前に窃取予定の物の売却等のあっせんをする場合、盗品等有償処分のあっせんではなく、窃盗罪の従犯となる[7]。

　事例1の「純金製の彫刻」は、Yが窃取し、Yの行為は窃盗罪にあたるものであるから、「盗品その他財産に対する罪に当たる行為によって領得された物」である。問題となるのは、Yがそれを溶解し金塊にしたうえでをXに買い取ってもらったことである。盗品関与罪が成立するためには、「盗品」の同一性が維持されていなければならない。たとえば、窃取した金銭をもらえば盗品等無償譲受けにあたるが、その金銭でお寿司をご馳走してもらった場合、このお寿司は「盗品」ではない[8]。民法246条の加工によって加工者が所有権を取得した場合には[9]盗品性は失われるとされる[10]。本犯者やその関係者が、盗品に手を加えてそれを処分しようとすることは往々にしてあり、これまでも問題になってきた。判例は、強取または窃取した金属類の原形を変更して金塊にした場合、なお加工により所有権を取得する場合ではなく、被害者は所有権を失わないとし[11]、窃取したアルミ製弁当

---

[3] 1995年の改正前には、贓物罪を「犯罪に因って違法に成立せしめられたる財産状態を維持存続せしめることを内容とする犯罪である」と理解し（違法状態維持説）、「贓物」は「財産侵害を内容とする犯罪に因り取得せられたる物たることを以つて足」り、「必ずしも所謂財産罪に因つて取得せられたるものたるに限ら」れず、たとえば、「狩猟法違反行為・漁業法違反行為等に因りて取得せられたる物をも含む」（木村亀二『刑法各論』166頁［法文社、1957年］）と主張する見解もあった。1995年改正により、本罪の客体に関してこのような見解は退けられた。なお、この見解からも、「犯罪に因つて取得せられた物たることを要するが故に、犯罪の手段として用ひられたる物例へば賄賂、及び、犯罪に因つて作成せられたる物例へば偽造文書、は贓物ではない」とされていた（木村・前掲166頁）。参照、また、木村亀二『全訂新刑法読本』108頁以下（法文社、1967年）。

[4] 本犯が日本国籍を有しない者により外国で行われ、わが国の財産犯規定が適用されない（国外犯処罰規定がない）場合において、その盗品等がわが国に持ち込まれ、情を知る者が買い取った場合、国際的な取締りの必要性という見地から積極に解する見解と、消極に解する見解が対立している。

[5] 大判大正5年7月13日刑録22輯1267頁。

[6] 大判明治42年4月15日刑録15輯435頁。

[7] 最決昭和35年12月13日刑集14巻13号1929頁。

[8] 横領した紙幣を両替して得られた金銭はなお「盗品」であるとされ（大判大正2年3月25日刑録19輯374頁）、詐取した小切手を現金化して得られた金銭は「盗品」であるとされる（大判大正11年2月28日刑集1巻82頁）。後者については、換金行為自体が詐欺罪にあたり、それゆえに盗品性が肯定されるとの考え方もある。盗品関与罪の客体が、盗品、すなわち、盗まれたりした被害物件そのものに限定されていることについて、「被害物件が形を変えれば、それが実質的に利益として存続していても、成立を認めることができず、犯罪対策として不十分なところがある」（中森・各論4版164頁注120）との指摘もある。

[9] 民法246条1項は、「他人の動産に工作を加えた者……があるときは、その加工物の所有権は、材料の所有者に帰属する。ただし、工作によって生じた価格が材料の価格を著しく超えるときは、加工者がその加工物の所有権を取得する」と規定する。加工によって損失を受けた者は不当利得の求償ができる（民法248条）。

[10] 追求権説（後述）によれば、追求権とは基本的には所有権に基づく返還請求権（物権的返還請求権）を意味し、「盗品等」は被害者が法律上追求できる（返還請求できる）ものをいい、被害者が追求権を喪失すれば「盗品性」も失われる。民法192条（即時取得）によって第三者が所有権を取得したときは、その物の盗品性が失われ、情を知る者がその後にこれを買い受けても盗品等有償譲受け罪は成立しない。なお、後述、注26も参照。

[11] 大判大正4年6月2日刑録21輯721頁。

箱および鉛管等をつぶしまたは溶解し、金属の塊にした場合[12]、窃取した金属の合金に火力を加へて金銀塊にした場合[13]、盗品性は失われないとしている。判例上、加工や付合により加工者に所有権が認められた例はみられない。これらの判例に照らせば、事例1のように、純金製の彫刻を溶解して金塊にしたとしても、その盗品性は失われない。したがって、Yからそれを買い取ったXには、盗品等有償譲受け罪が成立する。

（2）盗品関与罪の実行行為は、①無償譲受け（256条1項）、②運搬、③保管、④有償譲受け、⑤有償処分のあっせん（256条2項）である。

無償・有償譲受けの場合、「譲り受けた」ことが要件となっているから、約束（契約の成立）だけでは足りず、実際に盗品が移転したことが必要である。無償譲受けは、他人の犯罪による利益にあずかるにすぎない行為であるから、他の行為態様に比して刑が軽い（256条1項）。

運搬は「委託を受けて」盗品を場所的に移転させることをいい、保管は「委託を受けて」盗品を保管することをいう。いずれも有償・無償を問わない。

有償処分のあっせんは、売買・質入れなど「有償の処分」をあっせんすることを要するが、あっせん行為それ自体が有償である（あっせんしたことの対価を得る）必要はない。判例は、あっせん行為が行われれば盗品等有償処分あっせん罪が成立し、盗品の移転や契約の必要もないとする[14]。

Xは金塊を買い取っているので、Xの行為が盗品等有償譲受けにあたり、Zの行為は盗品の保管にあたるが、Zの主観面に関して検討しておく点がある。

（3）盗品関与罪は故意犯であるから、盗品関与行為を行う時点でその客体が盗品であることを知っていなければならない（盗品性の認識）。ただ、盗品保管罪の場合、当初盗品であることを知らずに保管をはじめたが、後に情を知る（盗品であることを知る）に至った場合には、その知情以降本犯のためにその保管を継続するときは盗品保管罪が成立する[15]。盗品性の認識は未必的なもので足り[16]、何らかの財産罪によって領得されたものであることを認識していればよく、本犯の被害者が誰であるかを知っている必要はない。

---

12 大判大正5年11月6日刑録22輯1664頁。

13 大判大正11年4月28日刑集1巻307頁。また、大判大正13年1月30日刑集3巻38頁は、盗伐した木材を製材し搬出した場合も盗品性は失われないとした。

14 最判昭和23年11月9日刑集2巻12号1504頁、最判昭和26年1月30日刑集5巻1号117頁（有償処分のあっせんが処罰されるのは「これにより被害者の返還請求権の行使を困難ならしめるばかりでなく、一般に強窃盗の如き犯罪を助成し誘発せしめる危険があるからである」）。これに対し、契約を要すべきであるとする見解や、盗品関与罪の他の行為態様の場合と同様に、物の移転を要すべきあるとする見解もある。

15 最決昭和50年6月12日刑集29巻6号365頁。これに対して、「保管」は、単なる占有の保持ではなく、寄託（占有取得）とその保持から成り立ち、構成要件行為である寄託（占有取得）時に盗品性の認識がなければならないとする見解もある。なお、知情の結果、警察への通報または被害者への返還に要する一定期間の盗品の保管は盗品保管罪を構成しない。

16 最判昭和23年3月16日刑集2巻3号227頁。

（4）他罪との関係について確認しておこう。

（ⅰ）本犯者には盗品関与罪は成立しない[17]。本犯者による盗品の処分は不可罰的事後行為である。したがって、事例1のYには窃盗罪は成立するが、盗品関与罪は成立しない。

（ⅱ）本犯の共犯行為と盗品関与罪は併合罪であるというのが確立した判例である。盗品関与罪の本犯助長的性格から本犯の共犯を超えた不法があると考えられるからである。事例1の場合でいうと、Yは、窃盗の教唆犯と盗品等有償譲受罪が成立し、両罪は併合罪となる[18]。

（ⅲ）横領罪の本犯者XからYが事情を知って目的物（動産）を買い受ける場合、判例は、Yの買受けの意思表示をまたず、Xの売却の意思表示によりXの横領罪は既遂になり、したがって、その時点でその目的物は盗品等になるから、Yの買受け行為は、横領罪の共犯ではなく、盗品等有償譲受け罪となるとする[19]。不動産の二重売買のケースにおいてその既遂時期が登記時であると解する場合、背信的悪意者である第2買主Yは横領罪の共同正犯となるとするのが一般である[20]。それに対して、動産の場合と同様に二重売買の意思表示で横領罪が成立すると解するならば、Yには横領罪の教唆犯と盗品等譲受け罪が成立し、併合罪となる。

（ⅳ）本犯者から依頼されて盗品を保管していた者が保管中にその物を勝手に処分した場合、盗品保管罪のほかに、横領罪は成立するか。本犯者に対する関係では、本犯者はその物の所有者ではないから横領罪は成立しえず、本犯の被害者（所有者）に対する関係では、委託信任関係がなく[21]、また、追求権侵害は盗品関与罪で評価済みであり、やはり横領罪は成立しえない。盗品の有償処分のあっせんをした者が、そのあっせんによって得た金員を費消した場合も同様に解されよう[22]。

（5）事例1の検討として、最後に、盗品関与罪に関する親族間の特例についても検討する必要がある。257条1項は、「配偶者との間又は直系血族、同居の親族若しくはこれらの者の配偶者との間で前条の罪〔盗品関与罪〕を犯した者は、その刑を免除する」と規定する。この規定の場合に、誰と誰の間に所定の親族関係が必要なのかが問題になる。244条の場合には窃盗犯人と所有者・占有者との間に所定の親族関係が必要であった。しかし、257条は、244条のように「法は家庭に入らず」（問題の解決を家庭内の自律的解決に委ねる）という趣旨から設けられたものではなく、事後共犯的な性格から一定の親族間でなされる盗品の保管・処分等については期待可能性が減少するとの考えに基づくものであり、犯人蔵匿罪の親族間の特例（105条）と同趣旨の規定であ

---

17 本犯者は本罪の主体から除かれる。

18 牽連犯とする見解もあり、また、本犯の共犯者には盗品関与罪は成立しないとするのは、西田・各論7版298頁。

19 大判大正2年6月12日刑録19輯714頁。

20 第22講Ⅰ（3）（ⅰ）参照。

21 せいぜい占有離脱物横領罪であり、盗品関与罪と包括一罪（共罰的事後行為）となる。

22 積極に解するは、最判昭和36年10月10日刑集15巻9号1580頁。保管中の盗品を横領した場合に消極に解するのは、大判大正11年7月12日刑集1巻393頁。

る[23]。たとえば、息子の盗んできた物を親が保管する場合である。親子の情から「それは心情的にやむをえない」と考えるわけである。したがって、本条の適用に必要な所定な親族関係は、被害者（所有者・占有者）と盗品関与罪の犯人の間ではなく、本犯者（窃盗犯人など）と盗品関与罪の犯人との間に必要である。たとえば、息子Xが盗んできた物を親Yが事情を知って保管するという場合である。事例1の場合には、本犯者Yと盗品等保管罪の成立するZの間に所定の親族関係があるのではなく、盗品等有償譲受け罪の成立するXと盗品等保管罪の成立するZの間（盗品等関与罪の犯人間）に所定の親族関係がある。このような場合に、257条を準用すべきかどうかは見解が対立しており、判例・通説はこれを否定する[24]。判例の立場からは、事例1のZは257条による刑の免除をされず、Zに盗品等保管罪が成立する。

Ⅱ　盗品関与罪が処罰される理由

　盗品関与罪が処罰される理由は、盗品が他の者に転々と移転していくことによって、被害者による被害物件の取戻しを阻害する（追求権の侵害）という点に求め、またそれを重視する見解が有力である[25]。しかし、追求権の侵害ということだけでは、（ア）なぜ256条2項が本犯たる窃盗罪・詐欺罪などよりも重く処罰されているのか（罰金併科の点で財産犯の本犯よりも重い）、（イ）なぜ256条1項が2項よりも軽く処罰されているのか、（ウ）なぜ追求を最も困難にする「毀棄行為」が盗品関与罪を構成しないのか、を十分に説明することができない[26]。追求権の侵害という観点も重要な観点であるが、それとともに、盗品を処分してやることにより、窃盗犯人（ほか財産犯の犯人またその予備軍）に「盗んでくれば、さばける（金になる）」等と思わせ、そのことが次の財産犯を誘発するということに盗品関与罪の犯罪性の重要な部分があると考えるべきであろう。たとえば、少年の万引きのケースを例にすると、（人気のある）漫画本やゲームソフトを（比較的高額で）買い取ってくれる所がある場合、自分がそれで楽しむというのではなく、小遣い稼ぎで万引きをし、そこへもっていき換金し、そして、また万引きし……というように買取り・換金ルートがあることが、次の万引きを引き起こす誘因になるの

[23]　257条は、詐欺罪・恐喝罪に関する251条、横領罪に関する255条のように、244条を準用するのではなく、244条とは別に、257条の規定を設けており、この点も、244条と同趣旨の規定と解すべきではない根拠となる。
[24]　最決昭和38年11月8日刑集17巻11号2357頁。これに対して、期待可能性の減少ということからすれば同様であるとして積極に解する見解もある。
[25]　判例も、本罪は「所有者の物に対する追求権の実行を困難ならしむるを本質とす」（大判大正11年7月12日［前掲注22］）と判示してきた。
[26]　西田・各論7版293頁は「追求権」について次のように説明する。「追求権は、通常は物権的返還請求権であると考えられるが、厳密にはそうであるとは限らない」。「被害者が詐欺・強迫による意思表示の取消しを行っていない段階で行為者が本犯者から買い受けた場合、買い受けた時点には所有権は本犯者にあるのだから、被害者に物権的返還請求権はない。しかし、これらの場合にも、盗品関与罪の成立を認めるべき以上、追求権とは、厳密な意味での物権的返還請求権に限るべきではなく、被害者が法律上有する追及可能性と解すべきである。判例も、追求権が物権的追求権である必要のないことを認めている」。また、中森・各論4版164頁以下も、「今日では、財物奪取罪も必ずしも法的な権利侵害を前提としないと解されているから、これに応じて、〔盗品関与〕罪における追求権も緩やかに理解される必要がある」。「追求権は、厳格な意味で民法上の所有権に基づく返還請求権である必要はなく、法的な追求可能性であれば足ると考えるべきである」とする。

である。盗品関与行為は本犯を助長・促進する性格を有しており、この点にかかる行為を強く禁圧する必要が認められる（職業的な窃盗犯に関していえば、盗品を処分するいわばブラックマーケット、裏の商品流通ルートの形成の阻止）[27]。

最決平成14年7月1日刑集56巻6号265頁は、Xが、A社から盗まれた多数の約束手形をA社関係者に売りつける（買い取らせる）ことを氏名不詳者から依頼され、盗難手形が出回れば会社は莫大な損害を受けるとか、取引先も多大な迷惑がかかるなどと告げて、盗難手形131通（額面合計約5億5000万円）を代金合計約8000万円と引換えに、A社従業員Bに交付して売却したという事案に関して、「盗品等の有償の処分のあっせんをする行為は、窃盗等の被害者を処分の相手方とする場合であっても、被害者による盗品等の正常な回復を困難にするばかりでなく、窃盗等の犯罪を助長し誘発するおそれのある行為であるから」、盗品等有償の処分のあっせんにあたると判示した。この事案のように被害者に盗品を買い取らせ、被害者にその物が戻っている場合に、追求権を厳格に解する立場からの追及権侵害は説明が難しいように思われる。盗品関与罪の成立を認めた最高裁決定は、追求権侵害[28]と並んで、本犯助長的性質を重視しているといえよう。

Ⅲ　毀棄隠匿罪

（1）「毀棄及び隠匿の罪」は、財物を毀棄・隠匿することにより財物の効用を滅失させ、その利用を妨げる罪である。

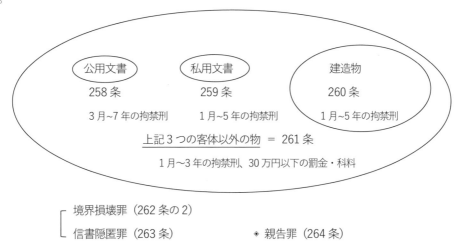

―　境界損壊罪（262条の2）
―　信書隠匿罪（263条）　　　　　　　◈　親告罪（264条）

---

27 古物を扱う店に盗品が持ち込まれることは当然に予想されることなので、古物営業法は、古物営業をする場合、売却者の確認等の義務づけ、不記帳罪や相手方不確認罪など、盗品等の売買の防止等を図るために各種規制を定めている。

28 この場合の「追求権」は、「特段の負担をすることなく追求できるという財産権の正常な回復」というように実質的に、もしくは緩やかに理解されている。

公用文書毀棄罪（258条）、私用文書毀棄罪（259条）、建造物等損壊罪（260条）、器物損壊罪（261条）、境界損壊罪（262条の2）、信書隠匿罪（263条）の各罪が規定されている。264条は、259条・261条・263条の罪について親告罪[29]とする旨の規定であり、この264条が現行刑法典の最後の規定となっている。

毀棄罪の基本となるのは258条から261条の4つの罪であるが、261条は、「前3条に規定するもののほか、他人の物を損壊し、又は傷害した者は、3年以下の拘禁刑〔懲役〕又は30万円以下の罰金若しくは科料に処する」と規定する。「前3条に規定するもの」とは、公用文書（258条）、私用文書（259条）、建造物等（260条）であり、これら以外の「物」はすべて261条の客体となる。前3条の物を別枠として重く処罰し、261条が、それらにあたらない残りの物すべてを受け皿的に客体としている。その結果、261条は器物損壊の一般的な規定となる。

258条の客体である「公務所[30]の用に供する文書」とは、公務所において使用し、または使用するため保管している文書をいう[31]。公文書偽造罪（155条）における「公文書」と異なり、作成者（作成名義）が公務員か私人かは問わない[32]。私人が作成した文書、つまり、私文書でも、たとえば、捜査のために警察署に保管してある文書は258条の「公用文書」である[33]。

259条の客体は「権利又は義務に関する他人の文書」である。権利・義務の存否・内容を証明するための文書であり、たとえば、債務証書、手形・小切手などがある。「他人の」文書とは、他人名義の文書ではなく、他人の所有する文書である。259条は、私文書偽造罪（159条）と異なり、「事実証明に関する文書」を客体としておらず、たとえば、履歴書、推薦状、紹介状などを毀棄した場合、「前3条に規定するもののほか」として器物損壊罪（261条）の客体になる。

260条の客体である「建造物」[34]とは、家屋その他これに類似する建築物をいい、屋根があって壁または柱により支持されて土地に定着し、少なくともその内部に人が出入りできるものをいう。建造物の骨格をなす柱・屋根・壁と結びついて容易に取り外せないもの（敷居・鴨居・瓦など）を損壊する場合には本罪が成立するのに対して、取り外し可能な窓ガラス、襖、障子、雨戸などを損壊したときは器物損壊罪にとどまる。建造物損壊罪になるのか、器物損壊罪になるのかにより、法定刑が異なり（建造物損壊罪は1月以上5年以下の拘禁刑〔懲役〕、

---

[29] 親告罪とは、告訴権者の告訴がなければ公訴（刑事裁判）を提起することのできない犯罪である。告訴とは、被害者等の告訴権者が捜査機関に対して犯罪事実を申告し、犯人の処罰を求める意思表示である。告訴権者や告訴期間については刑訴法230条以下に規定されている。被疑者を刑事裁判にかけるかどうかは検察官のみに与えられた権限である（刑訴法247条）が、親告罪は、告訴しない＝「被疑者を刑事裁判にかけない」という限りで告訴権者に訴追決定権を与えたものといえる。第11講Ⅲ（3）も参照。

[30] 7条2項は、「この法律において、『公務所』とは、官公庁その他公務員が職務を行う所をいう」と定義する。都道府県庁、市役所、その出張所など、公務員の働く場所が「公務所」である。

[31] 258条・259条は、文書とともに、電磁的記録（7条の2参照）も客体としている。

[32] 258条の「重点は公務所による文書の利用を害するところにあり、公務妨害の性質が強い。ただ、そうだとすれば、公務執行妨害罪（95条）と比べて刑が重く、均衡を失しているところがあろう」（中森・各論4版171頁）との指摘もある。なお、文書偽造罪について、第27講参照。

[33] 警察の取調べの過程で作成されつつあった参考人供述録取書について、最判昭和57年6月24日刑集36巻5号646頁。未完成文書でもすでに文書としての意味内容を備えていればよい。なお、この事案では警察官の取調方法に問題があった。

[34] 260条は「艦船」も客体としている。

器物損壊罪は1月以上3年以下の拘禁刑〔懲役〕または30万円以下の罰金・科料）、建造物損壊罪を犯し、その結果人を死傷させた場合には、結果的加重犯である建造物損壊致死傷罪（260条後段）に発展するのに対して、器物損壊罪の場合にはそのような結果的加重犯はない[35]。261条は親告罪であるが、260条は親告罪ではない。

　近時の判例において、マンションの玄関のドアを金属バットでたたいてへこませた行為が「建造物」の損壊にあたるのか、「器物」の損壊にとどまるのかが問題になったものがある。弁護人は、本件ドアは適切な工具を使用すれば容易に取り外しが可能であって、損壊しなければ取り外すことができないような状態にあったとはいえないから、器物損壊罪が成立するにすぎないと争った。しかし、最決平成19年3月20日刑集61巻2号66頁は、「建造物に取り付けられた物が建造物損壊罪の客体に当たるか否かは、当該物と建造物との接合の程度のほか、当該物の建造物における機能上の重要性をも総合考慮して決すべきものである」。「本件ドアは、住居の玄関ドアとして外壁と接続し、外界とのしゃ断、防犯、防風、防音等の重要な役割を果たしているから、建造物損壊罪の客体に当たる」と判示した。従来、建造物にあたるのか否かで重視されてきたのは、毀損しなければ取り外すことができないのかどうかという観点であった。しかし、この最高裁決定は、この観点を必ずしも決定的なものとはせず、接合の程度と機能上の重要性も考慮すべきであるとした。建築技術の進歩により、特殊な工具を用いれば建造物に組み込まれている部分も毀損せずに分断することが可能になってきたといわれており、判例の立場は是認できよう。もちろん、総合的な判断の明確化はなお必要である。

　（2）「毀棄」（258条、259条）、「損壊」（260条、261条、262条の2）は、物理的損壊に限らず、物の効用を害する一切の行為をいう（効用侵害説）。営業用のすき焼き鍋等に放尿するなどしてそれを使用できなくした行為について、大審院は、「条文に所謂毀棄若くは損壊とあるは単に物理的に器物其物の形体を変更又は滅尽せしむる場合のみならす事実上若くは感情上其物をして再ひ本来の目的の用に供すること能はさる状態に至らしめたる場合をも包含せしむるものと解釈するを相当とす」と判示した[36]。「損壊」という言葉は、「たたいてこなごなにする」など、物理的に毀損する場合をいい、汚物をかけられたとしても、きれいに洗って消毒すれば使えるのだから、それを「損壊」というのは言葉の意味の範囲を超えた類推解釈であるとの見解もある[37]。大審院は、物理的な毀損がなくてもその物の効用を侵害する場合には「損壊」といってよいと判断したのである。この判例の立場は現在も維持されており、通説もこれを支持している。効用を侵害すれば「損壊」にあたるから、物を隠匿する行為も「損壊」にあたる。たとえば、競売事件の記録を持ち出し隠す行為[38]、看板を取り去って隠す

---

[35] やや細かな点になるが、建造物損壊が組織的に行われた場合には、組織犯罪処罰法3条1項15号により刑が加重される（1月以上7年以下の拘禁刑〔懲役〕）が、器物損壊罪の場合はこの法律による加重はない。

[36] 大判明治42年4月16日刑録15輯452頁。

[37] 「損壊」は物を物質的に破壊・毀損した場合に限るべきだとするのは、曽根・各論5版199頁など。なお、木村亀二『刑法各論』174頁、178頁（法文社、1957年）。なお、死体損壊罪（190条）における「損壊」に関しては、物理的な損壊をいうと解するのが通説である。

[38] 大判昭和9年12月22日刑集13巻1789頁。

行為[39]は器物損壊罪となる。

　261条は、他人の物を損壊しまたは「傷害した」者は……と規定している。この「傷害した」部分は動物傷害罪といわれ、他人の動物を殺傷するなど、その効用を害した場合がこれにあたる[40]。もちろん、殺傷する必要はなく、占有を喪失させることにより効用を害すればよい。裁判例として、他人の養魚池の鯉を川に逃がした行為[41]、自然保護団体に所属する被告人が捕獲され港に収容されていたイルカを逃がした行為[42]をこの「傷害」にあたるとしたものがある。

　近時の判例で、建造物の「損壊」の有無が争われたものとして、公園内の公衆便所の外壁にスプレーで大きく落書きした行為がある。壁面を再塗装して落書きを完全に消去するのに約7万円の費用を要するものであった。最決平成18年1月17日刑集60巻1号29頁は、「本件落書き行為は、本件建物の外観ないし美観を著しく汚損し、原状回復に相当の困難を生じさせたものであって、その効用を減損させたものというべきであるから、刑法260条前段にいう『損壊』に当たると解するのが相当であ」ると判示した[43]。確かに、トイレの壁の落書きによってトイレの使用そのものに特段不便をきたすわけではないとはいえよう。しかし、原状回復のために費用を要する価値の減損があり、損壊を認めた判断は支持しえよう。

　（3）260条、261条の「他人の」（建造物、物）とは「他人の所有する」という意味であるが、最決昭和61年7月18日刑集40巻5号438頁は、「刑法260条の『他人ノ』建造物というためには、他人の所有権が将来民事訴訟等において否定される可能性がないということまでは要しないものと解するのが相当であ」ると判示した。これは、「他人の」建造物の解釈は、民事法の解釈に完全に従属する必要はなく、刑法独自の観点から、一応保護に値するかどうかといった点からなされてよいとの考え方に立っているとされる。

　（4）262条の2（境界損壊罪）は、「境界線を損壊し、移動し、若しくは除去し、又はその他の方法により、土地の境界を認識することができないようにした者は、5年以下の拘禁刑〔懲役〕又は50万円以下の罰金に処する」と規定する。土地の境界を認識できなくする行為を処罰しており、不動産侵奪罪（235条の2）の手段と

39　最判昭和32年4月4日刑集11巻4号1327頁。

40　ちなみに、動物の愛護及び管理に関する法律（動物愛護管理法）が動物の虐待の防止等について定めており、その44条1項は、「愛護動物をみだりに殺し、又は傷つけた者は、5年以下の拘禁刑〔懲役〕又は500万円以下の罰金に処する」と規定し、2項で虐待、3項で遺棄についての処罰規定を置いている。この規定の「愛護動物」とは、「牛、馬、豚、めん羊、山羊、犬、猫、いえうさぎ、鶏、いえばと及びあひる」（同法44条4項1号）および「前号に掲げるものを除くほか、人が占有している動物で哺乳類、鳥類又は爬虫類に属するもの」（同法44条4項2号）をいう。

41　大判明治44年2月27日刑録17輯197頁。

42　静岡地沼津支判昭和56年3月12日判時999号135頁。

43　本決定につき、関根徹・百選II8版162頁参照。労働争議に際して建物の窓ガラスに大量のビラを貼った行為につき建造物損壊罪としたものとして、最決昭和41年6月10日刑集20巻5号374頁。これにつき、八木國之・百選II2版140頁参照。

して行われることが多い。

　263条（信書隠匿罪）は、「他人の信書を隠匿した者は、6月以下の拘禁刑〔懲役若しくは禁錮〕又は10万円以下の罰金若しくは科料に処する」と規定する。「信書」とは、特定人から特定人に宛てられた意思を伝達する文書である。隠匿も毀棄・損壊に含まれるとの判例・通説の解釈からすれば、なぜ信書の隠匿が261条の器物損壊罪よりも軽い（減軽類型とされた）のかが問題となり、議論されてきた。

第25講　国家的法益に対する罪1

I　公務の執行を妨害する罪

95 条	公務執行妨害罪 / 職務強要罪	
96 条	封印等破棄罪	【強制執行を妨害する罪】
96 条の 2	強制執行妨害目的財産損壊等罪	
96 条の 3	強制執行行為妨害等罪	
96 条の 4	強制執行関係売却妨害罪	96 条の 5　加重封印等破棄等罪
96 条の 6	公契約関係競売妨害罪	☞ 報酬目的の場合に 96 条か
	談合罪	ら 96 条の 4 を加重処罰

（1）公務執行妨害罪（95 条）

（ⅰ）公務執行妨害罪は、国家および地方公共団体が行う公務の適正かつ円滑な遂行を保護法益としている。公務を保護しているのであり、公務員の身体やその自由をとくに厚く保護しているのではない。たとえば、パトロール中の警察官Aを殴ってAに怪我を負わせた場合、Aの傷害については個人的法益に対する罪である傷害罪として評価され、公務の執行を妨害した点が国家的法益に対する罪としての公務執行妨害罪として評価される（両罪は観念的競合となる）。

（ⅱ）95 条 1 項は、「公務員が職務を執行するに当たり、これに対して暴行又は脅迫を加えた者は、3 年以下の拘禁刑〔懲役若しくは禁錮[1]〕又は 50 万円以下の罰金[1]に処する」と規定する。「公務員」について、7 条 1 項は「この法律において、『公務員』とは、国又は地方公共団体の職員その他法令により公務に従事する議員、委員その他職員をいう」という定義規定を置いている[2]。

（ⅲ）95 条の「職務」は、公務員が取り扱うすべての事務が含まれるというのが判例であり[3]、多数説である。

---

[1] 2006 年（平成 18 年）の改正により、法定刑に「50 万円以下の罰金」が追加された。

[2] 刑法における「公務員」の概念について、参照、町野・各論の現在 363 頁以下。

[3] 最判昭和 53 年 6 月 29 日刑集 32 巻 4 号 816 頁。これに対して、民間に類似した業務内容を行う公務は業務妨害罪（233 条後段・234 条）の「業務」に含まれ、それが公務執行妨害罪によって二重に保護されるのは適切でないとして、これを 95 条の「職務」から除外する見解もある。第 14 講 I（2）参照。

（ⅳ）違法な職務の執行は刑法上保護に値しないから、職務は適法なものでなければならない。公務の執行が適法といえるために、その職務の執行が当該公務員の抽象的職務権限に属すること、当該公務員がその職務を行う具体的職務権限を有すること、その職務の執行が職務としての有効要件である法律上の手続・方式の重要部分を履践していること（手続に瑕疵がないか、それが軽微であること）が必要である。たとえば、交通事故に際して、警察官の示談あっせん行為は警察官の職務に属さない。警察官は被疑者を逮捕する一般的・抽象的な職務権限を有しているといえるが、令状逮捕など刑事訴訟法の定める要件を充たしていない逮捕行為は、その警察官がそれを行う具体的な職務権限を欠き、違法なものである。逮捕状により被疑者を逮捕する場合、逮捕状を被疑者に示し（刑訴法201条1項）、逮捕したときには直ちに被疑事実の要旨を告げなければならない（刑訴法203条1項など）ところ、被疑者に逮捕状を示さずに逮捕する行為はこの方式を履践しておらず、違法な職務行為である。緊急逮捕（刑訴法210条）をするに際して、被疑事実のみならず、逮捕する旨の告知もなされなかった場合、その緊急逮捕行為は違法であり、これに対してなされた暴行は公務執行妨害罪を構成しない[4]。

　警察官が、刑訴法199条以下の要件を充たしている令状逮捕は適法な逮捕行為であり、後の裁判において、その逮捕された被告人に無罪が言い渡されたとしても、当該逮捕行為が遡って違法にはなるわけではない。警察官の職務執行行為が適法である場合、逮捕される者は、その逮捕がその者にとってみれば誤認逮捕であることが明らかであったとしても、警察官に暴行を加えて逮捕行為を妨害すれば公務執行妨害罪が成立する（判例・通説）[5]。「泥棒」と連呼されながら追いかけられている者を警察官が（準）現行犯逮捕した（刑訴法212条・213条）が、後では真犯人ではないことが判明した場合も同様である。

（ⅴ）公務を妨害する暴行・脅迫は職務を「執行するに当たり」加えられなければならない。「執行するに当たり」とは、「具体的・個別的に特定された職務の執行を開始してからこれを終了するまでの時間的範囲およびまさに当該職務の執行を開始しようとしている場合のように当該職務の執行と時間的に接着しこれと切り離し得ない一体的関係にあるとみることができる範囲内の職務行為」[6]であるとされる。もちろん、公務員の職務行為は多様であるから、その具体的な職務内容に照らした判断が必要であろう。

（ⅵ）暴行とは物理力の行使であるが、職務執行の妨害となるべき程度のものであることを要する。直接に公務員の身体に加えられることは必要ではない。公務員が差し押さえた密造酒入りのびん[7]や、覚せい剤入りのアンプル[8]を損壊する行為なども本罪の暴行にあたる。

（ⅶ）「公務員に、ある処分をさせ、若しくはさせないため、又はその職を辞させるために、暴行又は脅迫を加えた者も、前項と同様とする」（95条2項。職務強要罪）。強要罪（223条）の特別類型である。

4　大阪地判平成3年3月7日判タ771号278頁。
5　最決昭和41年4月14日判時449号64頁。参照、髙橋直哉・百選Ⅱ7版228頁。これに対して、職務行為の適法性は、事後的に、純客観的に判断されるべきであり、誤認逮捕の場合は違法な職務というべきであり、それに対する暴行・脅迫は公務執行妨害罪を構成しないとする見解もある。
6　最判昭和45年12月22日刑集24巻13号1812頁。
7　最判昭和33年10月14日刑集12巻14号3264頁。
8　最決昭和34年8月27日刑集13巻10号2769頁。

（2）強制執行妨害関係の罪（96 条～96 条の 6）

（ⅰ）1931 年（昭和 16 年）に、（当時の）96 条の 2 として強制執行妨害罪が設けられた[9]が、2011 年（平成 23 年）に、強制執行妨害関係の罰則を全面的に整備する法改正がなされた。強制執行は、民事執行法の定める民事執行（不動産の強制競売、担保権の実行としての競売）、民事保全法の定める保全執行およびこれらに準ずる手続をいう[10]。自力救済が原則的に禁じられている現在の法秩序において、国家の用意した法的（民事）手続において債権などの権利が適正かつ迅速に実現できることが必要であり、かつ重要であるが、暴力団等の反社会的勢力によってしばしば強制執行の巧妙あるいは悪質な妨害がなされてきた。そこで、その種の妨害事案に適切に対処し、強制執行手続の適正を確保し、権利内容の実現をより実効的なものにするための法改正がなされたのである。

（ⅱ）封印破棄罪（96 条）は、刑法制定当時からの規定であるが、2011 年の改正により、処罰対象行為の拡張・刑の引上げがなされた。改正前は、公務員が施した適法な封印・差押え[11]の表示が存在し、その表示を損壊等する行為のみが処罰されていた[12]ところ、改正により、封印・差押えの表示が違法に除去された後、その事実を知りつつ、その表示の基礎となる命令・処分を無効にすること、つまり、その実質的効果を滅失し、または減殺する行為も処罰対象に加えられた。

（ⅲ）96 条の 2 の強制執行妨害目的財産損壊等罪は、強制執行の対象となる財産の隠匿・譲渡の仮装など、対物的な妨害行為によって強制執行の進行を阻害する行為を処罰する。すなわち、強制執行を妨害する目的で、①強制執行を受け、もしくは受けるべき財産を隠匿し、損壊し、もしくはその譲渡を仮装し、または債務の負担を仮装する行為（1 号）、②強制執行を受け、または受けるべき財産について、その現状を改変して、価格を減損し、または強制執行の費用を増大させる行為（2 号）、③金銭執行を受けるべき財産について、無償その他の不利益な条件で、譲渡をし、または権利の設定をする行為（3 号）を処罰する。

改正前の「強制執行を免れる目的で」という文言は、「強制執行を妨害する目的で」という文言に変更された。この変更により、本罪の主体が債務者に限定されないこと[13]、強制執行手続を一時的にでも阻害する目的があれば足りることが明らかにされた。また、（仮装）譲渡（負担）するのは、目的財産について処分権を有する者または債務を負担しうる者であると解されうることから、改正により譲渡・債務負担を「仮装する」という文言に変更され、第三者による同種行為も処罰対象とされた。

---

[9] 1931 年の改正において、強制執行妨害罪（旧 96 条の 2）、競売入札妨害罪（旧 96 条の 3 第 1 項）、談合罪（旧 96 条の 3 第 2 項）が設けられた。2011 年改正前の旧 96 条の 2 は、「強制執行を免れる目的で、財産を隠匿し、損壊し、若しくは仮装譲渡し、又は仮装の債務を負担した者は、2 年以下の懲役又は 50 万円以下の罰金に処する」と規定していた。

[10] 2011 年改正の審議過程において、税の滞納処分も含まれることが確認された。

[11] 封印とは、主として動産につき、開披、使用、その他現状の変更を禁止する処分として、権限ある公務員により、その外部に施された封緘等物的設備をいい、差押えとは、公務員がその職務上保全すべき物を自己の占有に移す強制処分をいう。

[12] 2011 年改正前の旧 96 条は、「公務員が施した封印若しくは差押えの表示を損壊し、又はその他の方法で無効にした者は、2 年以下の懲役又は 20 万円以下の罰金に処する」と規定していた。

[13] 改正前の「強制執行を免れる目的」という文言のもとでも、判例・通説は、債務者のみならず第三者も主体たりうると解していたが、債務者と共犯関係にない者が「強制執行を免れさせる目的で」債務者の財産隠匿等をする場合はそれにあたらないとの理解も有力であった。

2号の現状改変行為として、たとえば、必要のない増改築をすること、価格減損行為として、目的建物の中に大量に廃棄物を搬入することなどがある。財産価値の減少や現状回復のための多大な費用により強制執行を費用倒れにしてしまうような行為である。

　3号の真実譲渡の場合には相手方がいるところ（対向犯）、96条の2杜書後段において、情を知って3号に規定する譲渡または権利の相手方となった者も処罰対象となるということが明確にされた。

　改正により「強制執行を受け、若しくは受けるべき財産」が客体とされ、強制執行開始後だけでなく、強制執行を受けるおそれのある客観的状態に至った場合の財産も妨害行為の対象となった。

　（ⅳ）96条の3の強制執行行為妨害等罪は、強制執行の現場において執行官等の強制執行を妨害する行為、対人的な妨害行為を処罰対象とする。すなわち、偽計または威力を用いて、立入り、占有者の確認その他の強制執行の行為を妨害する行為が処罰される[14]。たとえば、強制執行の現場に執行官が立ち入れないように、敷地内に猛犬を放し飼いにしたり、建物の占有者を次々に入れ替えるなどして占有者の確認ができないようにするなどがこれにあたる。

　（ⅴ）2011年改正前の旧96条の3は、「偽計又は威力を用いて、公の競売又は入札の公正を害すべき行為」を処罰していたが、2011年の改正は、これを、強制執行に関する場合（96条の4）と、公共契約に関する場合（96条の6）にわけて規定した。すなわち、96条の4の強制執行関係売却妨害罪は、偽計または威力を用いて、強制執行において行われ、または行われるべき売却の公正を害すべき行為をした者は、3年以下の拘禁刑〔懲役〕若しくは250万円以下の罰金に処し、またはこれを併科すると規定した。これまで、暴力団がらみの競売屋（占有屋）と称される集団が一般人の競売参加を妨害し、最低競売価格（売却基準価額）の減少を図るなどの行為が行われてきたことに対処しようとしたものである。競売開始決定前の妨害行為も処罰対象となった。

　96条の6第1項の公契約関係競売妨害罪は、公共工事や公有物の売り渡し等の、公共契約の公正を害する行為を処罰対象とする。

　96条の6第2項は談合罪を規定する。談合とは、競売または入札参加者が通謀して、特定の者に競落・落札させるため、他の者は一定の価格以下または以上に入札する（しない）旨の協定をすることをいう。強制執行における売却に関して談合を行った場合には、偽計によりその売却の構成を害すべき行為をしたものとして96条の4の対象となる。96条の6第2項は「公正な価格を害し又は不正な利益を得る目的で」行われることを要件としている（目的犯）[15]。「公正な価格」とは、競売・入札が公正な自由競争として行われる場合に形成されうるであろう競落・落札価格をいう（自由競争説）[16]。たとえば、公共事業の入札において、大手建設会社数社の幹部が集まって、工事受注について話し合いをし、今回の工事はA社が、次回の工事はB社が受注できるようにし、

---

[14]　「権力的公務の執行段階につき、偽計・威力による妨害の処罰を一般的に定めた初めての例である」（中森・各論4版280頁）。96条の3第2項は、強制執行を申し立てる側の債権者に対する妨害行為を処罰対象とし、この場合の手段は暴行・脅迫に限定されている。

[15]　96条の4の「売却」に関して談合が行われた場合には、その目的のいかんによって正当視されるものがあるとは考えられず、目的要件の限定がなされなかったとされている。

[16]　最決昭和28年12月10日刑集7巻12号2418頁。

その受注額は本来工事を行うのに必要な金額の2割増しで受注できるようにしよう、A社（B社）が落札できるように他社はそれより高い価格で入札しよう、などと申し合わせる場合である。このような申し合わせは、もし本当の意味で落札競争をすれば、是が非でも受注するために赤字覚悟で安い入札額を入れる会社も現れ、そのようなことを続ければ、結局、どの会社も共倒れになってしまいかねない、あるいは、手抜き工事をもたらしかねない。そこで、過当競争・出血受注・粗悪工事・業者共倒れを避けるために、事前の受注調整を行い、全社が平和的に共存していくのに必要である、などといった談合を正当化する考え方も示されてきた。談合は「百年来の慣行」ともいわれ、少なくともかつては違法視されず、罪悪感なく行われていたといわれる。しかし、このような事前の受注調整、談合は、競売・入札における公正かつ自由な競争を阻害し、公正な自由競争が行われたならば形成されたであろう競争価格よりも高い価格での入札がなされ、公共工事の発注者は経済的損失を被り、ひいては国民の税金が無駄遣いされることになる。ここに談合の処罰されるべき理由があるのである[17]。所定の目的をもって談合すれば、本罪は既遂に達する。

　（ⅵ）96条の5は、報酬を得、または得させる目的で、人の債務に関して、96条から96条の4までの罪を犯した場合に加重処罰する。

Ⅱ　汚職の罪

　刑法第25章「汚職の罪」において、公務員職権濫用罪（193条〜196条）と贈収賄罪（197条〜198条）が規定されている。いずれも公務員がその職務に関連して違法な行為を行う犯罪である[18]。贈収賄罪は第2講で扱

17　独占禁止法（私的独占の禁止及び公正取引の確保に関する法律）は不当な取引制限行為を処罰する（独占禁止法3条・89条・95条）。不当な取引制限罪は、事業者が、（ア）他の事業者と共同して、（イ）受注予定者や受注価格を決めるための基本ルールに合意するなどの合意形成行為により相互にその事業活動を拘束し（相互拘束行為）、または、合意に基づいて調整するなどその遂行をすること（遂行行為）により、（ウ）公共の利益に反して、（エ）一定の取引分野における競争を実質的に制限する場合に成立する（独占禁止法2条6項）。この罪は刑法上の談合罪とかなりオーバーラップするが、両罪は以下の点で相違がある。すなわち、手続面では、①不当な取引制限罪の訴追は公正取引委員会の告発を要件とするなど点において異なる。実体法的には、②談合罪の保護法益が公の入札の公正であるのに対し、不当な取引制限罪のそれは自由競争経済秩序であり、成立要件に関して、③談合罪が公正な価格を害する目的など一定の目的を必要とするのに対して、不当な取引制限罪はそのような目的を必要とせず、反面、④不当な取引制限罪にとって「一定の取引分野における競争を実質的に制限すること」（市場支配力が形成され、その市場における競争機能が失われること）が要件となるのに対し、談合罪にはかかる要件はなく、⑤談合罪の主体は個人（自然人）に限られるが、不当な取引制限罪の場合、法人もその主体となる点などにおいて異なる。そこで、小規模の1回限りの個別談合は、談合罪にあたりえても、「一定の取引分野における競争を実質的に制限すること」を要件とする不当な取引制限罪の場合は一定規模の地域的広がり、時間的継続性、取引規模の大きさを要することから、これにはあたらないと解する見解が多い。社会保険庁シール談合事件では、従業者個人は談合罪で起訴され（東京地判平成6年3月7日判タ874号291頁）、法人事業者は不当な取引制限罪で起訴された（東京高判平成5年12月14日高刑集46巻3号322頁）。

18　団藤・各論3版118頁は、「この二種の犯罪は、ひとしく瀆職罪でありながら、旧憲法の時代には、事実上、いちじるしくちがった扱いを受けていたようにおもわれる」。旧憲法の時代には、「官吏は『天皇陛下及天皇陛下の政府に対し忠順勤勉を主』とするものであったので、職務の廉潔を害することは上に対する関係で許すことのできない行為であったのに対し、職権の濫用は下に対するもので比較的に大目にみられる傾向があった。これは運用の上でもそうであったし、立法の関係でもそうであった。この両種の職務犯罪は、方向を異にするものであったといってよい」と指摘する。西田・各論7版505頁は、両罪は「いずれも国家の作用を担う公務員が内部から公務の適正な執行およびこれに対する国民の信頼を侵害するという点では共通しているが、職権濫用の罪においては、具体的な国民の自由や権利が侵害されるのに対して、贈収賄の罪においては、そのよう

182

ったので、ここでは公務員職権濫用罪を扱う。

　（ⅰ）職権濫用の罪として、①公務員職権濫用罪（193条）、②特別公務員職権濫用罪（194条）、③特別公務員暴行陵虐罪（195頁）、④特別公務員職権濫用等致死傷罪（196罪）が規定されている。これらは、いずれも公務員を主体とする身分犯であるが、②③の罪は、「裁判、検察若しくは警察の職務を行う者又はこれらの職務を補助する者」にその主体を限定しており、④の罪は、さらに、「法令により拘禁された者を看守し又は護送する者」が加えられている。④の罪は、②③の罪を犯し、よって人を死傷させた場合の結果的加重犯であり、その刑は、傷害の罪と比較して、重い刑により処断する。

　（ⅱ）公務員職権濫用罪（193条）は、「公務員がその職権を濫用して、人に義務のないことを行わせ、又は権利の行使を妨害したときは、2年以下の拘禁刑〔懲役又は禁錮〕に処する」と規定する。

　「職権を濫用して」とは、公務員が、その一般的職務権限に属する事項につき、職権の行使に仮託して実質的、具体的に違法、不当な行為をすることをいう[19]。そして、この「一般的職務権限」は、必ずしも法律上の強制力を伴うものであることを要せず、それが濫用された場合、職権行使の相手方をして事実上義務なきことを行わせ、または行うべき権利を妨害するに足りる権限であればよく、また、「一般的職務権限」が認められるために必ずしも法令上明文の根拠規定を要しないと解されている[20]。

　公務員職権濫用罪の成立が認められたものとして、裁判官が職務上参考に資するための調査行為であるかのように仮装し、刑務所長らに対して身分帳の閲覧等を求めた行為[21]、裁判官が、私的な交際を求める意図で、自己の担当する事件の被告人を「被害弁償のことで会いたい」などといって呼び出し、喫茶店内で同席させた行為[22]がある。これに対して、警察官Xらが、職務として、警備情報を得るために某党幹部A宅の電話を盗聴したという事件において公務員職権濫用罪の成立が否定された[23]。

　「人に義務のないことを行わせ」、または、「権利の行使を妨害した」の解釈は、223条（強要罪）と同じである。

　（ⅲ）特別公務員職権濫用罪の実行行為は、逮捕、監禁であり、194条は逮捕監禁罪（220条）の加重類型で

な被害者が存在しない点で異なっている」とする。なお、職権濫用罪（193条から196条）は、付審判請求手続（告訴・告発をした者が、検察官の不起訴処分に不服があるとき、事件を裁判所の審判に付することを請求する手続）の対象犯罪となっている（刑訴法262条1項）。

[19] 最決昭和57年1月28日刑集36巻1号1頁（宮本身分帳閲覧事件）。

[20] 最決昭和57年1月28日（前掲注19）。

[21] 最決昭和57年1月28日（前掲注1）。

[22] 最決昭和60年7月16日刑集39巻5号245頁（安川裁判官事件）。

[23] 最決平成元年3月14日刑集43巻3号283頁（共産党幹部宅電話盗聴事件）。この結論に対しては賛否両論がある。この場合の行為が、職務遂行過程で組織的に秘密裏に行われた違法な盗聴行為として強い非難を免れないところである（民事裁判において、Aらに対する県・国の損害賠償責任が認められている。東京高判平成9年6月26日判時1617号35頁参照）。しかし、ここで問題の盗聴行為が、権利侵害だけでなく、Aに「義務のないことを行わせ、又は権利の行使を妨害した」というるのかが問題になろう。職権濫用の事案を相手方との関係で、（ア）心理拘束型、（イ）受忍強制型、（ウ）密行型にわけた場合、判例は（ア）（イ）の形態で公務員職権濫用罪の成立を認めてきた。（イ）のケースとして、多数派の町会議員が、戸数割等差配当案の審議にあたり、反対派の者に対する等級を不当に引き上げ、町会議決の効力により過当の納税義務を負わせた事案（大判大正11年10月20日刑集1巻568頁）、執行吏が、債務名義に執行吏保管の条項がないのに、「本職がこれを占有保管する」旨の虚偽の記載をした公示札を立てた事案（最決昭和38年5月13日刑集17巻4号279頁）などがある。本決定は（ウ）に属する。本決定について、原口伸夫・百選Ⅱ8版224頁参照。

ある。特別公務員暴行陵虐罪の実行行為は、暴行、陵虐、加虐の行為である。陵虐・加虐の行為とは、侮辱的言動、食事の不提供、わいせつな行為[24]等を行うことによって、肉体的・精神的に辱しめ、または苦痛を与えることをいう。

24　東京高判平成15年1月29日高検速報（平成15年）44頁（実力的に支配する関係に立つ「被拘禁者に対し、精神的又は肉体的苦痛を与えると考えられる行為（……被拘禁者を姦淫する行為［性交］がこれに含まれることは明らかである。）に及んだ場合を処罰する趣旨であって、現実にその相手方が承諾したか否か、精神的又は肉体的苦痛を被ったか否かを問わない」）。

第 26 講　国家的法益に対する罪 2

I　刑事司法作用を阻害する罪

　立法・行政・司法という国家の作用のうち、司法作用、（主として）刑事司法作用を阻害する行為を本講で扱う。わが国では包括的な「司法妨害罪」は規定されておらず、刑事司法作用を阻害する（おそれのある）個別の行為態様を限定して処罰している。それらの犯罪を（おおむね）刑事手続の進行過程に沿って並べれば次のようになる。

　まず、犯人蔵匿罪（103条）は、犯罪の発生以降踏査の進んでいく過程において、犯人をかくまい、または逃げ隠れさせ、その犯人に対する刑事訴追を妨げる行為を処罰し、証拠隠滅罪（104条）は、後に行われるべき刑事裁判における適正な事実認定を阻害するために事実認定の資料（証拠）を隠滅し、偽造する行為を処罰している。公訴の提起段階にかかわるものとして、虚偽告訴罪（172条）が、人に誤った刑事処分（または懲戒処分）を受けさせる目的で虚偽の告訴・告発等をする行為を処罰する[1]。裁判において誤った事実認定に至らないように、偽証罪（169条）は証人の偽証行為を処罰している。そして、刑事司法作用の最後の刑の執行段階において、刑の確定した犯人（受刑者）がその罪に服さず、刑罰権の実現を無に帰せしめる逃走行為（97条以下）[2]が処罰される。

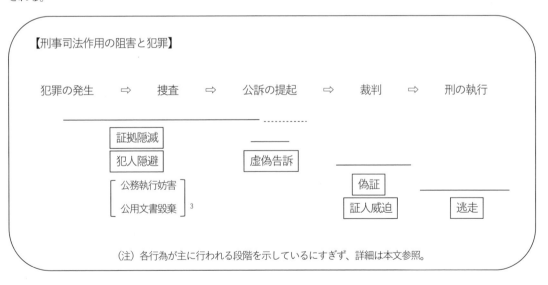

----

[1]　虚偽告訴罪は、適正な刑事司法作用（または懲戒作用）とともに、虚偽告訴等をされる個人の利益も保護している。

[2]　逃走罪は、刑の確定前の未決拘禁者の逃走もその対象としている。後述参照。

[3]　第24講III（1）、第25講I参照。

Ⅱ　犯人蔵匿および証拠隠滅の罪

（1）犯人蔵匿罪（103条）

　犯人蔵匿罪は犯人をかくまい、または逃げ隠れさせる罪であるが、その客体は限定されている。103条は、「罰金以上の刑に当たる罪を犯した者又は拘禁中に逃走した者を蔵匿し、又は隠避させた者は、3年以下の拘禁刑〔懲役〕又は30万円以下の罰金に処する」と規定する。

　「罰金以上の刑に当たる罪」とは、法定刑に罰金以上の刑が含まれている罪をいう。「罪を犯した者」について、多数説は、真犯人（実際にその罪を犯した者）であることを要すると解する。「罪を犯した者」という文言[4]、犯人でない者の蔵匿・隠避が刑事司法作用を侵害する程度（違法性の程度）は低く、犯人でないのに、捜査・訴追を受けている者をかくまうことは、人情の点から無理もないことであり期待可能性が低いといえることなどをその論拠とする。それに対して、判例は、犯罪の嫌疑によって捜査中の者も含むと解してきた[5]。被疑者・被告人の蔵匿・隠避に成功すれば真犯人性を立証するのは困難である、真犯人でないとの確信が常に故意を阻却することになってしまう、被疑者・被告人を本罪の対象から除外すれば立法の目的を達しえないなどの理由から、これを支持する見解も有力である[6]。

　「拘禁中に逃走した者」とは、法令により拘禁されている者で、逃走した者をいう。

　蔵匿とは、場所を提供してかくまうことをいい、隠避とは、蔵匿以外の方法により官憲による発見・身柄の拘束を免れさせる一切の行為をいう。逃走資金・手段を提供すること、捜査状況を知らせること、身代わり犯人を出頭させること[7]などが隠避にあたる例である。警察官が現行犯を現認しながら故意に見逃すという不作為もこれにあたる[8]。過失運転致死（事件当時は自動車運転過失致死）容疑で逮捕され、身柄拘束中のAのことにつき参考人として警察から事情を聞かれたXが、Aとの事前の口裏合わせに基づいて、「Aはその単車を盗まれたと言っていた」、「その事故の犯人はAではない」等の虚偽の供述をしたという事案に関して、最決平成29年3月27日刑集71巻3号183頁は、Xの行為は「現にされている身柄の拘束を免れさせるような性質の行為と認められる」のであり、103条の「隠避させた」にあたると判示した。上記のように定義される隠避には行為態様による限定性に乏しく、その適切な範囲の限定が課題といえよう[9]。

4　これに対して、「刑訴法も、被疑者につき、罪を行った・犯した、と表現している（212条・89条）」と指摘するのは、中森・各論4版290頁注37。

5　最判昭和24年8月9日刑集3巻9号1440頁。真犯人については、判例は、捜査の開始前でも、つまり、まだ嫌疑がかかっていないときでも、その対象に含まれるとする（最判昭和28年10月2日刑集7巻10号1879頁）。蔵匿・隠避行為の時点で客観的かつ合理的な判断によって真犯人であることが強く疑われる者をいうとするのは、大塚・各論3版増補593頁。

6　公訴時効の完成、親告罪における告訴権の消滅により訴追・処罰の可能性がなくなった者の蔵匿・隠避は、刑事司法作用を害するおそれはないから、本罪は成立しない。なお、札幌高判平成17年8月18日高刑集58巻3号40頁は、事故で死亡した犯人の身代わりとして警察に出頭し、「自分が運転していた」旨の申し出た行為につき犯人隠避罪が成立するとした。

7　犯人が逮捕・勾留された後、その者の身柄を解放させる目的で身代わり犯人を出頭させた行為につき、最決平成元年5月1日刑集43巻5号405頁は犯人隠避罪を認めている。

8　大判大正6年9月27日刑録23輯1027頁。

9　大阪高判昭和59年7月27日高刑集37巻2号377頁は、内妻の生活費確保のための店舗購入資金の供与を隠避にあたらないとした。

本罪の故意は、客観的に罰金以上の刑にあたる罪であれば、それにあたる程度の犯罪を犯した者であることの意味の認識で足りると解すべきであろう。

犯人蔵匿罪は犯人自身をその主体から除外しており、自己隠避行為は不可罰である。犯人に「逃げ隠れするな」ということを（類型的に）期待できないからである。では、犯人Xが自己をかくまうように第三者Yを教唆した場合、Xに犯人蔵匿罪の教唆が成立するだろうか。Yには犯人蔵匿罪が成立する。Xが正犯者として期待可能性がない以上、より軽い犯罪関与形式である共犯（教唆）の場合なおのこと期待可能性がなく、Xに犯人蔵匿罪の教唆は成立しないとする見解も有力である。しかし、判例は「防御権の濫用」であるとして一貫してXに教唆犯の成立を認めてきた[10]。自ら逃げ隠れするのと、他人に頼んで（たとえば、親分が子分に命令して）その目的を遂げるのとでは（具体的な行為態様が）異なり、一律に期待可能性がないとはいえない。判例を支持しえよう。

（2）証拠隠滅罪（104条）

104条は、「他人の刑事事件に関する証拠を隠滅し、偽造し、若しくは変造し、又は偽造若しくは変造の証拠を使用した者は、3年以下の拘禁刑〔懲役〕又は30万円以下の罰金に処する」と規定する。

「他人の」刑事事件の証拠に限られる。これは類型的な期待可能性の欠如を考慮したものである[11]。「刑事事件に関する」証拠だけがその対象となり[12]、民事事件・懲戒事件・非訟事件などに関する証拠は含まれない。「刑事事件」とは、被告事件・被疑事件だけでなく、捜査開始前の事件も含まれる[13]。

「証拠」とは、捜査機関・裁判機関において、国家刑罰権の有無（犯罪の成否、刑の程度）を判断するにあたり関係があると認められる一切の資料をいう。物的証拠だけでなく、人的証拠も含まれ、犯罪の成否に関する証拠だけでなく、情状証拠も含まれる。他人にとって有利な証拠であるか、不利な証拠であるかを問わず、ある者に濡れ衣を着せようと（陥罪目的で）虚偽の証拠を捏造する場合でもよい。供述それ自体は104条の「証拠」に含まれず、取調べにおいて参考人が虚偽の供述をした場合、本罪は成立しない。「偽造」の語義、偽造にひき続きその客体の「使用」が類型的に予定されていることから、本罪の「証拠」は物理的存在たる証拠方法（書面など）に限られる。さらに、供述がなんらかの証拠方法に転化したことを理由に本罪の成立を認めると、供述が「証拠」にあたらないとした趣旨を没却することになるから、虚偽の供述内容が供述録取書などの記録媒体に記録されても、そのことだけをもって本罪にあたることにならない[14]。

---

10 最決昭和35年7月18日刑集14巻9号1189頁など。近時では、最決令和3年6月9日裁判所web。この決定には、犯人蔵匿罪の共犯の成立は否定されるべきであるとする山口厚裁判官の反対意見が付されている。

11 「被疑者も刑事司法の関与者（防御する立場）であるという観点から処罰の対象外としていると解すべきである」とするのは、前田・各論7版480頁。

12 少年事件は「刑事事件」に含まれる（札幌地判平成10年11月6日判時1659号154頁）。

13 1995（平成7年）の改正前は、「刑事被告事件」とされていたことから、起訴前の事件は含まないとの見解もあったが、1995年改正により「刑事事件」と改正され、このことが明確にされた。

14 最決平成28年3月31日刑集70巻3号58頁。これにつき、原口伸夫「参考人の虚偽供述と証拠偽造罪の成否」駒澤法学18巻4号49頁以下（2019年）参照。

「隠滅」とは、証拠の顕出を妨げ、または、その価値（効力）を減失・減少させる一切の行為をいう。物理的毀損はもとより、隠匿でもよい。証人の殺害、証人・参考人の隠匿も隠滅にあたる[15]。「偽造」とは、実在しない証拠を実在するかのように新たに作り出すことをいう。文書偽造罪とは異なり、作成権限の有無は問題にならず、作成名義人が内容虚偽の文書を作成する場合も「偽造」である。「変造」とは、既存の証拠に改ざんを加えて証拠としての価値（効力）に変更を加えることをいう。「使用」とは、偽造・変造された証拠を真正なものとして使用することをいう。

　犯人Ｘが自己の刑事事件の証拠を偽造・隠滅するように第三者Ｙを教唆した場合、犯人蔵匿罪に関する議論と同様である[16]。

（3）親族相隠（105条）

　105条は、犯人蔵匿罪（103条）・証拠隠滅罪（104条）については、「犯人又は逃走した者の親族がこれらの者の利益のために犯したときは、その刑を免除することができる」と規定する。この規定は、1947年（昭和22年）までは「之ヲ罰セス」（刑の必要的免除）と規定していたが、1947年の改正により刑の任意的免除に改められた。旧規定は、「父は子のためにかくし、子は父のためにかくす。直きことその中にあり」（論語、子路篇）[17]という儒教思想に基づくものであったとされる。現行の規定は、家族的倫理（親族間の情愛）よりも、公民的義務（司法への協力）を重視したものであるが、任意的免除として期待可能性の減少を考慮している。

（4）証人威迫罪（105条の2）

　いわゆる「お礼参り」行為を抑止するため、1958年（昭和33年）に新設されたものであるが、実行行為の時期は証言・供述の前後を問わないので「お礼参り」より広い。保護法益は、国家の刑事司法作用とともに、刑事事件の証人、参考人、またはその親族らの私生活の平穏（安全）も含まれる。

　証人威迫罪は、自己の刑事事件、他人の刑事事件を通じて、その捜査・審判に必要な知識を有すると認められるもの、またはその親族に対して、正当な理由のない面会の強請（意思に反して面会を強要すること）、または、強談（言語によって自己の要求に応じるように迫ること）・威迫（態度・動作によって規制を示し、不安・困惑

---

[15] 隠滅行為が同時に殺人・放火・窃盗・器物損壊等にあたるときは、それらと観念的競合となる。

[16] 近時では、ＹがＸの法人税法違反事件に関する証拠の偽造をＸに提案し、Ｘがその実行をＹに依頼したという事案において、最決平成18年11月21日刑集60巻9号770頁はＸに証拠隠滅罪の教唆を認めている。この判例につき、関根徹「判例批評」『速報判例解説Vol.1』185頁以下（2007年）。

[17] 論語 巻第7 子路第13 「葉公語孔子曰、吾黨有直躬者、其父攘羊、而子證之、孔子曰、吾黨之直者異於是、父爲子隠、子爲父隠、直在其中矣。金谷治訳（孔子『論語』260頁［岩波文庫、1999年］）によれば、「葉公が孔子に話した、『わたしどもの村には正直者の躬という男がいて、自分の父親が羊をごまかしたときに、むすこがそれを知らせました。』孔子はいわれた、『わたしどもの村の正直者はそれとは違います。父は子のために隠し、子は父のために隠します。正直さはそこに自然にそなわるものですよ。』」ということである（なお、宮崎市定『現代語訳論語』214頁以下［岩波現代文庫、2000年］）。また、穂積陳重「大儒の擬律」『法窓夜話』281頁以下（岩波文庫、1980年）も参照。

を生じさせること）の行為を処罰対象としている。

Ⅲ　虚偽告訴の罪

　人に刑事または（公的な）懲戒の処分を受けさせる目的で虚偽の告訴、告発、その他の申告をした場合、虚偽告訴罪[18]として、3月以上10年以下の拘禁刑〔懲役〕に処される（172条）。

　「刑事の処分」には、刑罰だけでなく、少年に対する保護処分（少年法24条）も含まれる。逮捕・勾留、起訴も刑事の処分にあたる。「懲戒の処分」には、公務員、裁判官、弁護士、受刑者に対する懲戒処分などがある。

　本条における「虚偽」とは客観的真実に反することをいう（判例[19]・通説）。申告内容の虚偽性について未必的な認識で足りるかどうかは争いがある。未必の故意も「故意」であるとの故意の一般論からすれば、積極に解されることになろう。判例は未必的認識で足りるとする[20]。これに対して、告訴・告発等は、その段階では嫌疑にとどまるから、適法な告訴・告発等の場合にも、「もしかしたら真実ではない（有罪とならない）かもしれない」という虚偽性の未必的な認識を有する場合も少なからずありえ、その場合、虚偽告訴罪の故意が認められることになってしまうということを考慮し、虚偽性の確定的認識を要するとする見解も有力である。これに対しては、正当な告訴・告発であるならば、35条により正当化され、自信がないのであればその旨（確信の程度等）を示して申告すればよいはずであるなどの反論がなされている。虚偽告訴罪の成立には、主観的要件として、故意のほかに「人に刑事または懲戒の処分を受けさせる目的」が必要である（目的犯）。

　「告訴」とは、犯罪の被害者その他の告訴権者が捜査機関に対して犯罪事実を申告し、犯人の処罰を求める意思表示をいい（刑訴法230条以下）[21]、「告発」とは、犯人および告訴権者以外の者が捜査機関に対して犯罪事実を申告し、犯人の処罰を求める意思表示をいう（刑訴法239条以下）。申告は、捜査機関、懲戒権者または懲戒権の発動を促しうる機関に対してなされることを要する。

　本罪は、誤って申告された者の利益とともに、国家の適正な刑事司法作用・懲戒作用も保護法益としているから、虚偽に告訴すること等につき同意を得た者に対する虚偽告訴（同意申告）は可罰的である[22]。自白による刑の減免規定が設けられている（173条）。

18　1995年（平成7年）の刑法改正前は誣告罪といわれていた。

19　最決昭和33年7月31日刑集12巻12号2805頁。

20　最判昭和28年1月23日刑集7巻1号46頁。

21　単なる犯罪事実の申告は被害届であって、告訴ではない。

22　本罪にいう「人」は他人を意味するから、自己に対する虚偽申告は虚偽申告罪にあたらない。ただし、たとえば、身代わり犯人としての出頭であれば、犯人隠避罪を構成しうる。

IV　偽証の罪

　偽証の罪は、適正な国家の審判作用（裁判、懲戒処分）を保護法益としている。刑事裁判だけでなく、民事裁判も含まれる。169 条は、「法律により宣誓した証人が虚偽の陳述をしたときは、3 月以上 10 年以下の拘禁刑〔懲役〕に処する」と規定する。前述の刑事司法作用を害する罪と比較して刑が重い。自白による刑の任意的減免の規定（170 条）が設けられている[23]。法律により宣誓した鑑定人、通訳人または翻訳人が、それぞれ虚偽の鑑定、通訳または翻訳をした場合、偽証罪の例による（171 条）。

　偽証罪の主体は「法律により宣誓した証人」に限られる（身分犯）。

　「虚偽の」陳述の意味について、客観的真実に反することであるとする客観説と、証人の記憶に反することであるとする主観説が対立しており、判例・多数説は主観説に立っている。客観説は、陳述内容が真実に一致する限り誤った認定に導く危険性はないとするのに対して、主観説は、証人はその記憶通りに証言することが求められるのであり、それが真実に合致するのか否かを判断するのは裁判官（員）の役割であるとする。客観説においても、審判対象たる事実だけでなく、実際に目撃したのかどうか等の事実の体験方法が真実に合致していない場合も「虚偽の」陳述だと解する論者も多く、このような理解と主観説との相違は少なくなろう。

　被告人が自己の刑事裁判において「証人」になりえず、被告人質問において真実に反することを述べても偽証罪に問われない。しかし、自己の刑事裁判において虚偽の陳述をするように他人（証人）を教唆し、それを実行させた場合、偽証罪の教唆になるとするのが判例・通説である。自己隠避の教唆につき消極説に立つ見解でも、この問題について積極説に立つ見解も少なくない。

V　逃走の罪

　逃走の罪は国家の拘禁作用を保護する。保護される拘禁は適法なものでなければならない。逃走の罪は被拘禁者が自ら逃走する罪と、被拘禁者を逃走させる罪からなっており、逃走する罪として、単純逃走罪（97 条）と加重逃走罪（98 条）が規定されている。主体を限定するとともに、被拘禁者自身の逃走についての期待可能性の低減を考慮して法定刑が軽く定められている[24]。逃走させる罪として、被拘禁者奪取罪（99 条）、逃走援助罪（100条）、看守者等による逃走援助罪（101 条）が規定されている。いずれの罪も未遂を罰する（102 条）[25]。

---

[23]　裁判の確定前、または、懲戒処分が行われる前に自白がなされたことを要する。偽証に基づいて誤った審判がなされることを防止するための政策的規定である。

[24]　立法例では、ドイツ刑法など、単純逃走を処罰しないものもある。

[25]　逃走援助罪（100 条）は「逃走を容易にすべき行為をした」（その例示として器具の提供）場合を処罰し、逃走の共犯（幇助）にあたる行為を独立罪として「正犯」として規定したものであり、したがって、逃走援助罪の未遂の処罰は、実質的には共犯行為の未遂まで処罰範囲を拡大することになり、これを疑問視する見解もある（中森・各論 4 版 288 頁）。奪取の目的で暴行・脅迫をしたが、奪取の目的を遂げなかった場合、99 条の未遂にとどまるのに対して、逃走させる目的で暴行・脅迫をすれば、100 条 2 項の既遂となり、奪取目的か逃走援助目的かの違いのみによってこのような差異が生ずるのは不合理であるとの指摘がなされてきた（団藤・各論 3 版 77 頁）。

```
       ┌ 逃走する罪      単純逃走罪（97 条。1 月以上 1 年以下の拘禁刑）

       │                加重逃走罪（98 条。3 月以上 5 年以下の拘禁刑）

       │

       └ 逃走させる罪    被拘禁者奪取罪（99 条。3 月以上 5 年以下の拘禁刑）

                        逃走援助罪（100 条 1 項。1 月以上 3 年以下の拘禁刑）

                         ⇨ 暴行・脅迫をした場合、3 月以上 5 年以下の拘禁刑（100 条 2 項）

                        看守者等による逃走援助罪（101 条。1 年以上 10 年以下の拘禁刑）

                          ※  いずれの罪も未遂を罰する（102 条）
```

　逃走の罪は、主体が限定されている身分犯である。逃走の各類型によりその主体の範囲に違いがある。97 条の主体は「裁判の執行により拘禁された既決又は未決の者」である。「既決の者」とは、確定判決によって刑事施設に拘禁されている者をいう。自由刑（拘禁刑〔懲役・禁錮〕・拘留）の執行により拘置されている者、死刑が確定し、その執行まで拘置されている者、罰金・科料の換刑処分として労役場に留置されている者がこれにあたる。少年院は刑事施設ではないから、保護処分として少年院に収容されている者は含まれない。「未決の者」とは、勾留状により拘禁されている被疑者・被告人をいう。逮捕状の執行により留置されている被疑者は含まない[26]。

　98 条の主体は、97 条の主体に「勾引状の執行を受けた者」が加わる。勾引とは、被疑者、被告人、証人、身体検査を受ける者等について一定の場所に引致し、抑留する強制処分をいい、拘引状とはその執行のための令状をいう。逮捕状によって逮捕された被疑者も含まれる。

　99 条・100 条・101 条の主体は、「法令により拘禁された者」である。逃走の罪の性格から、拘禁を主目的とし、刑事司法作用に準じるような場合に限定される。97 条・98 条の主体のほか、現行犯逮捕・緊急逮捕された者も含まれる。少年法により少年院・少年鑑別所に収容されている者については争いがある。通説はこれを含めるが、保護処分であることを重視して消極に解する見解も有力である。

　実行行為は、「逃走」（97 条・98 条）、「奪取」（99 条）である。逃走とは、拘禁から離脱することであり、施設の外に出てもひき続き追跡を受けるなど、まだ支配から脱していない間は未遂である。奪取とは、被拘禁者を自己または第三者の実力的支配下に移すことである[27]。

　加重逃走罪は、加重事情として、①拘禁場・拘束のための器具の損壊、②暴行・脅迫、③2 人以上の通謀を規

26　1995 年改正による「裁判の執行により拘禁された」という文言は、この趣旨を明確にするために入れられた。

27　被拘禁者を単に解放するにすぎず、自己等の実力的支配下に置かない場合、逃走援助にすぎないというのが通説であるが、「奪取」と「逃走」は拘禁離脱方法の違いによる区別であり、奪取について実力的支配下に移すということを要件とせず「奪取」にあたると解する見解もある。

定している。98条の「損壊」は、物の財産的価値（の毀損）が重視される毀棄・隠匿罪のそれとは異なり、逃走行為の違法性を加重する事情にかかわることから、物理的損壊に限られる。護送中の者が手錠・捕縄を物理的に損壊せずに外して逃走した場合、単純逃走罪にとどまる[28]。暴行・脅迫は、看守者またはその協力者に対するものに限られる。通謀とは、逃走の時期・方法の意思連絡など、逃走することにつき意思を通じることをいう[29]。

---

[28] 広島高判昭和31年12月25日高刑集9巻12号1336頁。

[29] X・Yが通謀したが、Xのみが逃走した場合、Xには、加重逃走罪の未遂ではなく、単純逃走罪（の既遂）が成立する。Yについては、逃走援助罪を認める見解と単純逃走罪の幇助を認める見解がある。いずれにせよ、通謀を行っただけでは、加重逃走罪の実行の着手はないと解されている。それに対して、逃走する目的で拘禁場の損壊に着手した場合、加重逃走罪の実行の着手があるというのが判例である（最判昭和54年12月25日刑集33巻7号1105号）。

第 27 講　社会的法益に対する罪 (偽造罪)

I　偽造罪の全体像

　偽造の罪として、刑法典制定時から、①通貨偽造の罪 (16 章)、②有価証券偽造の罪 (18 章)、③文書偽造の罪 (17 章) が規定されている[1]。そして、2001 年 (平成 13 年) の改正において、支払用カード電磁的記録に関する罪 (18 章の 2) が新設された。

① 通貨偽造罪
- ○ 通貨偽造罪 (148 条 1 項)　―― 同行使罪 (同 2 項)
- ○ 外国通貨偽造罪 (149 条 1 項) ―― 同行使罪 (同 2 項)
  - ・ 偽造通貨等収得罪 (150 条)
  - ・ 収得後知情行使罪 (152 条)
  - ・ 通貨偽造等準備罪 (153 条)

② 有価証券偽造罪
- ○ 有価証券偽造罪 (162 条)　―― 同行使罪 (163 条)

③ 支払用カード電磁的記録不正作出罪
- ○ 支払用カード電磁的記録不正作出罪 (163 条の 2 第 1 項) ―― 同供用罪 (同第 2 項)
  - ・ 不正電磁的記録カード譲渡し罪 (163 条の 2 第 3 項)
  - ・ 不正電磁的記録カード所持罪 (163 条の 3)。
  - ・ 支払用カード電磁的記録不正作出準備罪 (163 条の 4)

④ 文書偽造罪
- ○ 詔書偽造罪 (154 条) ┐
- ○ 公文書偽造罪 (155 条) ├ 同行使罪 (158 条)
- ○ 虚偽公文書作成罪 (156 条) │
- ○ 公正証書原本不実記載罪 (157 条) ┘
- ○ 私文書偽造罪 (159 条) ┐
- ○ 虚偽診断書等作成罪 (160 条) ┘ 同行使罪 (161 条)

---

1 印章偽造の罪 (164 条以下) もある。印章・署名の偽造は、多くの場合、文書偽造の手段として行われ、いわば文書偽造罪の未遂的形態を処罰するものといえる。

Ⅱ　通貨偽造罪

　通貨の偽造は、かつては権力者・為政者の通貨発行権を侵害する反逆的な行為として厳しく禁圧されたことも
ある。しかし、現在、通貨偽造罪の保護法益は、通貨の真正に対する公共の信頼（信用）を保護し、そのことに
よって、取引の安全を図るものであると考えられており、通貨偽造罪は、国家的法益に対する罪ではなく、社会
的法益に対する罪であると位置づけられている[2]。

　148条1項は、「行使の目的で、通用する貨幣、紙幣又は銀行券を偽造し、又は変造した者は、無期又は3年
以上の拘禁刑〔懲役〕に処する」と規定し、その2項は、偽造の貨幣等を「行使し、又は行使の目的で人に交付
し、若しくは輸入した者も、前項と同様とする」と規定する[3]。刑は、死刑こそ規定されていないが、上限・下限
ともに重い。通貨の「偽造」とは、権限のない者が通貨に似た外観のものを作成することであり、「行使」とは、
それを真正なものとして流通に置くことをいう。「交付」とは、偽貨であることを告げて（またはすでに偽貨で
あることを知っている者に）渡すことをいう。「輸入」とは、わが国領土に陸揚げする（航空機の場合は取りお
ろす）ことである[4]。

　通貨偽造罪・同行使罪の周辺に、通貨を偽造した者ではない者が、偽貨であることを知りつつ収得する行為を
処罰する偽造通貨等収得罪（150条）、偽貨収得後にはじめて偽貨であることを知り、それを行使する行為を処
罰する収得後知情行使等罪（152条）がある。後者は、偽貨を思いがけなく取得したことによって生じた損失を、
その使用により他人に転嫁して埋め合わせようとする行為といえ、類型的に期待可能性が低いものとして刑がき
わめて軽い[5]。

　通貨の偽造は重大犯罪であるから、その準備行為も処罰している。153条は、「貨幣、紙幣又は銀行券の偽造
又は変造の用に供する目的で、器械又は原料を準備した者は、3月以上5年以下の拘禁刑〔懲役〕に処する」と
規定する。殺人予備罪（201条）、強盗予備罪（237条）、放火予備罪（113条）と異なり、通貨偽造・変造を準
備する行為の中で処罰対象の行為を限定しており、他人のためにこのような準備行為をする場合も含まれ、その
刑も前記の各予備罪よりも重い刑となっている。

---

[2]　通貨偽造罪の保護法益に、通貨に対する公共の信頼とともに、国家の通貨発行権（通貨高権）を加える見解もある（大塚・各
　　論3版増補410頁以下など）。なお、西田・各論7版350頁は、「国の通貨発行権を国家の威信や権力と解するであれば……
　　妥当ではない」が、「通貨発行量（マネーサプライ）の調節という国の金融政策的な権限と捉えれば、副次的な法益と解するこ
　　とも可能である」とする。
[3]　149条は、「行使の目的で、日本国内に流通している外国の貨幣、紙幣又は銀行券」の偽造・変造、偽造・変造した貨幣等の
　　行使、交付、輸入を処罰する。
[4]　通貨偽造は、ときに国境をまたいで行われる犯罪であり、そこで、すべての者の国外犯が処罰される（2条4号）。
[5]　152条は、「貨幣、紙幣又は銀行券を収得した後に、それが偽造又は変造のものであることを知って、これを行使し、又は行
　　使の目的で人に交付した者は、その額面価格の3倍以下の罰金又は科料に処する。ただし、2千円以下にすることはできな
　　い」と規定している。

Ⅲ　有価証券偽造罪

　有価証券は通貨に準ずる機能をもつことから、その偽造等が処罰されている。たとえば、「○○ギフトカード」をカラーコピーして精巧な複製を作成し、使用すれば、有価証券偽造罪・同行使罪が成立する。本罪でいう「有価証券」とは、財産権を表章した証券（たとえば、1万円分利用できることがその券面上に記載された商品券）であって、権利の行使または移転にその占有を必要とするもの（それを所持していなければ権利を行使できないもの）をいう。具体的には、162条1項で例示されている「公債証書、官庁の証券、企業の株券」のほか、手形、小切手、商品券などがこれにあたる。判例において有価証券として認められたものとして、乗車券[6]、定期券[7]、宝くじ[8]などがある。これに対して、預金通帳は、証拠証券であって権利を化体するものではないから有価証券ではない[9]。

Ⅳ　支払用カード電磁的記録に関する罪

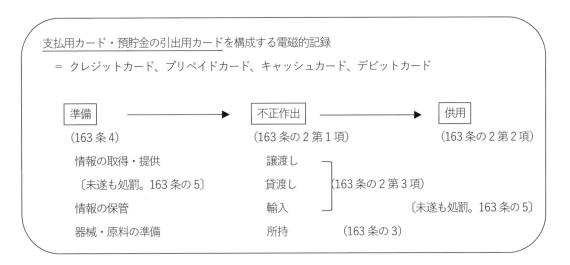

　（1）明治時代に制定された刑法典において通貨偽造・有価証券偽造は、物（紙）の上の記載の改ざん、視覚的に見ることのできる部分の改ざんを念頭に置いていた。それに対して、磁気情報を介した決済処理が普及するについて、たとえば、クレジットカードなど支払用カードの磁気情報をひそかに取得し（スキミング）、その情報を用いたカードを不正作出し、それを使用して商品を購入・換金する等の行為が行われるようになり、これへ

6　最判昭和25年9月5日刑集4巻9号1620頁。
7　最判昭和32年7月25日刑集11巻7号2037頁。
8　最決昭和33年1月16日刑集12巻1号25頁。
9　大判昭和6年3月11日刑集10巻75頁。

の対応が必要になった。しかし、伝統的な偽造罪ではこの種の行為に適切に対応することができなかったため2001年（平成13年）に支払用カード電磁的記録に関する罪（18章の2）が新設された[10]。具体的な犯罪類型として、支払用カード電磁的記録不正作出罪（163条の2第1項）・同供用罪（同条第2項）、不正電磁的記録カード譲渡し罪・貸渡し罪・輸入罪（163条の2第3項）、不正電磁的記録カード所持罪（163条の3）が設けられた。いずれも「人の財産上の事務処理を誤らせる目的」が必要である[11]（目的犯）。支払用カード電磁的記録不正作出準備罪（163条の4）として、「支払用カード不正作出の予備」を包括的に処罰するのではなく、情報の取得・提供（同条1項）、保管（同条2項）、器械・原料の準備（同条3項）という、不正作出に類型的に不可欠で重要な予備行為に限定して処罰している。163条の2・163条の4第1項の未遂も罰せられる（163条の5）。

（2）不正作出とは、権限なくまたは権限を濫用して、所定の支払決済システムにおいて事務処理が可能な状態のカードを構成する電磁的記録を作出することをいう。供用とは、当該支払決済システムの電子計算機において使用することであり、たとえば、クレジットカードをその加盟店において CAT（＝Credit Authorization Terminal 信用照会端末）に対して使用し、キャッシュカードをATM（＝Automatic Teller Machine 現金自動預払い機）に対して使用し、または、デビットカードを端末機に対して使用することである。「人の財産上の事務処理を誤らせる目的」とは、この供用目的である。譲渡し罪・貸渡し罪の成立に関して、相手方が不正作出された電磁的記録であることを知っているか否かは問わない。譲渡し・貸渡しの相手方の行為（譲受け・借受け）は、必要的共犯の考え方（立法者意思）から不可罰である。ただし、（故意・目的が認められる限りで）所持罪が成立しうる。所持とはカードを事実的に支配することである。準備罪における「電磁的記録の情報」とは、包括的なカード情報を意味し、正規の支払用カードとして機械処理ができる状態の電磁的記録を作ることが可能なひとまとまりの情報をいう[12]。

V　文書偽造罪

（1）通貨や通貨類似の機能を営む有価証券とは異なるが、各種の契約書や証明書など一定の文書については、その信用性が維持されなければならない。それらの文書はわれわれの社会生活において、権利・義務関係や一定の事実を証明する手段として重要な役割を果たし、このような文書を信用し、それを基礎として、契約の締結な

10　クレジットカードの偽造自体は、1987年（昭和62年）に新設された私電磁的記録不正作出罪（161条の2第1項）により処罰可能であったが、その法定刑の程度、交付・輸入が処罰されていないこと、カード情報の不正取得自体の処罰の必要性などが問題になった。

11　163条の2第1項・第2項の罪は、「人の事務処理を誤らせる目的」で行われる電磁的記録不正作出罪・同供用罪（161条の2）の特則であり、両罪にあたる場合、法条競合により163条の2の罪が成立する。

12　東京高判平成16年6月17日東高刑時報55巻1~12号48頁。

どがなされ、新たな権利・義務関係が形成される、といったことが行われるからである。文書偽造罪は、「文書に対する社会の信頼」を保護するために、その偽造行為などを処罰している。

（２）まず、現行刑法の文書偽造罪の基本的な枠組みを示そう。

（ⅰ）文書偽造罪は、大きく、公文書偽造罪と私文書偽造罪とにわけられ、前者の方が刑が重い。公文書偽造罪（155条1項）は1年以上10年以下の拘禁刑〔懲役〕であるのに対して、私文書偽造罪（159条1項）は3月以上5年以下の拘禁刑〔懲役〕である。公文書とは、「公務所[13]若しくは公務員の作成すべき文書」である。公務員が名義人[14]である文書が公文書である。それに対して、私人が名義人である文書が私文書である。たとえば、運転免許証は各都道府県の公安委員会が交付し、その各公安委員会が名義人の公文書であるから、運転免許証の記載内容を勝手に変更すれば公文書偽造罪となる。駒澤大学を卒業していない者が勝手にその者が卒業した旨の「卒業証書」を作成したとすれば、駒澤大学（学長）名義を無断で使った私文書偽造罪ということになる。

（ⅱ）公文書も私文書も、有印かどうかで区別し、有印の場合を重く処罰する。すなわち、「公務所若しくは公務員の印章若しくは署名を使用して」偽造した場合は1年以上10年以下の拘禁刑〔懲役〕となる（155条1項）が、無印公文書の偽造は1月以上3年以下の拘禁刑〔懲役〕または20万円以下の罰金となる（155条3項）。私文書の場合、「他人の印章若しくは署名を使用して」偽造した場合は3月以上5年以下の拘禁刑〔懲役〕となる（159条1項）が、無印私文書の偽造は1月以上1年以下の拘禁刑〔懲役〕または10万円以下の罰金となる（159条3項）。署名には、印刷・ゴム印などによる名称の表記も含むと解されており、また、名義人不明のものは、後述のように、そもそも文書偽造罪でいう「文書」ではないとされるから、無印文書は相当に少ないことになる[15]。

（ⅲ）文書偽造罪において有形偽造と無形偽造の区別がとりわけ重要である。「有形偽造」、「無形偽造」という言葉は、それ自体から意味のくみとりにくい表現であるが、「有形偽造」とは、作成権限を有しない者が権限なく他人名義の文書を作成すること（他人名義の冒用）をいう。近時では、文書の名義人と作成者との人格の同一性を偽ることという定義が用いられることも多い[16]。それに対して、「無形偽造」とは、作成権限を有する者が内容虚偽の文書を作成すること（虚偽文書の作成）である。名義人とは、当該文書（と付随物）から一般人がその文書の意思・観念の表示主体であると認識する者である。それに対して、作成者とは文書に意思・観念を表示

13　公務所の意義について、第24講注30参照。

14　後述、2（ⅲ）参照。

15　判例において無印文書と認められた例として、A酒造会社という社名のある焼酎瓶に、作成名義の表示のない偽りのアルコール含有量証明書を添付した場合にその証明書を無印文書としたものがある（大判昭和7年5月23日刑集11巻665頁）。

16　それらの表現はまったく異なるが、両方の定義において実質的に異なることが考えられているわけではない。というのは、Aの人格とBの人格が同一でないのに同一であると偽る場合、作成権限を有しない人格Aが、権限なく、他の人格B名義の文書を作成した、ということになるからである。人格の同一性を偽ることという定義は、作成権限の有無を『人格』という観点を用いてそれを判断しようという考え方ととらえることができる。

しまたは表示させた者であり[17]、たとえば、社長が秘書に社長名義の文書をパソコンで作成させた場合、その文書の名義人は社長であり、作成者も社長である。有形偽造なのか無形偽造なのかが判例で争われたケースについては後述（4）で検討する。

公文書は、保護の必要性が高いという見方に立ち、有形偽造（無権限作成。155条）も無形偽造（虚偽文書の作成。156条）も処罰するのに対して、私文書は、有形偽造の処罰が原則であり、無形偽造は一部の行為を処罰するにすぎない。すなわち、「医師が公務所に提出すべき診断書、検案書又は死亡証書に虚偽の記載をしたとき」（160条）に限って処罰するだけである。

（ⅳ）文書偽造罪においては、時間的に連続的に行われることが予定されている偽造とその行使をいずれも既遂行為として同等の法定刑で処罰している[18]。偽造はそれを行使するための準備行為であり、行使の予備にあたる行為を「既遂」として独立させて処罰規定を設けたものといえる（処罰時期の早期化・重罰化）。ただ、その場合に、偽造行為は「行使の目的で」行われる場合にのみを処罰される（目的犯）。たとえば、偽の物を作ってそれを飾って楽しむだけであれば社会（他の人）にとって害はない、使用するつもりのない偽物の作成は、その真正に対する公共の信用を害する危険はない（少なくとも可罰的な程度のものではない）との考えに立ち、行使目的での偽造にその処罰を限定したのである[19]。

（ⅴ）「偽造」といえるためには、当該文書が一般人をして真正に作成された文書であると誤認させるに足りる程度の形式・外観を備えていることが必要である。Ｘが、消費者金融から融資を受けるために、自分の運転免許証にＡの免許証の写しから氏名・生年月日・住所等を切り抜いたものを置き、上からメンディングテープを全体に貼り付けて固定し、それを無人店舗内の自動契約受付機のイメージスキャナーを通して同社支店のディスプレイに表示させたという場合について、この免許証を直接手に取ってみれば、誰がみても改ざんされたものであることは容易にわかるものであることから、「偽造」の程度が問題になった。この場合に、大阪地判平成8年7月8日判タ960号293頁は、偽造の程度を考える場合に行使の方法（態様）も考慮に入れなければならないとし、「電子機器を通しての呈示・使用も含め……様々な行使の形態を考えてみると、一応形式は整っている上、表面がメンディングテープで一様に覆われており、真上から見る限りでは、表面の切り貼り等も必ずしもすぐ気付くとはいえないのであって」、「一般人をして真正に作成された文書であると誤認させるに足りる程度であると認められる」と判示した[20]。

---

[17] 観念説（意思説）という。通説である。これに対して、事実上文書を作成させた者を作成者とみる事実説（行為説）もある。事実説によれば、本文のパソコンの例の場合、作成者を秘書とみる。その上で、名義人の有効な承諾がある場合に違法性が阻却されると構成する。

[18] 通貨偽造罪・同行使罪、有価証券偽造罪・同行使罪も同様である。支払用カード電磁的記録に関する罪について195頁参照。

[19] なお、貨幣等に紛らわしい外観を有するものを製造した場合、行使目的がなくても、通貨及証券模造取締法により処罰されうる。

[20] また、自衛官診療証をコピーし、その生年月日欄・氏名欄を黒色スタンプやボールペンで記入したものをスキャナーを通して端末画面に表示させた事案につき同様に、札幌高判平成17年5月17日高検速報（平成17年）343頁、東京地判平成22年9月6日判時2112号139頁。

（3）文書偽造罪における「文書」について確認しておこう。文書偽造罪において、一般的な意味における「文書」、または日常用語における「文書」のすべてが問題になるのではない。文書偽造罪は社会生活における文書の証拠機能を保護しようとするものであることから、文書偽造罪でいう「文書」とはいわば「証明文書」のことが考えられている。

（ⅰ）判例においては、文書偽造罪でいう文書とは、①文字またはその他の可視的・可読的符号により、②一定期間永続する状態で、ある物体の上に、③意思または観念を表示したものであるとされ[21]、通説も基本的にこれを支持してきた。

その定義の①の点から、音声テープ、ビデオテープ、電磁的記録は「文書」から除かれる。それに対して、すべての人が読めることまでは必要ないから、点字、速記記号、バーコードにより表示されたものは文書足りうる。拡大してはじめて可読的になるマイクロフィルムも「文書」である。②の点に関して、判例が「文書」であるとしたものとして、黒板のチョークによる記載がある。これは労働争議に際して駅助役らが駅の急告板にチョークで書いた列車の遅延・運転中止等の連絡の記載文言を被告人が消した行為が問題になった事案であった[22]。下書き・草稿など、確定していないものも、証拠として信用されるものではないから、「文書」にあたらない。③の意思・観念の表示は、「まとまった」意思・観念の表示であることを要し、単なる番号札、名刺[23]などは、「まとまった」観念というほどのものではないから、「文書」にあたらない。これに対して、簡略化されていても一定の意味を有すればよく（省略文書）、判例には郵便局の日付印を押してあるものを文書であるとしたものがある。すなわち、大審院は、「日附印に於ける局名は其の郵便局を表示し又配列せられたる数字等は年月日時を表示するものと謂ふべく」、「其の日附印に表示しある郵便局か之に表示する年月日時に其の郵便物を引受けたることを証する趣旨にして」「該郵便局の署名ある文書と解するを相当と認むへき」であると判示した[24]。他人名義のクレジットカードを不正使用した者がその他人に成りすまして売上票へその他人の名前を記載する場合も私文書偽造であり、署名偽造（167条1項）ではない。

（ⅱ）社会的に証明機能を有する文書という観点から、名義人の存在が必要である。当該文書から名義人が誰である認識できない文書は文書偽造罪における「文書」ではない。名義人の表示がない文書、または、名義人を特定できない文書は信用性の度合いも低く、刑法的な保護に値しないからである。しかし、一般人がその文書から表示主体を認識できればよいから、名義人の実在は必ずしも必要ではなく、架空人名義であっても、一般的に人が実在すると誤信するものであればよい[25]。

（ⅲ）文書偽造罪における文書が原本であることを要するかが議論されてきた。「手書きの写し」は、正確性

21　大判明治43年9月30日刑録16輯1572頁。

22　最判昭和38年12月24日刑集17巻12号2485頁（258条の「公務所の用に供する文書」にあたるかどうかが問題になった事件であるが、「文書」の問題として文書偽造罪でも引用される）。

23　名刺の偽造は署名偽造罪となる。167条1項は、「行使の目的で、他人の印章又は署名を偽造した者は、3年以下の拘禁刑〔懲役〕に処する」と規定する。

24　大判昭和3年10月9日刑集7巻683頁。

25　最判昭和28年11月13日刑集7巻11号2096頁など。

も疑わしく、原本の名義人の特定性も疑わしいから、「文書」ではない。名義人の認識できない文書の1場合といってよい。したがって、「右、正写しました。○○」という認証文言が付されていれば、その「写し」そのものが、○○を作成名義人とする「文書」となる。ここまではとくに異論はない。判例において問題になり議論になったのは、フォト・コピー（コピー機で作成したコピー）の文書性である。Xが、ある文書に別の文書の切り抜いた部分を貼り付けてコピーし、別の内容の文書を作成し、それを「コピーです」といって役所に提出したという事件が問題になった。この問題では次の点を確認しておく必要がある。まず、①内容を改ざんしてコピーしたものを「原本です」といって提出する場合に、文書性（文書偽造罪）が認められることは問題がない。また、②そのコピーに「○○〔＝名前〕がコピーしました」、「コピーです。○○」という認証文言を付してあれば、○○を名義人とする文書であり、内容が虚偽であれば、虚偽文書の作成となる（私文書の無形偽造は160条の場合を除き無罪である）。ここで問題なのは、コピーを「コピーです」といって提出する場合に、その「原本の名義人」を「コピーの名義人」とする文書といえるのかどうかということである。学説では、「文書」といえるためには原本であることが必要である、コピーは誰でも作成しうるものであるから、認証文言が付されていない以上、作成名義人がわからず刑法上の文書といえないなどの理由から消極に解する見解も有力である。しかし、最判昭和51年4月30日刑集30巻3号453頁は、次のように判示してコピーの文書性を認めた。すなわち、「公文書偽造罪は、公文書に対する公共的信用を保護法益とし、公文書が証明手段としてもつ社会的機能を保護し、社会生活の安定を図ろうとするものであるから、公文書偽造罪の客体となる文書は、これを原本たる公文書そのものに限る根拠はなく、たとえ原本の写であつても、原本と同一の意識内容を保有し、証明文書としてこれと同様の社会的機能と信用性を有するものと認められる限り、これに含まれるものと解するのが相当である」。写真コピーは、「写ではあるが、複写した者の意識が介在する余地のない、機械的に正確な複写版であつて、紙質等の点を除けば、その内容のみならず筆跡、形状にいたるまで、原本と全く同じく正確に再現されているという外観をもち、また、一般にそのようなものとして信頼されうるような性質のもの、換言すれば、これを見る者をして、同一内容の原本の存在を信用させるだけではなく、印章、署名を含む原本の内容についてまで、原本そのものに接した場合と同様に認識させる特質をもち、その作成者の意識内容でなく、原本作成者の意識内容が直接伝達保有されている文書とみうるようなものであるから、このような写真コピーは、そこに複写されている原本が右コピーどおりの内容、形状において存在していることにつき極めて強力な証明力をもちうるのであり、それゆえに、公文書の写真コピーが実生活上原本に代わるべき証明文書として一般に通用し、原本と同程度の社会的機能と信用性を有するものとされている場合が多いのである。右のような公文書の写真コピーの性質とその社会的機能に照らすときは、右コピーは、文書本来の性質上写真コピーが原本と同様の機能と信用性を有しえない場合を除き、公文書偽造罪の客体たりうるものであつて、この場合においては、原本と同一の意識内容を保有する原本作成名義人作成名義の公文書と解すべきであ」ると判示した。

学説は、前述のようになお対立し、消極説からは、判例のような解釈は類推解釈であるとの批判も向けられて

いるが、判例はこの判決後も同様の判断を繰り返し[26]、公文書の写真コピーの作成・提出した場合を有印公文書偽造罪・同行使罪を認める判例の立場は固まったといえる。

（4）私文書の場合、有形偽造は処罰されるが、無形偽造は、虚偽診断書の作成などのごく一部の場合（160条）を除いて、処罰されない。したがって、私文書の場合、それが有形偽造か無形偽造なのかが重要な問題となる。これまで、判例において問題となってきたものをみてみよう。

公文書偽造　　有形偽造（155条）も無形偽造（156条）も処罰

私文書偽造　　有形偽造は159条で処罰
　　　　　　　　↑
　　　　　　　　＝　作成権限のない者による作成名義の無権限使用
　　　　　　　　↓
　　　　　　　無形偽造は、160条の場合を除き、処罰されない。
　　　　　　　　＝　作成権限のある者による虚偽文書作成

（ⅰ）代理・代表名義の冒用
（ⅱ）同姓同名の他人の肩書（弁護士）の冒用
（ⅲ）通称名の使用
（ⅳ）名義人承諾と私文書偽造罪の成否

（ⅰ）代表権・代理権を有しない者が、無断で代表者・代理人名義で文書を作成した場合、たとえば、XはA株式会社の代表取締役でないのに、「A株式会社代表取締役X」という名義の文書を作成し、または、YがBの代理人でないのに「B代理人Y」という名義の文書を作成した場合、有形偽造だろうか、無形偽造だろうか。これらの文書の作成名義人であるXまたはYが代理・代表であること（文書の内容）を偽った文書、つまり、虚偽文書作成（＝無形偽造）であるとみる見解がある。XまたはYの名前も記されており、虚偽内容の文書から損害が生じた場合にはこれらの者にその責任を追求する（損害賠償を請求する）ことも可能である。しかし、この種の文書で人々が重視するのは、代表者・代理人ではなく、本人（ここでの例ではA株式会社またはB）であろう。代表者らも「本人の名において」文書を作成するものといえ、作成名義人（一般人がその文書から認識する表示

26　最決昭和54年5月30日刑集33巻4号324頁など。

201

主体）は本人と考えるべきであり、ここで問題の場合には、権限なく本人の名義を使用した者として有形偽造というべきである。判例（最決昭和45年9月4日刑集24巻10号1319頁）も、「他人の代表者または代理人として文書を作成する権限のない者が、他人を代表もしくは代理すべき資格……を表示して作成した文書は、その文書によって表示された意識内容にもとづく効果が、代表もしくは代理された本人に帰属する形式のものであるから、その名義人は、代表もしくは代理された本人であると解するのが相当である」と判示し、通説もこれを支持している[27]。

（ⅱ）Xは、同姓同名の「弁護士X」がいるのを悪用し、自分が弁護士であるかのように偽って弁護士業務を営み、「弁護士X」名義の文書を作成し、行使したという事件があった。この文書の名義人が、この文書を作成したXであるとすると、弁護士という肩書は偽っているが、自分の名前（＝X）で文書を作成しているのであり、虚偽内容の文書作成（無形偽造）ではないかが争われた。しかし、最決平成5年10月5日刑集47巻8号7頁は、次のように判示して、この場合を有形偽造（作成名義の冒用）と解した。すなわち、「私文書偽造の本質は、文書の名義人と作成者との間の人格の同一性を偽る点にあると解されるところ（最高裁昭和……59年2月17日……参照）」、被告人は自己の氏名が「弁護士Xと同姓同名であることを利用して、同弁護士になりすまし、『弁護士X』の名義で本件各文書を作成したものであって、たとえ名義人として表示された者の氏名が被告人の氏名と同一であったとしても、本件各文書が弁護士としての業務に関連して弁護士資格を有する者が作成した形式、内容のものである以上、本件各文書に表示された名義人は……弁護士Xであって、弁護士資格を有しない被告人とは別人格の者であることが明らかであるから、本件各文書の名義人と作成者との人格の同一性にそごを生じさせたものというべきである。したがって、被告人は右の同一性を偽ったものであって、その各所為について私文書偽造罪、同行使罪が成立する」と判示した。このような「成りすまし」の場合、次の通称名の使用のような場合に、人格の同一性の偽りかどうかを問うことにより説明しやすいといえよう。

（ⅲ）本名でない名称を用いて文書を作成したとしても、それが一定の関係者内でその者を指す名称として通用しており、その関係者の範囲内で用いられているのであれば、名義人と作成者の人格の同一性が保たれており、有形偽造ではない。しかし、偽名が、その者を指すものとして通用する範囲・関係を超えて用いられる場合は別である。Xが、窃盗罪で服役中に逃走し、その発覚を恐れ、義弟と同一のYという氏名を使用して生活しており、Xの居住地や仕事の取引関係の範囲においては、「Y」はXを指称するものとして通用していたところ、Xは、道路交通法違反（無免許運転）の罪を犯して警察官の取調べを受け、その際、Yと名乗り、Yの生年月日・本籍を告げ、警察官が違反についての交通事件原票を作成するにあたりその旨記載させたうえ、その下欄の供述書にYと署名したという事件があった。この事案に関して、最決昭和56年12月22日刑集35巻9号953頁は、「仮りに右氏名がたまたまある限られた範囲においてXを指称するものとして通用していたとしても、Xが右供述書の作成名義を偽り、他人の名義でこれを作成したことにかわりはなく、Xの右所為について私文書偽造罪が成立

27　「文書の性質や受取人の関心からみて、代理資格と代理人の氏名とが一体として名義人（乙代理人甲）であると解されるのに、現実の作成者は代理権のない甲であるため、名義人と作成者の人格の同一性の偽りがある」として、有形偽造であるとするのは、西田・各論7版396頁。

する」と判示した。

　通称名の使用として次のような事案も問題になった。Xは、昭和24年にわが国に密入国し、A名義の外国人登録証明書を手に入れ、その後、A名義で外国人の登録確認申請手続を繰り返すなど、公私の広範囲の生活場面において一貫してAという氏名を用い続けていた。そのため、Aという氏名がXを指称するものであることは、外国人登録証明書の提示を要するような公的生活ないしは行政機関に接触するような場面ではもちろん、一般社会生活においても定着していた。昭和53年に、Xは、A名義の再入国許可を取得したうえでB国に出国しようとし、A名義の再入国許可申請書を作成し入国管理事務所事務官に提出した。最判昭和59年2月17日刑集38巻3号336頁は次のように判示して、私文書偽造罪の成立を認めた。「原判決が、私文書偽造とは、その作成名義を偽ること、すなわち私文書の名義人でない者が権限がないのに、名義人の氏名を冒用して文書を作成することをいうのであつて、その本質は、文書の名義人と作成者との間の人格の同一性を偽る点にあるとした点は正当である」。「再入国許可申請書の性質にも照らすと、本件文書に表示されたAの氏名から認識される人格は、適法に本邦に在留することを許されているAであつて、密入国をし、なんらの在留資格をも有しないXとは別の人格であることが明らかであるから、そこに本件文書の名義人と作成者との人格の同一性に齟齬を生じているというべきである。したがつて、Xは、本件再入国許可申請書の作成名義を偽り、他人の名義でこれを作成、行使したものであり、その所為は私文書偽造、同行使罪にあたると解するのが相当である」と判示した。

　（iv）有形偽造は、他人名義の文書を「権限なしに」作成することであるから、その他人の承諾を得て、その他人の名を使って文書を作成した場合、有形偽造になりえず、その内容が虚偽であれば、（私文書の場合に原則的に不可罰な）無形偽造となる、ということになるはずである。このようなことから「名義人承諾と私文書偽造罪の成否」が議論されてきた。判例において、道路交通法違反（免許書不携帯）をしたXが、交通事件原票中の供述書欄[28]の末尾に「A」[29]と署名し、警察官に提出したという事案が問題になった。この事案に関して、最決昭和56年4月8日刑集35巻3号57頁は、「交通事件原票中の供述書は、その文書の性質上、作成名義人以外の者がこれを作成することは法令上許されないものであつて、右供述書を他人の名義で作成した場合は、あらかじめその他人の承諾を得ていたとしても、私文書偽造罪が成立すると解すべきである」と判示した。

28　いわゆる反則切符である。「私が上記違反をしたことは相違ありません」などと記載してある文書に違反者が署名する。これは事実証明に関する私文書である。

29　Xが、これ以前に、酒気帯び運転等により運転免許停止処分を受け、このことを会社を共同経営していたAに打ち明けたところ、Aは、「免許がなかったら仕事ができず困るだろう。もし違反で捕まったら、俺の名前をいったらよい」などといって、メモ紙に、自分の本籍・住所・氏名・生年月日を書いて、それをXに渡していた。参照、斎藤信治・争点3版228頁以下。

NOTE

NOTE

NOTE

NOTE

刑法各論講義案

2023 年 3 月 20 日　初版第 1 刷発行

著　者　　原　口　伸　夫

発行者　　阿　部　成　一

〒162-0041　東京都新宿区早稲田鶴巻町 514
発行所　　　　　株式会社　成文堂
電話 03（3203）9201（代）　FAX03（3203）9206
http://www.seibundoh.co.jp

印刷・製本：三報社印刷